让 我 们 一 起 追 寻

Rise of a Japanese Chinatown

YOKOHA

1894-1972

〔美〕韩清安 著 ——— 尹敏志 译

RISE OF A JAPANESE CHINATOWN: Yokohama, 1894-1972 by Eric C. Han
© 2014, 2020 by The President and Fellows of Harvard College
Published by arrangement with Harvard University Asia Center
through Bardon-Chinese Media Agency
Simplified Chinese translation copyright © 2021
by Social Sciences Academic Press (China)
ALL RIGHTS RESERVED

Eric C. Han

横滨中华街
一个华人社区的兴起
1894~1972

社会科学文献出版社
SOCIAL SCIENCES ACADEMIC PRESS (CHINA)

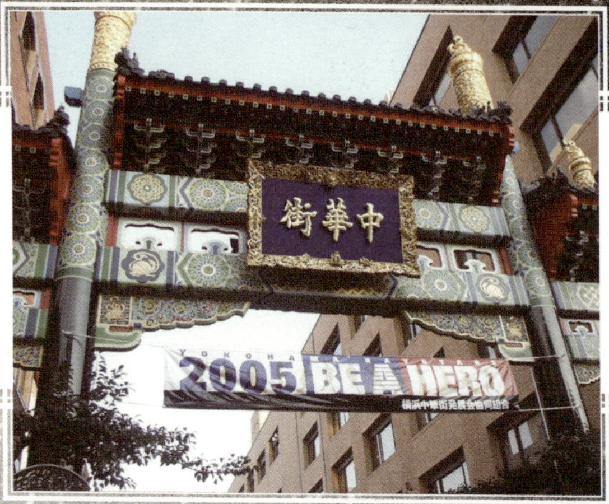
中華街
2005 BE A HERO
横浜中華街発展会協同組合

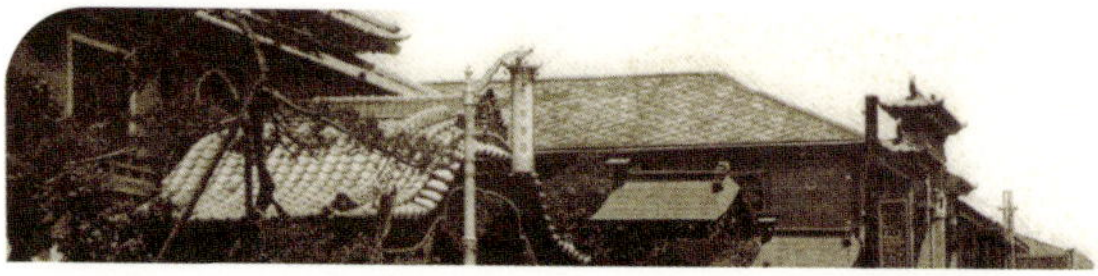

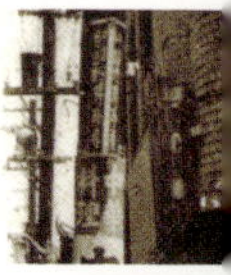

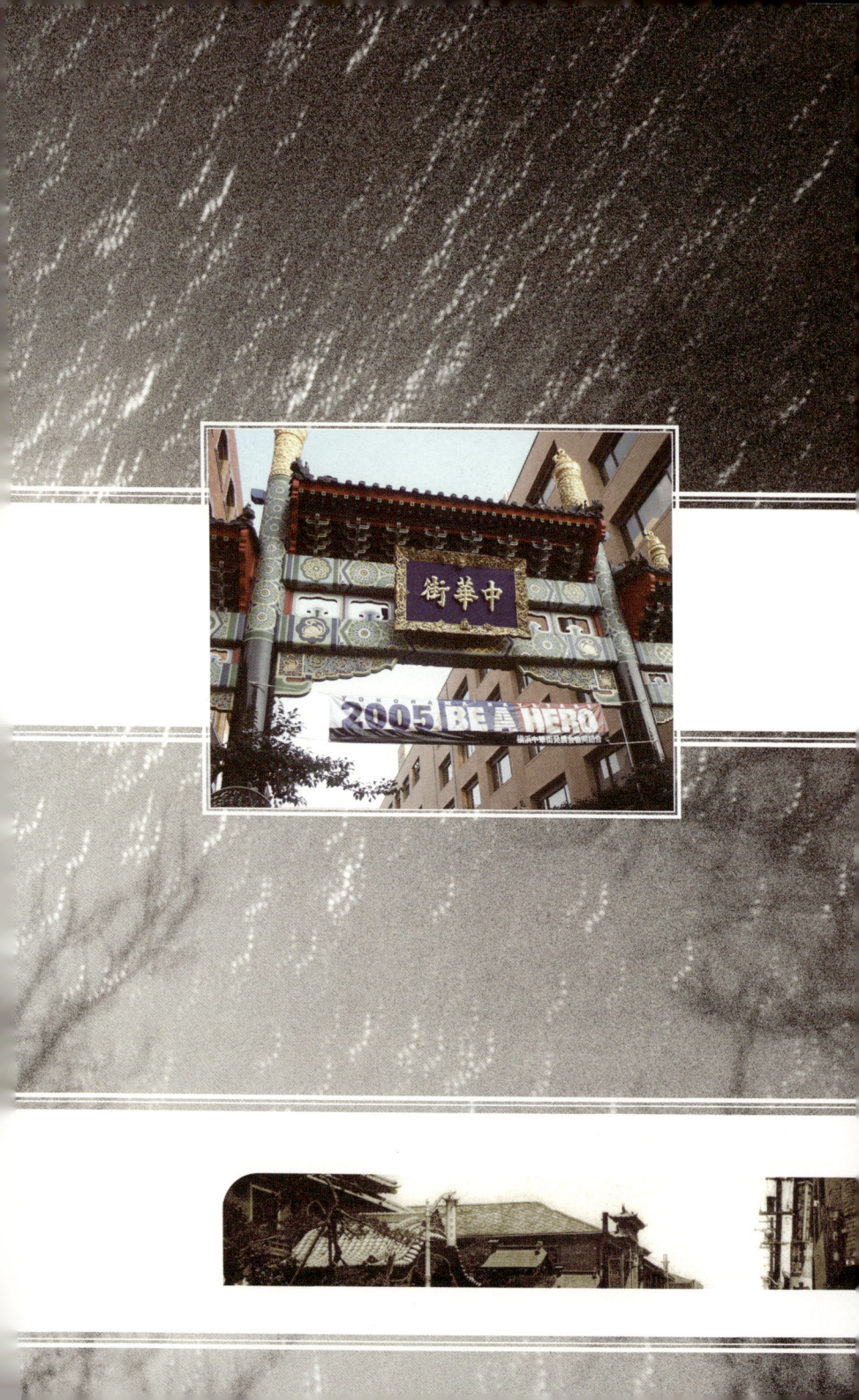

致我的父母

目 录

致　谢 ………………………………………………… 001

引　言 ………………………………………………… 001

第一章　甲午中日战争与民族团结，1894~1895年 ……… 023
第二章　流亡民族主义者与杂居地政治，1895~1911年 …… 057
第三章　一个国际港口的合作、冲突与现代生活，
　　　　1912~1932年 ………………………………… 090
第四章　中日战争、"中日亲善"与横滨人认同，
　　　　1933~1945年 ………………………………… 127
第五章　分裂之城：冷战时期的横滨中华街，
　　　　1945~1972年 ………………………………… 162
结　论　单一民族国家中的少数族裔及日常生活中的
　　　　微观政治 …………………………………… 200

附　录 ………………………………………………… 228
缩写说明 ……………………………………………… 230
参考文献 ……………………………………………… 232
索　引 ………………………………………………… 260

插图目录

图0-1　1890~1980年日本的华人数量 …………………… 008
图0-2　1890~1980年横滨的华人数量 …………………… 009
图1-1　约1890年的两个华人聚居区：南京町（A）与
　　　　旧居留地（B） ………………………………………… 030
图3-1　博雅亭的烧卖广告牌——"横滨名物" ………… 098

致　谢

　　1996年夏，我第一次来到横滨中华街。完全没想到，日后我会写一本关于这个地方的书。怎么可能呢？那时我刚拿到分子生物学的学位，对历史研究一无所知。但早年的这次旅行，留下一些让我感到无比困惑的问题：这些华人如何看待日本和中国间的复杂历史？他们觉得自己更像中国人呢，还是更像日本人？这两个问题最终催生了这本书，但在动笔之前，我花了很多年时间磨炼写作技巧、积累自信。这一路上，我从很多人那里得到过鼓励、灵感和支持，没有他们，我恐怕永远无法完成从研究自然科学到研究人文科学的转变。首先，我要感谢横滨的美国－加拿大大学联合日本研究中心，这里是我研究的起点。1999~2000年，我在这里打下了日语基础，为日后研究生阶段的学习创造了条件。也正是在这里，横滨中华街社区给我留下了第一印象。

　　不过，在那个决定性的千禧年到来之前，很多人和机构在学识方面对我产生了深刻影响。首先是普林斯顿大学的马丁·科尔卡特（Martin Collcutt），他是我的日本史启蒙老师。接着是伊利诺伊大学厄巴纳－香槟分校，我在这里拿到了东亚语言与文化研究的硕士学位。在罗纳德·托比（Ronald Toby）、唐纳德·史密斯（Donald Smith）以及已故的戴维·古德曼（David Goodman）的教导下，我打下了跨学科研究的基础。同时，我非常感谢台湾大学的国际汉语学习项目，1999年夏，在那里我的汉语水平得到了显著提高。

我在哥伦比亚大学拿到了东亚历史研究的博士学位，感谢那里的教授们在我研究的最关键阶段给予的支持。真心感谢我的导师卡罗尔·格卢克（Carol Gluck），在她不知疲倦的修改和质问中，我的研究计划日渐成熟，最终得以完成博士论文，又因为她的不断鼓励，我才能将它出版。我也非常感谢博士论文答辩委员会的成员，包括亚当·麦基翁（Adam McKeown）、格雷戈里·普夫卢格费尔德（Gregory Pflugfelder）、乔斯·莫亚（José Moya），以及梅·恩盖（Mae Ngai），他们的建议、洞察和批判有助于我打磨及完善论文论证。同时，我也感谢哥伦比亚大学的其他教授，包括尤金妮亚·利恩（Eugenia Lean）、大卫·卢里（David Lurie）、亨利·史密斯（Henry Smith）、玛丽莲·艾薇（Marilyn Ivy）、查尔斯·阿姆斯特朗（Charles Armstrong）、威廉·T. 德巴里（William T. de Bary）以及刘乐宁，是他们让我在纽约市度过的那几年收获颇丰。

得益于2004年富布赖特研究所国际教育基金的赞助，我能够在日本进行田野调查。我在日本的研究得到过很多人的帮助，包括东京大学的指导老师吉见俊哉、吉见教授研究班的成员们、伊藤泉美和横滨历史档案馆的其他成员、华侨总会的李润华和王良、埼玉大学的福冈安则、神户华侨历史博物馆的职员蓝璞等、京都精华大学的吴宏明、神户大学的安井三吉、京都大学的笼谷直人、筑波大学的山下清海、桃山学院大学的过放、日本国立民族学博物馆的陈天玺。我还要特别感谢符逊和、曾德深、新仓洋子，以及横滨的华人们。他们欢迎我进入他们的社区，给我看他们的个人收藏，为我打开了一扇通往他们个人和家庭故事的窗口。

感谢我从2008年秋开始任教的威廉玛丽学院，以及我那些优秀、值得尊敬和乐于助人的同事：莱萨·迈耶（Leisa Meyer）、斯科特·纳尔逊（Scott Nelson）、辛迪·哈哈莫维奇（Cindy Hahamovitch）、瑞秋·迪尼托（Rachel DiNitto）、西贝尔·赞迪-塞耶科（Sibel Zandi-Sayek）、北村洋、弗雷德·科尼（Fred Corney）、法夫里西奥·普拉多（Fabricio Prado）、埃米莉·威尔科克斯（Emily Wilcox），以及马修·莫斯卡（Matthew Mosca）。他们从不吝惜自己的时间，帮我重新打磨论证，检查资料来源。因为威廉玛丽学院的两次夏季研究资助，我能在最近几年继续推进自己的研究。在最近的两年半里，我与哥伦比亚大学东亚研究所的丹尼尔·里韦罗（Daniel Rivero）、哈佛大学亚洲中心的威廉·哈梅尔（William Hammell）和德博拉·德尔盖斯（Deborah Del Gais）的合作非常愉快。因为他们的关心和耐心，这本书才能正式出版。同时，我非常感谢匿名评审们，他们提供的比较案例和批评让我能够不断完善自己的作品。

我发自内心地感谢朋友们和同事们的友情、慷慨与精神支持。我是多么幸运，能与如此优秀的人分享自己的思路。他们出现在我的生命里，帮助我学习和成长，熬过漫长的写作与修改过程。我特别感谢同期生马特·奥古斯丁（Matt Augustine）和费德里科·马尔孔（Federico Marcon），伊利诺伊大学厄巴纳-香槟分校的朋友近藤恭子、三后明日香和大濑美（Semi Oh）[1]，哥伦比亚大学的同学亚当·布朗森（Adam Bronson）、亚当·克卢洛（Adam Clulow）、克里斯托弗·克雷格（Christopher Craig）、迈克尔·埃默里赫（Michael Emmerich）、迈克尔·菲什

---

[1] 部分日文人名和中文人名为音译，中文译名后扩注英文原文。（本书所有脚注均为译者注或编者注，后文不再另做说明。）

（Michael Fish）、丹尼斯·弗罗斯特（Dennis Frost）、服部祐佳、雷托·霍夫曼（Reto Hoffman）、科林·若德威尔（Colin Jaundrill）、水川淳（Jun Mizukawa）、汤姆·马拉尼（Tom Mullaney）、阿莉莎·帕克（Alyssa Park）、嶋崎聪子、珍妮·王·梅迪纳（Jenny Wang Medina）、史蒂夫·威尔斯（Steve Wills）和蒂姆·扬（Tim Yang），以及好朋友凯瑟琳·贝（Catherine Bae）、高森绫子（Ayako Takamori）、唐凌云（Lingyun Tang）、迈克尔·袁（Michael Yuan）、戴维·埃文斯（David Evans）、田中丽莎（Risa Tanaka）、莉娜·格雷尼尔（Lena Grenier）、本·格雷尼尔（Ben Grenier）、特里萨·刘（Theresa Liu）、罗恩·德维拉（Ron Devilla）、米歇尔·范诺伊（Michelle Van Noy）。最后，我最要感谢的是我的父母。尽管他们并不是很理解我为什么选择学术研究这条路，但我总能感受到他们的爱，他们的爱让我能够脚踏实地地生活。他们在战争、移民以及生活中的经历，给了我做这项研究的最初灵感。他们可能并不知道自己对这本书的影响有多么深远。

引　言

矛盾的日本中华街

从横滨公园往南走，在海湾之星职业棒球队总部不远处，能看到一座色彩明丽、雕刻精细、尖顶涂成金色的中式牌坊（彩图1）。这座牌坊中间装裱的匾额提醒我们，不远处就是横滨中华街了。150多家华人经营的中餐馆坐落于这个街区，挤在不到10平方英里的空间里。[1] 这个社区从哪里来？作为一个华人生活在日本城市里，这意味着什么？初到这里的游客，很少会考虑社区身份认同这样深奥的问题。这条街道上闪烁的霓虹灯、纪念品商店，以及穿着中国裙子、说日语略带口音的少女，共同展示出一种根据日本顾客的需求而有所调整的"中国文化"。牌坊上悬挂着的海湾之星棒球队——由一家代表中华街各个餐馆和其他行业的组织[2]赞助——的横幅也透露出中华街与横滨市相互提携的色彩。这个地方看上去不太真实。追溯中华街与中国的血缘联系——即与文化起源地的关系——只是故事的一半。要理解中华街如何在横滨兴起、繁荣，我们必须关注中华街和日本邻居不断演变的关系——这是一部相互冲突、相互合作的历史——毕竟这是一条在日本的中华街。

通常而言，日本不算是移民国家。它对于人口融合设置的诸多障碍是众所周知的，包括基于血缘关系的国籍法、严格的入籍程序，以及1945年以来对于民族与文化单一性的广泛认同。最晚到20世纪90年代,学界已达成共识:日本社会有持续地抹去、否认少数民族存在的特点。但是,即便日本民族单一性的神话已深入人心,横滨中华街的繁荣还是有目共睹的(彩图2)。它通常被认为是热门旅游景点,而且这一形象在大众媒体上的曝光率极高。[3]

这种矛盾性通常被视为横滨这座城市的特色,它被认为是比较特殊的,没有那么日本化。[4]这种观点并不新颖,也不仅限于日本观察者。比如1920年美国海军航运局(U. S. Navy Bureau of Navigation)就宣称,横滨"是日本帝国最国际化的城市,日本没有哪个地方比它更不像日本,因为它曾经是通商口岸,因而后来成为国际贸易中心"。[5]实际上,作为19世纪和20世纪初日本最重要的港口,这个城市的贸易非常活跃。2003年横滨的对外贸易额达780亿美元,占日本对外贸易总额的9.2%,每年国际航运从世界各地带来或从日本带走共7800万吨货物。[6]

横滨之所以能成为重要港口,是因为它毗邻日本的首都兼第一大城市——东京。横滨距离东京仅17英里,位于东京湾西岸。卫星图像显示,横滨与东京共同构成了一个庞大的都市群。事实上,横滨本身就是日本第二大城市,居民数量达370多万。这座城市特殊的历史使之形成了独特的文化认同,将它与更大的邻市区分开来。与东京的喧哗及炫目不同的是,横滨人的脚步没有那么匆忙,他们可以随时停下来,瞥一眼海湾,享受凉爽的微风。东京是日本国家中央政府所在地,是支配性的国家文化的中心;而横滨则宣扬国际性、全球化文化,这种文化构建在其港口城市的历史之上。

得益于其国际化的历史,横滨的旅游业十分发达,这一点又增加了这座城市的特殊性。原来作为英国总领事馆的庄严石质结构建筑，现在已是横滨开港史料馆。海边的一排红砖仓库始建于20世纪10年代，奇迹般地完好保存至今，被改造成时尚购物中心。数栋外国侨民、外交官的住所位于山手外国人居留地（Bluff）内，这是城市南面的一处山地，郁郁葱葱，也是观光胜地。在山手外国人居留地的下方，通商口岸留下的遗产得以在繁华的中华街延续，后者就是本书的主题。

这些遗迹标志着这座城市拥有一段特殊的历史，然而这在日本并不罕见：移民、贸易、文化交流曾推动横滨的全球化，现在则几乎触及日本这个国家的每一个角落。由于航空业的发达，任何一个靠近机场的社区都可以发展成一个国际化的"港口"城市。这就是横滨中华街广义的重要性所在。这一地区的历史，是一群外国人在战争与和平的交替中，在一个单一民族国家里扎根的故事。目前，越来越多的外国移民拥入日本，中华街这一与日本单一民族国家相悖的发展形态反映出日本地方政府在城市融合发展上面临的诸多挑战。

民族建构与横滨

本书讲述的是横滨一个华人社区的发展过程，时间跨度是从1894~1895年的甲午中日战争到1972年的中日邦交正常化。笔者在本书中并没有将这里的居民划定为华人还是日本人，众所周知，民族是"想象的共同体"，民族身份认同也具有相对性。[7]笔者试图展示的是，民族差异意识是如何在华人和日本人的互动中产生的。但这种民族意识既不是必然的，也不是不可改变的；它是历史互动过程中产生的暂时结果，这种互动也产生了非民族的群体身份认同。在这一时期，横滨的华人被认为是横滨居民，因为他们在经济和社会方面都融入了这座城市。

作为回报，横滨这座城市也将他们接纳为自己的居民。这本书所呈现的历史叙述，旨在分析心理范畴的民族归属感和地域归属感的产生。

日本的种族多样性在当地已得到广泛承认和接纳，横滨华人的故事就是一个典型例子，也就是说，横滨华人获得了一种准民族身份。日本还有很多名词也反映了这类地方认同，比如"江户子"（*edokko*），字面上指东京的孩子，即土生土长的东京人（江户是1868年前对于东京的称谓）；"滨之子"（*hamakko*）意思是横滨的儿子，即土生土长的横滨人。"滨之子"认同在日本很有名。正如一句俗语所说："三代江户子，三天滨之子。"很多非日本人都相当骄傲且坚定地称自己为横滨人，包括那些华人移民。[8]

然而，公众对华人"滨之子"的接受挑战着日本的单一民族神话。但打破这一神话并非本书的中心议题；因为在此书涉及的时间范围内，这一神话还没有成为日本身份认同的主流。[9]在日本研究的领域之外，分析这一单一民族神话的意义也不大。学者汤姆·吉尔（Tom Gill）和克里斯·伯吉斯（Chris Burgess）指出，在世界范围内，日本的少数民族、外国人人口相对较少，这就导致单一民族神话在近几十年屹立不倒。吉尔认为，"与其说日本是个多民族国家，不如说它更接近单一民族国家"；伯吉斯补充道："单一民族性的'神话'之所以站得住脚，是因为它不但符合社会舆论，**而且**能得到统计数据的支持。"[10]更重要的是，即便横滨中华街内约4000名中国移民、日本全国60万韩国或朝鲜移民的存在，也不能证伪这一神话。正是这种按民族分类的方式维持着日本种族纯净的观念，并且没有任何非日本人的统计数字能挑战这一点。

因此，在谈论这些华人如何融入当地之前，我们首先得探讨华人这一概念是怎样在横滨产生的。漫长的历史表明，这一群体抵达日本时并不是一个预成形的族裔散居群——一个与共同的祖国保持着联系，并且有明确华人意识的群体。[11]海外华人的有效认同只是"故乡"，即他们出生的省份或地方。在来日本之后，移民们才渐渐凝聚成同一个社区。19世纪末横滨中华街建立，实际上，同时期"中华民族"的概念也正在被构建中。基于此，来自各个地方、说着不同方言的华人凝聚在一起，形成一种泛华人的身份认同。正如数代研究者所指出的那样，横滨中华街是清朝（1644~1911年）①末年民族塑造过程的重要舞台。现有的著作记载和分析了在横滨的中国改良派和革命派，以及他们在日本的资助者之间的角力。[12]本书强调的是非精英群体，正是社区中的这一群体为流亡革命家提供庇护，成为民族主义话语的听众，并且随着时间的推移，逐渐产生了一种中国政治意识。

这种政治意识预示着华人侨民认同的产生。"流散人口"（diaspora）一词最早诞生于希腊，指那些流落异乡、受尽漂泊之苦的人；这个词后来被用来指代"加路特"（galut），即那些被迫离开故土的犹太人。以上是"流散人口"一词的古典含义。[13]近几十年，学者开始用这个词指代更广泛的移民及其少数民族身份，包括海外华人。根据威廉·萨夫兰（William Safran）的研究，流散人口具有六个特征：（1）来自同一地区；（2）具有关于祖国的集体记忆、神话或憧憬；（3）与所在国社会存在隔阂；（4）认为祖先居住的地方才是自己真正理想的祖国；（5）认同祖国；（6）具有一种使他们与祖国保持联系的民族集

---

① 此处作者是以1644年清兵入关作为清朝起始点的。还有一种观点认为，1636年皇太极称帝并改国号为大清，就象征着清朝建立了。

体意识。流散华人的身份在汉语中的术语为"华侨",这是一个19世纪晚期诞生的新词,用王赓武的话来说,它意味着在所处海外社区里,"保持一种华人身份,或恢复某人'华人意识'的决心"。这种概念化的流散华人身份认同强调热爱祖国,淡化与定居地之间的联系。[14]

流散人口社区的生存状况,对于理解个人如何接受民族认同的过程至关重要。这种民族性的想象不可能毫无争议,正如杜赞奇(Prasenjit Duara)所说,民族认同试图"在一堆相互冲突的认同中,将某种单一认同固定下来,列为优先"。[15]审视本土之外的民族建构能为我们认识民族主义运作提供特殊的帮助。在这种情况下,民族主义意识形态必须坚持与祖国的垂直关系,同时否认其移民定居国的社会上的其他集体认同。流散族群的民族归属主张需要使用更多且更易理解的方式推行才能令人信服。

最后必须指出的是,虽说民族认同是被想象出来的,但这有些言过其实。仔细观察中华街的历史就会发现,这些流散华人的身份认同绝非凭空想象的。中华街里有各种中国式观念存在,比如祖先观念、士大夫观念、对清朝政府的忠诚,以及关于家族世系不断变化的一系列说法,这些都是汉民族明显有别于其他民族的地方。[16]本书要讲述的是现代中国民族主义如何与现有的社会关系相调和,并且被普通民众理解和使用,尽管它有时会与流亡知识分子的意图和理念相悖。具体而言,本书考察了这些华人与中国和日本横滨的制度、社会、经济和法律机制的联系。笔者广泛使用当地报纸、政府的官方记录和规划文件、已出版的回忆录,以及与部分当事人的访谈,通过对日常生活的还原来描绘这一图像。由于横滨市在1923年和1945年两次被烧毁,失去了大量的文献遗产,这种折中的做法是必要的。不同的资料来源也让我们可以追溯那些没有留下多少文字的人的生活,通过他们的选择和行动来进行叙述。

横滨的中华儿女

本书试图讲述一个人如何成为华人,同时又是横滨的孩子。本书所描述的社区形成的社会过程是有性别区分的,并且明显不对称。现代中国人和日本人的身份被定义为具有共同血统和文化传统的共同体,与其法律地位一致。在20～21世纪之交,两个国家都制定了基于血缘关系的国籍法,即确立了血统原则(jus sanguinis)。在1985年之前,日本的国籍法基于父系血缘关系,外国人的子女不能自动获得日本国籍。因此,日本女性与中国男性结婚后,就失去了日本国籍,变成了中国人。接下来的叙述并不打算弱化中华街里女性的角色,但出于研究必要,我们不得不将视线聚焦于在这一时期发挥作用的某些父权制的设定。从法律上讲,这个社区的华人性质是由男性维系的。

从世界标准来看,横滨中华街并不算大。2011年,居住在横滨市的华人有33000人,仅次于近邻东京的140000人。然而,横滨华人中只有约27%(9085人)居住在横滨中华街及中区附近。[17]此外,历史上中华街的人口只是这一数字的一小部分。自20世纪80年代以来,来自中国的新移民人数激增,使得这一社区的规模在统计调查时变得难以衡量。自从1937～1945年第二次中日战争①结束后,中区的华人数量一直在3000人上下浮动,直到20世纪90年代初才突破4000人。战前,横滨华人人口维持在类似的水平,在2000人至4000人之间波动,

---

① 即日本侵华战争。

1910年前后才短暂地突破了6000人。

然而，从历史上看，横滨华人人口在日本的人口和经济上都是非常重要的（图0-1与图0-2）。从1859年横滨开港到1911年，横滨的华人人口占日本华人总人口的50%以上，超过了历史上的长崎和神户这两座城市中的中华街的人口。另外，在同一时段，横滨华人居民的数量占日本外国人口总数的近1/3。

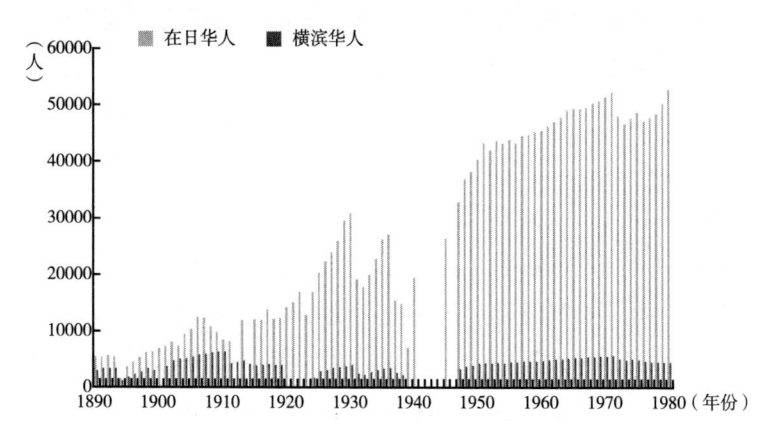

图0-1 1890~1980年日本的华人数量

资料来源：過放『在日華僑』、四七~四八頁；Statistics Bureau, *Registered Aliens by Nationality*。

华人数量随着中日关系的变化而波动。由图0-2可知，在甲午中日战争时期（1894~1895年）、1911年辛亥革命爆发后交换生风潮终结时、1923年关东大地震期间、九一八事变前后（1931~1932年）以及太平洋战争期间（1937~1945年），华人都曾大量离开这座城市。另外，1972年日本与中国邦交正常化后，数千名华人入籍成为日本人，新一轮来自中国的移民潮也改变了此前低迷的人口数据。横滨中华街的历史是中日关系史的一部分，它揭示了国际冲突对处在二者之间的人群的影响。

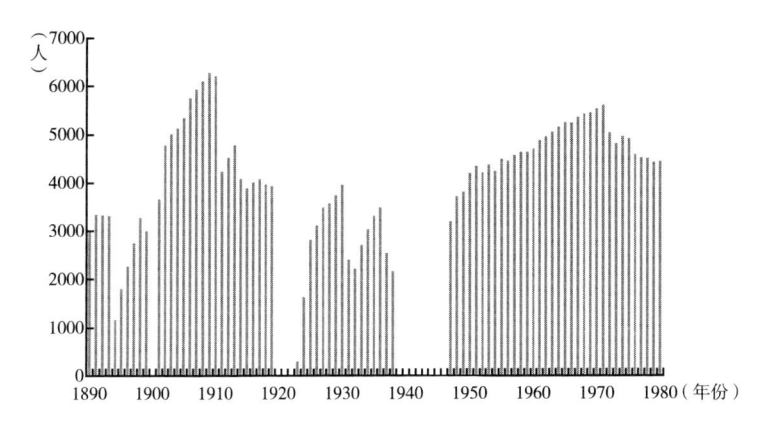

图 0-2　1890～1980 年横滨的华人数量

说明：数据缺口出现在 1920～1922 年，原因是 1923 年关东大地震；1939～1946 年再度出现缺口，原因是太平洋战争。

资料来源：伊藤泉美「横浜華僑社会の形成」、五頁；横浜市『統計書』。

从历史上看，大部分横滨华人是广东人，即来自广东省。然而，鉴于该省的语言和文化的异质性，这个词并不完全准确。广东移民以来自香山县（现在的中山市）的最多，其人口增长主要靠熟人帮带，即先来的移民不断地帮助亲戚和朋友来日。直到最近，在横滨市，讲粤语的人也必须通过香山话才能互相理解。相比之下，北美唐人街类似的熟人帮带的做法，则导致台山话占据粤语的主导地位，台山人说的是自己的方言。[18] 以上因素暂且不提。1923 年初中华民国总领馆的一项调查显示，横滨市的 5721 名华人中，74.1% 来自广东，14.5% 来自浙江，8.4% 来自江苏，1.7% 来自福建。[19] 1962 年的另一项调查证实了该比例的连续性，中华街人口的 53.1% 来自广东，12.0% 来自江苏，10.9% 来自浙江，10.4% 来自台湾。[20]

今天的横滨中华街已经成了热门的美食旅行目的地，但这一地位是最近才形成的，它基于 20 世纪 70 年代后新的经济、社会秩序。然而,自中华街初建以来,餐饮业一直是其经济支柱。商人和小贩在1859年建立了华人聚居区,但和世界各地的华人社区一样,这一地区的经济也依赖所谓的"三把刀",即厨师的菜刀、裁缝的剪刀和理发师的剃刀。1927年,中华街里31.2%的华人在餐馆、咖啡馆和酒吧里工作,15.1%从事缝纫工作,还有7.0%在理发店工作。随后几年,更多的华人从事这三类工作。到了1941年,它们的比例各自达到38.3%、17.3%以及6%。至1962年还有44.2%的华人从事餐饮业,但裁缝、理发师的人数显著下降。[21]20世纪80年代以来的游客调查显示,日本消费者的需求进一步推动了这一趋势。在1982年,45.6%的游客专程为体验中国美食而来,1992年这一比例上升到58.7%,2002年进一步增加到69.7%。正如中国移民研究者潘翎所说,所有的中华街都在某种程度上成为旅游景点。[22]但横滨的数字尤为惊人。根据2002年的一项调查,横滨中华街每年从全日本吸引游客1860万人次。[23]

建造横滨中华街——"我的乌托邦"

接下来的章节将展示,如今的横滨中华街是如何从华人与周边社区之间复杂的商业和社会交流历史中兴起的。"复杂"是因为这个过程包含两个矛盾的趋势。一方面,日本消费者对中华街的热衷程度,表明该地区在经济上融入了城市,并且被认可为当地的一部分。另一方面,中国文化的商品化又界定和强化了文化差异,从这个意义上说,它也维持了华人身份和日本人身份的分离性。

此外,在这一时间框架内,华人自我认同的特征与标志并不是一成不变的,在横滨,华人的含义随着其与日本社会,以及与中国本土关系的变化而改变。本书的一个重要主题,是横滨中华街作为地方和华人作为群体的持续性社会建构。今天,这一地区呈现的是一个充满中式风土人情的雅致空间。此外,它是一个没有污垢的中华街,用潘氏的话说,拥有"几乎是巴黎式的时髦"。[24]通俗文学、大众媒体和依赖日本顾客的中餐馆,共同塑造了这一形象。但这个形象是最近才产生的,其表象之下是横滨中华街盘根错节且经常相互矛盾的历史形象。就像存在于美国人想象中的唐人街一样,横滨中华街也是一个巨大的隐喻,既具威胁性,又有诱惑性。[25]

两部同名的日本通俗小说,即分别由斋藤荣(1993年)、小谷恭介(2001年)写的《横滨中华街杀人事件》能帮我们理解这一地方的文化意义。[26]小谷的作品以1989年为背景,描写了一连串与不光彩的房地产交易和一家以中国为主题的夜总会有关的谋杀案。剧情中没有任何中国人物,而俱乐部的神秘女士最终被揭穿是一个装作中国人的日本女子。在书中,横滨中华街作为故事背景的弦外之音是外国人在遵纪守法的日本从事犯罪活动。在读者看来,这一地区是纯洁国度里不纯洁的源头。在这一点上,小说的视角非常贴近一种可以被理解为民族问题(national problematic)的东西。[27]这部作品展现了日本人对界定日本民族与外国人身份的执着,这在当代日本是非常普遍的。

斋藤早于小谷的创作与后者的作品形成鲜明对比,表达了一种源自横滨多元文化传统的本土自豪感。小说讲述了侦探二阶堂和他的命理师妻子日美子破获一起发生在一家豪华中餐馆的连环谋杀案的故事。引人注目的是,小说中对中华街美食的描写丝毫没有小谷作品中的恐怖感。借日美子之口,作者斋藤夸赞这里"是世界上最好的中华街"。[28]即使到最后,读者们知道杀人凶手是二阶堂的华人针灸师的时候，凶手留下的遗书仍然证明他的动机是高尚且富有情义的。这部作品展现了异国情调而非民族问题，将中华街视为城市的正面存在、国际化的象征，而没有敲响文化污染的警钟。然而，日本文化与中国文化之间的对立仍然存在。

这些关于横滨中华街的文化本质主义叙述，是当代日本人对外国人的典型看法，也符合日本人对种族和民族的定义，但它确实指出了横滨多元文化传统中相互冲突的观点。同样的张力也能在中国的港口城市上海找到。正如历史学家马克·斯维斯洛基（Mark Swislocki）对美食的分析那样，从19世纪中叶开始，美食扮演了区隔不同文化、强化地域认同的双重角色。美食既可以展示城市本土化的一面，又可以展示城市国际化的一面，也就是由本地居民、外来移民定义的不同文化。[29]这些关于文化融合的相异看法，是文化碰撞的典型产物。此外，我们将在后面的章节中看到，美食在定义横滨的地方文化中也扮演了同样重要的角色。

然而，横滨华人自己也被深深地卷入了这些本质主义的建构和批判。第三位小说家的叙述提供了横滨华人居民心理的罕见画像。小说展示了在一个被一元化的身份理解严格定义的社区里，混血儿面临的两难处境。1988年芥川奖得主冈松和夫的小说《海之堡》，讲述了秋川和有马两个出生在横滨但有不同民族血统的人长达20年的友谊。在小说中，有一半中国血统、一半日本血统的有马一直苦苦挣扎，希望做一个真正的横滨人。但他不停地遭遇各种民族藩篱，包括夺走他兄弟生命的第二次中日战争。有马的大哥回到中华民国上医学院，在蒋介石（1887—1975）麾下当军医，后在抗日战争中牺牲。二哥在东京学医，在北京医院行医，后被日军强征入伍，也死于战争。三哥从早稻田大学毕业，在日本军队中担任翻译时丧生。[30]

有马改造自我的努力最终失败，在绝望中，他向"正宗的"日本人秋川倾诉自己对于故乡不切实际的想象："呃，这很难解释，就像一幅既没有日本又没有中国的山水画。但当牵涉到国家以后，国与国之间最终会互相憎恨，人们为当权者牺牲。战争时发生在我哥哥们身上的事，让我觉得受够了。在内心深处，我只想把横滨作为我的乌托邦。"[31]

有马的心理困境在于，他既不是纯粹的中国人，也不是纯粹的日本人，这说明了中国人和日本人身份的排他性和狭隘性。到目前为止，还没有一个类似于美籍华人或澳籍华人的华裔日本人身份，也没有一个准确的术语描述有马的处境。有马选择将自己同时看成"华侨"和"横滨人"。这种混合的身份使他不用自视为日本人也能成为横滨社会的一员。但这种选择同时也是危险的，因为"华侨"指向一个遥远的祖国，而"横滨人"指向一个日本民族的亚群落。这种模糊身份意味着对民族问题的否定。

将横滨作为一个超越国家范畴的国际化空间，这种理想化概念需要与中日两国间冲突不断的历史联系起来。自19世纪末以来，中日两国三度交战，分别是在1894～1895年、1931～1932年，以及1937～1945年。而在战争时期，国家归属感是至关重要的。《海之堡》中有马三兄弟的故事并不是作者凭空想象的。冈松笔下的人物以中华街一个著名家族为原型，反映了他们在战争时期的真实经历。[32]广东移民鲍棠（1854—1905）在1871年前后定居横滨，并与一个名为沟吕木满寿[①]的日本农民

[①] 原文为溝呂木ます，个别日本人的名字为假名，本书将其音译为对应汉字。

之女结婚。在第二次中日战争中,他们的两个儿子在日本军队服役。其中一个当军医,另一个当翻译,并且都死于中国战场。第三个儿子回到中国,在中国军队中当军医。第四个儿子鲍博公(？—1958)与有马最相似,他没有参加战争,选择留在横滨经营家族餐馆。[33]

横滨的华人居民对克服中日血统冲突宿命的渴望,使这座城市的历史充满乌托邦色彩。然而,像鲍棠家族那样极端的例子却告诉我们,当不同国家各自要求公民履行义务的时候,会造成怎样的悲剧性后果。和有马一样,这些人碰触到了柔性身份的硬边界,并且面临想象和居住在一个乌托邦里的诸多困难。

超越终极认同

忠于单一民族的终极要求,导致了有马(或者鲍博公)和他兄弟们面临的困境。这种困境在现代社会中具有普遍性。自19世纪以来,日本和中国的政治近代化推动者都试图向民众灌输国家和民族意识。政府的政策将国家认同制度化,把它变成个人的"终极"认同,也就是说,"在危急时刻"大集体有权要求男人们和女人们绝对忠诚。正如鲁贝特·艾默生(Rupert Emerson)所解释的那样,国家这一集体可以压倒"其中所有小集体,以及超越国家之外的更大集体"。[34]

本书拒绝这种终极认同中固有的假设和优先性;而对横滨的集体身份进行了批判性的审视,以显示其历史性和多重性。集体认同——更确切地说,集体身份认同——是构成社会生活的关系范畴,它区分了朋友和敌人、本国和外国。它们有别于自我认同,后者被乔治·德弗罗(George Devereux)定义为一个人的"绝对唯一性"。这种个体性,被德弗罗理解为人性,是由每个人可能接触到的特定身份认同的具体序列建立起来的。然而，集体认同和自我认同在日常语言中很容易被混淆；构成独特人格模式的多重群体归属感并不总是显性的。当遇到必须区分自我和他者时候——比如中日战争期间——自我认同和集体认同的区别便会彻底暴露。在极端情况下，过分执着于终极认同甚至会导致精神失常。德弗罗认为，执着于将民族——出于相同的理由，也可以说是"国家"——认同置于所有人之上，意味着一个人的人格意识出现了巨大障碍。当一个人把他或她的多重社会关系简化到终极的单向度上时，其结果就是真实身份的毁灭。

对有些学者来说，流散人口的概念提供了一种对抗地域性民族国家单向度认同的方式。在他们的作品中，流散主体可以作为"一个具有双重和多重意识的形象，对一个分裂甚至在分散过程中的主体，在跨越纵横交错的边界中"发挥作用。[35]正如詹姆斯·克利福德（James Clifford）认为的那样，流散最重要的意义在于它的自我定义是反对国家权力和本质主义（essentialism）同化的。所以，流散人口身份认同是一种抵抗方式，用来表达"特定的世界主义"，该世界主义反抗"民族国家或同化主义意识形态"，以及"本土的，尤其是原住民的主张"。[36]

哈齐克·托托兰（Khachig Tötölyan）却指出，将流散视作乌托邦，将其完全视为一种知识的辨识对象从历史上看是短视的；它没有考虑到政权、文化习惯、民族主义赋予很多流散身份认同的稳定性和延续性。[37]与此类似，亚当·麦基翁（Adam McKeown）认为，最新趋势是将流散作为一种自由的身份认同形式，这有悖于"那些本质化的叙述，以及对于流散的早期定义来说至关重要的原始认同"。[38]因此，以后的历史研究更应关注流散是**如何**发挥作用的,而不是思考它们如何**能够**发挥作用,同时以此阐明移民、歧视和调和的过程。[39]

正如我在接下来的章节将要展示的那样,横滨华人群体社区就是这两种流散概念的典范。一方面,中国的远距离民族主义确实通过"本质和永恒的文化认同,在流放、分散的状态下仍然顽强存在"。[40]另一方面,多元的横滨社区里的成员既有国家认同,又有地方认同。横滨华人说明了在流散状态下,多元认同如何形成并对单向身份认同和民族问题形成阻碍。

本书的主要目的是展示人们如何尝试在具有排他性和冲突性的国家或民族认同中,调和出一个具有世界性和包容性的地方认同。横滨是本书故事的发生地,但它并不特殊。在2012年出版的《种族圣像:多样性在哪里以及如何胜利》(Pax Ethnica: Where and How Diversity Succeeds)中,卡尔·E.迈耶(Karl E. Meyer)和沙恩·布莱尔·布里萨克(Shareen Blair Brysac)在法国港口城市马赛观察到类似的移民历史和包容性文化。迈耶和布里萨克认为,马赛市公民认同促进了社区融合,因此在2005年法国全国爆发骚乱的时候,这里的种族冲突比其他地方轻微得多。两位作者引用心理学家阿兰·莫罗(Alain Moreau)的话说:"来自马赛的年轻人,特别是北非裔的年轻人,经常强调,在社会身份认同问题上,他们首先认为自己是'马赛人'。"[41]这与横滨的华人、日本人都自称"滨之子"惊人地相似。

在过去一个半世纪的中日交流中,人们有的更多的是对冲突而不是对合作的记忆。事实上,相互对立、相互排斥的民族认同论调,使过去和现在的冲突都不可避免。相反,横滨中华街的故事,提供了一个批判性视角来看待这种民族认同话语:

它让我们在历史的纵深中思考集体认同——也就是说，集体认同的形成与消解过程——以及它们是如何加剧或缓和中日之间的冲突的。通过反思这段历史，希望我们可以想象出超越终极认同的范式。

本书梗概

本书按照时间顺序，依据横滨中华街与中国、日本关系的主要节点来划分章节。第一章开篇讨论了近代以前到19世纪中叶的情况，这一时期，大量华人移民被日本接纳。1859年，日本横滨等城市被开放为通商口岸后，出现了中国人的永久居留地；这些通商口岸是全球近代化的产物，从某种意义上说，它们源自全新的外交准则和国家与人民关系的变化。1894年至1895年的甲午中日战争促成了这一转变，使国际战争的影响渗透这座国际化港口城市的社会生活。就在各国以民族性作为包容和排斥的原则时，冲突迫使华人移民及其后裔以民族性的眼光看待自己的生活。

但到了19世纪末，乡土、方言群体的认同仍在横滨华人的社会组织中占据主导地位。第二章将讨论在1911年辛亥革命之前，中国的流亡革命家是怎样试图将地方认同转变为积极的中国国民意识。对康有为（1858—1927）、梁启超（1873—1929）、孙中山（1866—1925）等人来说，日本是现代化的典范，横滨是他们组织活动的基地。这些活动家通过出版和教育，在当地的华人居民中开展工作，将民族意识确立为一种愿景和话语。他们还参与了日本是否应该在条约港口外允许华人"杂居"的辩论，主张给予华人和西方国家人民同样的定居权和通商权。然而，这些民族塑造活动却打开了党同伐异之门，激起了华人内部宗教、阶级、地域各方面的长久矛盾。另外,他们所追求的杂居权为其带来了更多与日本人互动和文化交流的机会。到清末,横滨中华街的华人逐渐具备了某种程度的中华民族意识,但同时也逐渐奠定了横滨地方认同的基础。

第三章追溯了从1912年中华民国成立到1931~1932年九一八事变之间,华人身份认同在横滨固定下来的过程。在中日关系日益紧张的20年里,国民政府通过登记和灌输"爱国华侨"理念的方式,将权力延伸到了海外公民的生活中。1923年关东大地震的危机,促使横滨华人淡化民族分裂,作为一个民族更紧密地团结起来。文化娱乐活动也促进了民族认同的发展,通过参加棒球比赛和向日本消费者介绍中华料理,横滨华人与本地社区的联系更趋紧密,但仍是**以华人**的身份。在与日本邻居们联合成立新的机构时,他们更多地使用国际关系的概念来定义自己的活动。但当1931年日本入侵中国东北,挑起九一八事变的时候,这些努力全部化为泡影,此后在共同的敌人面前,华人会构建自己的民族认同。

1937年第二次中日战争的全面爆发让横滨华人忧心忡忡,随之而来的是更多的国家干涉:日本政府试图让华人民族主义团体与自己合作,并利用华人进行政治宣传及其他活动。第四章叙述这些战时发展对横滨华人社区凝聚力的影响。从横滨华人的角度来说,他们试图在地方认同、民族爱国主义之间寻找平衡点——既当"横滨人",又当华人流散者——为此他们不得不宣称支持南京伪国民政府。这些政治表态并不是完全自愿的,是他们与日本政府的妥协,为了能够以华人身份继续留在横滨,既不会被强行赶出日本领土,也不会被同化为日本帝国的臣民。但最终到1945年春时,中华街还是遭到了盟军无差别的轰炸。今天横滨中华街的社会、经济基础，也是在那几年奠定的。战时合作的经验，导致战后那几年华人相信多元化要好过加入日本国籍。华人继续在公开场合自称"横滨人"，在这段艰苦岁月里，中华街里的餐馆创造了很多就业机会，今天仍然如此。

追溯横滨中华街如何在冷战以及日本经济腾飞的背景下，发展成为一个有凝聚力的民族"飞地"和经济区，直至1972年中日邦交正常化。这段时间见证了华人流散认同走向巅峰，由于中华人民共和国的成立和遗留的台湾问题，海峡两岸对爱国主义的呼吁都在塑造着华人流散认同。随着时间的推移，海峡两岸的政治斗争却影响了横滨华人的内部团结，导致华人从心向祖国的流散人口变成与日本人有别的少数族裔。随着华人和日本居民联手将中华街打造成一个吸引游客的美食胜地，中国民族性不再仅仅是一种政治认同，而且具备了强烈的商业导向。

结论部分讨论了20世纪80年代以后的中华街，这一地区不断累积的经济财富、制度化过程是横滨地方认同的支柱。华人作为当地居民获得了民众的认可，这一地位赋予了他们一定的公民权利。两个比较案例——在日（居住在日本的）韩国（朝鲜）人和20世纪80年代开始迅速扩大的华人新移民人口——有助于揭示外国人融入日本社会的问题。最后，本书通过两个重要主题对横滨中华街的意义进行了概括和反思：（1）横滨华人身份的历史性及其对中日关系的影响；（2）横滨华人对一些社会运动的贡献，这些社会运动试图挑战和重新评估现有的日本公民观念。

注释

1. 横浜中華街発展会共同組合『街づくり基本構想』、九頁。1992年华人经营的中餐馆有 151 家，日本人经营的中餐馆有 7 家。
2. 即横浜中华街发展会，第五章将详细讨论这个组织。
3. Murphy-Shigematsu, "Multiethnic Japan and the Monoethnic Myth"; Fowler, "Minorities in a 'Homogeneous' State: Japan"; Befu, *Hegemony of Homogeneity*; Weiner, "Editor's Introduction."日本漫画的爱好者甚至可能记得，经典科幻漫画『超時空要塞マクロス』的英雄铃明美就来自横滨中华街。
4. Lie, *Multiethnic Japan*, p. 27. 这种对于日本民族同源性的坚持，是"否认那些边缘人的存在，包括部落民、冲绳人、在日韩国（朝鲜）人，以及原住民阿依努人"（Creighton, "*Soto* Others and *Uchi* Others," p. 213）。部落民指德川时代（1603~1867年）贱民的后裔，他们从事屠宰牲畜、皮革加工等被认为是不洁的职业。冲绳人和阿伊努人分别是日本南方和北方远岛的原住民。
5. U. S. Bureau of Navigation, *U. S. Navy Ports of the World*, p. 12.
6. 横浜市『統計書』、第八三卷、一三九~一四四頁。这个贸易额是根据 2003 年的外汇计算的，当时 1 美元 = 115 日元。
7. B. Anderson, *Imagined Communities*; Duara, *Rescuing History from the Nation*.
8. 一个例子来自 George Lavrov 最新出版的回忆录，他 1941 年出生于横浜，父母是俄罗斯人，他在回忆录中宣称："我仍是一个'滨之子'，一个土生土长的横滨人，一些迷人的横滨风情永远留在我的心中。"（Lavrov, *Yokohama Gaijin*, p. xiii.）
9. Befu, *Hegemony of Homogeneity*, p. 14; Oguma, *Genealogy of 'Japanese' Self-Images*. 重要的是，要承认这个神话有其自身的历史。虽然在 20 世纪 60~80 年代，这一神话在日本通俗和学术著作中处于鼎盛时期，但在 20 世纪前半叶，官方在有关日本身份认同的论述上承认多民族帝国的观点。将朝鲜半岛和中国台湾的居民同化为日本臣民这一目标，需要这种帝国身份认同的表述。

10. Gill, "Review: *Multiethnic Japan*," p. 575; Burgess, "'Illusion' of Homogeneous Japan."
11. 永野武『在日中国人』、二六頁。
12. Harrell, "Meiji 'New Woman' and China"; Jansen, *Japanese and Sun Yat-sen*; Judge, "Talent, Virtue, and the Nation"; Lu Yan, *Re-Understanding Japan*; Miyazaki, *My Thirty-Three Years' Dream*; Spence, *Gate of Heavenly Peace*.
13. Safran, "Diasporas in Modern Societies," pp. 83–84.
14. G. Wang, "*Note on the Origins of Hua-Ch'iao*," pp. 123–24. 当这个群体不是以与祖国的政治关系来明确界定，而是以一系列可能被视为华人的特征，如民族、文化、语言等特征来区别于周围的日本社会时，我使用"华人"这个笼统的词语。关键在于不要预先假设祖国在这一群体形成过程中的重要性。
15. Duara, *Rescuing History from the Nation*, p. 81; 亦见于 Duara, "Transnationalism and the Predicament of Sovereignty"。
16. 关于后面这些论述的详细研究参见 Dikötter, *Discourse of Race in Modern China*。
17. 横浜市統計情報課『大都市比較統計年表』。
18. 山室・河村「横浜在留華僑」、一三頁；中華会館・横浜開港資料館『横浜華僑の記憶』、一五三頁。在1962年，广东人中的中山人占31.8%，高明人占19.7%，台山人只有3.9%。
19. 孙士杰:《华侨状况》, 第6~7页。
20. 山室・河村「横浜在留華僑」、一六頁。
21. 神奈川県庁『我らの神奈川県』、五二二~五二九頁；内田『日本華僑社会の研究』、三一七頁；山室・河村「横浜在留華僑」、二七頁。
22. L. Pan, *Sons of the Yellow Emperor*, pp. 305, 310.
23. 横浜中華街街づくり団体連合協議会『グランドデザイン』、八・一一頁。在2002年，45.6%的游客来自横滨市和周边的神奈川县，2.1%的游客来自东京，33.3%来自其他地区。
24. L. Pan, *Sons of the Yellow Emperor*, p. 298.
25. K. Anderson, "Idea of Chinatown." 正如 Kay J. Anderson 展示的那样，19世纪和20世纪北美的想象和制度性实践，将唐人街变成

了一个不道德、不卫生、危险的地方。在这一观念下的唐人街是种族歧视体系的具象化。

26. 斎藤『横浜中華街殺人事件』、小谷『横浜中華街殺人事件』。
27. Abrams, "History, Sociology, Historical Sociology," p. 9. 在 Louis Althusser 和 Philip Abrams 的作品中,"问题性"(problematic)一词指的是一种组织现象的方法,这种方法可以产生问题以供研究并限定可能的答案范围。
28. 斎藤『横浜中華街殺人事件』、二〇~二一頁。
29. Swislocki, *Culinary Nostalgia*, pp. 2, 104, 232.
30. 岡松『海の砦』、一七~一八頁。
31. 同上、一五三頁。
32. 岡松「中国人の墓地」、一五八~一五九頁。
33. 岡松『海の砦』、一八三頁;菅原『日本の華僑』、二〇~二一頁。冈松在小说的末尾引入了一个名为温博公的年长人物,将鲍博公和温炳臣(1866—1955)的名字合在了一起,后者是中华街里另一个有名人物,将在第二章中讨论到。
34. Rupert Emerson, quoted in Glazer, "*Universalisation of Ethnicity*," p. 10.
35. Tölölyan, "Rethinking Diaspora (s)," p. 28.
36. Clifford, *Routes*, pp. 53, 250.
37. 托托兰特别指出:"最近,流散已经成为美国强烈的、实际上是乌托邦式的推动力,这种推动力总是满怀激情,又充斥着失望,同时也总在追逐具有积极意义、希望和抱负的新知识……流散以忽视其流散民族主义的方式与国家共存。"〔Tölölyan, "Rethinking Diaspora (s)," pp. 71-72.〕亦可参见 Carter, "Geopolitics of Diaspora"。
38. McKeown, "Conceptualizing Chinese Diasporas," p. 309.
39. 参见 Münz and Ohliger, "Diasporas and Ethnic Minorities in Twentieth-Century Europe"。尽管有时候,基于史料的流散研究,不过是世界史领域的某种类型学,或者只是和某种理想类型做对比罢了。
40. McKeown, *Chinese Migrant Networks and Cultural Change*, p. 12.
41. Meyer and Brysac, *Pax Ethnica*, pp. 109, 131-33.

第一章 甲午中日战争与民族团结，1894～1895年

华人社区在日本兴起并发展壮大的故事，并非始于横滨。横滨也不是日本第一个大规模的华人聚居地。在日本的德川时代（1603～1867年），位于九州岛南部的港口城市长崎最早在中日贸易中崛起。当时长崎是唯一可以与中国和欧洲直接通商的港口，是文化和经济交流的重要窗口。[1]然而，长崎的华人主要是流动人口，他们随商船来来往往，没有形成一个固定的社区。另外，由于早期中华街不受现代民族和公民概念的限制，留在长崎的华人能够融入地方社会。始于1859年的横滨华人定居点，则是在完全不同的社会和政治背景下产生的。基于全球性民族国家体系的现代公民身份概念，使中国人和日本人产生了相互排斥的身份认同，并且个人身份逐渐固化。在这一过程中，横滨中华街历经几代更迭屹立不倒，即使在跨国婚姻和经济融合的风雨中也是如此。这一社区，是全球现代化的副产品。

在日本的国土上以华人的身份生活，这种生存模式的转变不是一蹴而就的；它耗费了几十年，而甲午中日战争是其分水岭。在战争状态下，无论日本人还是华人皆需要有团结和爱国主义精神，这导致华人和日本人的国家利益意识越来越强烈，超越了行业、家族和地域关系。总体来说，这一点在中日两国是一致的。[2]横滨的华人和日本人比邻而居，但是战争的影响表现得尤其突出，导致当地社会发生了结构性变化。无数的街头

冲突迫使人们采取一种民族国家视角，即通过民族或国家的概念来看待和区分彼此，不再容忍模糊的界限。问题的关键并不在于横滨居民一夜之间意识到了这种差异，他们其实早就知道自己的邻居和商业伙伴非我族类。更准确地说，新情况迫使华人和日本人各自从民族概念出发体验和记录自己的生活，而这又被新的法律和制度安排固定下来。

1894~1895年日本在战争中的压倒性胜利，使华人在日本人心目中的形象大为转变，从来自文化先进国度的富有商人沦为懦弱的乌合之众和劳工。此后，他们成为在日本需要被特别加以限制的外国人群体，受到管制。另外，清朝的惨败削弱了清政府在中国知识分子领导者眼中的合法性，他们试图改良，甚至发动革命以再造中国，使之成为现代民族国家。很多人以日本为榜样进行改革。[3]但是，建立一个有活力的现代社会的努力在中国产生影响之前，战争已迫使横滨华人直面共同危机，并通过将他们的个人境遇和组织体系与唯一的祖国联系起来，促使民族团结。

前近代的赴日华人移民

本书没有预设民族性具有穿越历史的重要性，因为在前近代，无论中国人还是日本人，都不被认为是一个有明确边界的政治、文化和民族单位。取而代之的是，作为一种古典文明的发源地，古代中国是由一种被称为"儒学"的形而上学和政治哲学体系来界定的。士大夫通过对儒学经典的掌握获得相应的地位，各王朝则通过自居为其典范和正统继承人以获取统治合法性。中华文明被认为是放诸四海而皆准的，适用于"普天之下"，中华帝国也因此得以包容不同民族。[4]然而，在这种融合而成的士大夫精英文化背后，还隐藏着丰富多彩的庶民文化，比如，方言差异就赋予了地方身份认同以重要性和连贯性。作为一种与帝国权威主张密切联系的士大夫文化产物，相比于中国民族性的意识，大部分中国人在日常生活中更重视地方主义，尤其是那些选择离开文明中心，到海外寻求财富的华人。

前近代的日本，同样不是由文化同一性统一起来的，而是一个以阶级地位区分构建的社会。[5]从远古到19世纪初，亚洲大陆的移民潮水般地涌入日本列岛，尽管存在文化上的差异，但他们还是融入了当地社会。[6]从人口统计学来看，包括中国移民在内的移民潮否定了日本作为独特的单一民族国家的当代观念。[7]从公元前300年到公元300年的六个世纪里，每年约有3000人，即总共180万移民来到日本。[8]从公元4世纪到9世纪，几波小规模的移民潮将学者、僧侣和工匠从大陆带到日本，到这一时期结束时，这些人和他们的后裔约占日本贵族的30%。[9]随后，在16世纪，日本沿海形成了规模不等的华人聚居地，但几代人过后，他们逐渐被日本社会同化。[10]

1635年，德川幕府的统治者将繁荣的中日贸易限制在长崎一地，使之成为日本第一个存在时间长、规模大的华人移民定居点。到17世纪末，华人已经成为商业、社会和文化方面不容小觑的存在。一些报告称，该城市总人口为51395人，其中华人数量约为10000人。不过，这个数字会随着中国贸易船队的往来而上下波动。[11]长崎社会欢迎华人，称他们为"阿茶先生"，这是一个表示尊重与亲切的称呼。[12]与后来日本人认为华人是底层劳工的印象相比，在长崎的浮世绘中，阿茶先生的形象多是和蔼可亲的富商，正在向日本孩子们发放小饰品和糖果。[13]

把华人称作阿茶先生，是因为他们与日本社会一眼可见的区别，以及与中国的商业联系。然而，即使日本人用专业术语将他们统称为一个单一群体，他们也并没有作为一个统一的群体行动。华人根据职业和出身地的不同而细分。[14] 如同东南亚前近代的华侨一样，说不同方言的华人群体从事不同种类的贸易；他们的庙宇里供奉家乡本地的神灵，庙宇既是社交中心，又是乡土情感的中心。[15] 到17世纪末，长崎有四座这样的中国庙宇，各自服务于"三江"——江苏、江西和浙江，闽南、闽北，以及广东的商帮。[16]

中国人和日本人之间的区别，如果从现代观念来看是很微小的。有两种职业扮演着中国和日本之间中介的角色：通事①与僧人。这些人通常拥有日本姓氏，却代表中国各地方群体与日本人在经济、宗教、文化等方面进行交流。[17] 筹备这些交流活动促进了他们与日本人的社会交往，很多人也因此与日本人通婚。[18] 其中一个例子是首位官方通事冯六，他被任命于1604年，据说他就娶了一个日本女人并在长崎定居。另外一个例子是国姓爷（即郑成功，1624—1662），他是中日混血，父亲是明朝孤忠，母亲是日本人。他试图反清复明的事迹在1715年被改编成著名的日本木偶戏②《国姓爷合战》，因此他在中日两国都被视为英雄。华人也有可能变成日本国的臣民。1688年，日本政府下达诏书，规定非商人出身的华人必须放弃效忠明朝或清朝，要么永久定居，要么离开日本。[19] 就这样，不少长崎华人转而效忠日本，融入当地社会，以求在德川幕府的阶级化统治之下有立足之地。[20]

---

① 即翻译。
② 即文乐，又称人形净瑠璃。

华人在通商口岸横滨

由于民族国家兴起,西方帝国主义势力侵入东亚,19世纪的社会秩序随着政治秩序的改变而发生了根本性的变化。这种变化最终迫使中国和日本都根据西方的规范来处理国际事务,也就是说,在名义上相互平等的民族国家框架下开展外交,并且按自由贸易的原则处理商业事务。这终结了在东亚延续两千多年的以中国为中心的国际秩序。在帝国主义扩张和民族构建的过程中,东亚各国的国际贸易和联系日益增多,国与国之间的民族、社会以及领土边界越来越清晰。[21]

不同力量间碰撞的具体表现之一,就是在东亚地区设立的通商口岸。清朝在第一次鸦片战争(1839~1842年)①期间惨败给英国,被迫在1842年签订《南京条约》,又在1843年签订《虎门条约》,开放五个通商口岸,给予英国片面最惠国待遇,还限制清政府制定进口关税的权力。1844年,美国和法国也通过签订不平等条约获得了相同特权。1853年,马修·佩里(Matthew Perry)将军率领一支美国炮舰中队前往日本,并在1854年迫使日本统治者做出类似的让步。1859年,日本开放了三个通商口岸同西方国家进行贸易,其中就有横滨,同时规定了治外法权,并限制日本政府向对外贸易征税的权力。[22]

和来自各个国家的商人一起,华人在通商口岸的条约体系下进入横滨。他们在所谓的外国人居留地内建房经商,这是一个被运河环绕的地区,在地理和法律层面都与日本内地区隔开

---

① 国内主流观点一般认为第一次鸦片战争的时间为1840~1842年。

来。华人买办和华商在西方人的商馆里生活并工作，担当日本和西方贸易的中间人，获得巨额利润。

哈罗德·S. 威廉姆斯（Harold S. Williams）在1958年的作品《日本外国人居留地故事集》（Tales of the Foreign Settlements in Japan）中，这样介绍在早期外国人居留地的商业活动中无处不在的华人：

> 在那个年代，当你走进商人的事务所或外资银行，或者敲开外国人住宅的门，接待你生意的都是中国人。厨子全是中国人，家仆也基本是中国人。英国使馆的管家、脚夫和厨师都是中国人。去银行或外币兑换店兑换外币，或去买火车票，为你服务的还是中国人。[23]

这些条约使横滨从一个沉睡的渔村变成了国际贸易和交通的枢纽。横滨的对外贸易量超过了日本其他所有通商口岸的总和；实际上，日本所有的外国游客都是通过横滨入境的，同时日本生丝几乎都是从这里的仓库被发往世界各地的。[24]这个城市也逐渐形成了自己的多元文化。棒球和赛马最早从横滨传入日本，并且日本的第一家面包房、冰激凌店和酿酒厂也诞生于此。在横滨本村大道一段被称为血街（Blood Street）的街道上，西方的水手、流浪汉与日本的女招待和流氓都混在这条街上的低级酒吧里。[25]社会地位较高的日本人也享受着横滨的国际性消费文化，比如：小说家谷崎润一郎（1886—1965）就经常光顾这里的欧美书店；来自东京甚至更远地方的食客，会特地来横滨品尝中华料理。

这些餐馆是19世纪80年代中华街合并后兴起的。在这10年间，横滨华人开始自给自足，建立了很多社区机构，如寺庙、墓地、社会团体等。[26]如引言所述，到1911年，横滨市是日本华人最多的城市。1880年横滨市的华人占全日本华人总数的69.2%，1890年占54.6%。[27]在这个年代，华人中人口最多的是广东人，他们通常经营进出口贸易、外汇、中国传统手工业或餐饮业；其次是来自"三江"省份的人，这些省靠近通商口岸上海，他们靠西方人吃饭，通常当裁缝、理发师，甚至钢琴制造师。[28]

日本人称这一中华街为"南京町"（见图1-1中的A）。在当时，"南京"是日本人指称中国的通用代名词，有时也适用于各种外来的东西。[29]中华街还有很多其他名字。外国人简单称之为"Chinatown"（中华街），日本政府称之为"清国人居留地"。广东人会叫它"唐人街"，因为"唐人"是他们对海外华人的普遍称呼。这个地区是一个由两层砖砌建筑组成的密集网格建筑群，外侧有阳台，装饰着精致的中文招牌。横滨中华街的范围大致在堀川运河、加贺町大道和本村大道之内，其范围会渐渐固定，并凭借鲜明的建筑风格与横滨其他地方区分开来。这里最显著的特点是街道的朝向，街道相对于周边地区来说是倾斜的，但朝向的是东、西、南、北四个基本方向。有理由相信，中国人根据风水信仰选择在这里建造房产。[30]尽管在过去的100年里，横滨曾两次被烧成灰烬，但每一次重建，中华街的街道朝向和地理边界基本不变。

另一个华人聚居区是在所谓的旧居留地（见图1-1中的B），靠近海关和码头，有雄伟的西式石质建筑。街道上的英文标志牌说明，这些华商的服务对象是欧美人，也暗示华商具有一定的英文能力（彩图3）。如今，这一曾经华人聚居地的历史痕迹几乎所剩无几。尽管很早就存在这种文化上的混血华人，

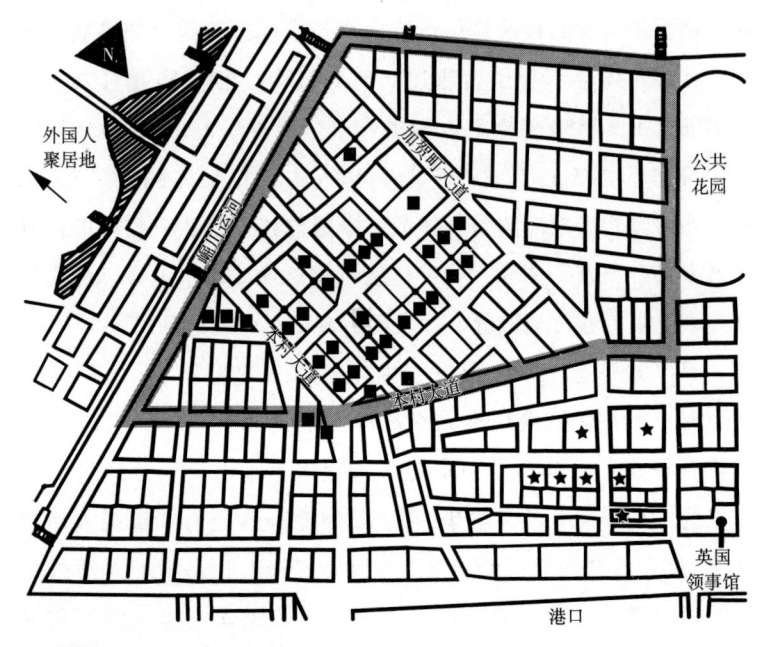

图 1-1　约 1890 年的两个华人聚居区：南京町（A）与旧居留地（B）
横滨体育馆位于公共花园的旧址

资料来源：根据立脇和夫監修『ジャパン・ディレクトリー』（十二卷、一八九〇年）制成。该图来自横浜開港資料館『開港から震災まで』、一二頁。

但在西方人和日本人眼中，被称为南京町的这一地区始终与中国特色联系在一起，中华街也是如此（彩图 4）。[31]

从建筑、社会和文化层面来看，中华街都是一座城中城。华人社区的标志性建筑都能在这里找到：中华会馆、关帝庙、中国戏院，以及大量中餐馆。[32]该地区以异国情调闻名，吸引了来自东京和日本其他地方的游客。因此，南京町渐渐成为横滨地方认同的一个重要组成部分。比如，当横滨本地人遇到东京人时，南京町的读音就是区分彼此的标志。正如一位横滨居民所说，把南京町（Nankinmachi）读成"Minamikyō machi"，①是一个可以原谅的错误。另外，横滨人永远不会像东京的记者那样，出于无知而经常把它称作"支那人街"。[33]"南京町"这一称谓意味着对该地区的熟悉和亲近，同时也是对横滨市地方特色的认可。尽管很多居民不是日本人，南京町仍被视为横滨市的一部分。

横滨这座城市呈现出一种生机勃勃的国际主义，但它被民族差异缝合在了一起，这种民族差异产生于一套崛起的全球体系，该体系将民族国家和公民身份作为一种社会封闭工具。[34]人们从自己与所属国家的排他性关系中获得了居住权和经济活动权。在通商口岸，早期的华人移民登记在其西方雇主的合法身份下；1871年《中日修好条规》签订后，华人在法律上被界定为中国国民，但在日本享受和西方人相同的特权。[35]相反，德川幕府时代长崎在任何方面都没有依赖明朝或清朝，或其他任何政府的保护或承认。19世纪，国家和人民关系的变化，使国籍成为包容和排斥的关键，也改变了移民的意义。在中国和日本这样以民族标准来决定国籍的地方，移民很难摆脱外族的身份，这也是横滨中华街长期存在的核心因素。

接受民族国家为国家主权的范式，并不是一个简单、快速的过程。在日本，其法律体系先发生改变，但以民族国家为基础的社会意识和行为，却是在后来几十年慢慢形成的。[36]在中国，这一过程恰好相反，社会运动激起了民族意识，接着倒逼清政府进行政治变革。[37]1894~1895年的甲午中日战争以日本的胜利告终，推动了中日两国近代民族主义的发展。可以说，居

---

① 日语中汉字的读音分音读、训读两种，"南京町"的音读是 Nankinmachi，训读是 Minamikyō machi。

住在横滨的华人移民经历了相同的过程。在此之前，不存在一个自觉的、统一的华人群体；华人个体和其他外国人一样，享受通商条约赋予他们的权利，在经济上则根据方言组成不同的群体。[38]

华人形象的崩溃

日本与中国的军事冲突，在日本国内掀起了一场爱国主义的狂欢，提升了国家在大众心目中的地位。胜利激起了日本人的自豪感，加剧了他们对倒霉的中国对手的鄙视。当然，日本人对华人的看法是多样和多重的，但当他们将华人作为一个整体看待时，观点却趋于一致。当这些形象开始对华人的生活产生消极影响时，华人也开始把自己作为一个民族来看待。

战前，日本社会对中国文化表现出一种矛盾的崇拜。唐纳德·基恩（Donald Keene）指出：" 中日开战之前，在日本的中国使节受到热情友好的接待，这在提供给欧美政要的豪华娱乐活动中是见不到的。"[39]但这种热情友好只是中日关系的一方面；蒲地典子则持相反意见，认为明治时期日本普通人对中国的感情很复杂，掺杂着"友好、羡慕、怨恨和蔑视"。[40]但在横滨，因为有面对面接触的机会，华人和日本人之间显得亲密且友好。基恩认为，现有资料显示"横滨的华人商贩'非常受欢迎'"。[41]另外一段回忆的文字也能印证这一点：

> 中国商贩把头发盘在头顶〔中国男人扎长辫子是为了表示他们服从清政府——本书作者注，后同〕，挑着和他们差不多高的箱子，用蹩脚的日文叫卖，显得非常有趣。他们通常是来卖丝织品的，日本人对他们很熟悉，叫他们"阿茶先

生，阿茶先生"。战争开始后，日本人的敌对和蔑视情绪才逐渐升温。但这绝非日本人民天生对中国人产生的情绪。[42]

日本观察者所使用的词语，大致可反映出他们对华人的态度：从政治中立的称谓"清国人"，到指涉民族性的"唐人"或"南京人"，再到带有贬义的"支那人"。恰恰是"阿茶先生"一词的继续使用，意味着平民百姓继续保留着对华人的良好印象。

除了有广泛的社会接触外，华人和日本人之间的通婚和恋爱，也多少柔化了彼此的边界。日本法律并没有像在美国排华时期的某些州那样，明令禁止与华人通婚。[43]相反，华人和日本人的通婚非常普遍，因为横滨华人社区里的未婚女性数量稀少，单身汉却泛滥成灾，比如1893年，这里有2415名华人男性，华人女性却只有910人。[44]嫁给华人的日本女性基本上就成了中国人，因为1950年前的日本法律规定，嫁给外国人的本国女性自动转而拥有与丈夫一样的国籍。[45]

出生于横滨的中国革命家冯自由（1882—1958）回忆，跨民族的恋爱关系普遍存在，而且后来会演变为合法的婚姻关系："吾国侨日工商无论挈妇居日与否，大都好与日妇同居……其初月给数元为报酬，久之感情日洽，形同配偶，生子后尤为密切，更无权利条件可言，亦无所谓嫁娶，特横滨唐人街之一种习惯而已。"[46]英文报纸《日本每周邮报》（*Japan Weekly Mail*）的编辑也注意到了这个现象，他们指出，与美国或澳大利亚的华人社区相比，在横滨，"中国人……通常会娶一个日本女人，并且永久定居下来"。[47]日本方面的资料也证实，在华人丈夫回国的时候，有的日本妻子会随行，剩下的则在死后按照中国的礼仪葬在横滨华人的墓地里。[48]

即便是短暂同居，如果育有子女，也算是为华人社区做出了贡献。比如1893年9月横滨的报纸《每日新闻》报道，中国和日本的跨国家庭数量在增长。该文章称，在"支那人街"里住了1300多个日本人，其中只有1/10是男性；大多数日本妇女是华人男性的配偶（被称作"南京妻"），其子女全部被登记为中国人。[49]

华人男性和日本女性之间的这种关系，不应该被解读为简单的社会亲密度和融合度的指标，也不是没有产生流言蜚语。这些关系背后的经济因素是不应该被忽略的。日本记者鹿目省三（1882—1923）在1916年《东京朝日新闻》的专栏中描述过一个典型案例。他说自己见了一个名叫伊藤阿清的女人，她住在中华街的一条小巷子里，由做过南京妻的继母抚养长大，从小搞不清楚自己究竟是日本人还是混血儿。后来阿清自己也成为一位有钱华人男性的南京妻，那个男人比她大45岁。她认为这种关系在当地日本女孩看来很正常，而这种结合是由一个地下媒人安排的。在阿清生了一个女儿后，她就和继母一起，向这个老男人索要礼物、借钱，并在他生病后抛弃了他。[50]据鹿目说，阿清一点也不为自己的命运感到悲伤，反倒是鹿目显得很难过。

这种介于卖淫、纳妾和婚姻之间的暧昧男女关系，是这一时期日本农村人口向城市迁移过程中的特殊风气，其对象不仅限于华人男性。很多出生在贫穷内陆的日本女性，试图通过嫁给富裕的年长男性以便在繁荣的港口城市立足，而这些年长男性中有很多是外国人。殿冈阿末是另一个戏剧化的例子。阿末1875年出生在横滨附近的静冈县，很小的时候就随母亲来到了横滨。1892年前后,她成了一个名叫"阿冲"的中国老板的情人。后来,她又遇见一个在美国军舰"奥林匹亚号"上服役的水手乔治·F.亨利(George F. Henry)。亨利离开日本参加美西战争之后,她又将注意力转移到一个日本木偶戏艺人身上。[51]在这期间,她在中华街经营一家名为"朝日旅馆"的沙龙兼妓院,直到1899年7月17日被一个美国情人残忍杀害。[52]并非所有的这类关系都以悲剧收场,正如后面的例子所显示的,很多中日跨民族婚姻即使存在经济、代际和文化差异,仍然造就了稳固的家庭。

另外,有些学者只回溯性地看到了这座城市中日本人和华人之间的密切接触导致的相互鄙夷。植田捷雄宣称:"大部分华人思想不开明,粗俗,沉溺于鸦片和赌博,外国人和日本人都对之感到厌恶。"[53]这个说法与北美人对华人的态度是一致的,即华人大多数沉迷于鸦片和赌博。然而,日本警方的记录不支持这种判断。1872~1876年,神奈川县记录了688起华人犯罪和2719起欧美人犯罪。考虑到这两个群体的人口数量大致相当,华人的犯罪率只有西方人的1/4。[54]

这种主观印象和客观记录间的出入,可能是甲午中日战争后日本人态度转变的结果。随着战争的爆发,日本人针对中国人的看法和举动明显恶化,日本媒体也掀起了一场将大清帝国野蛮化的运动。[55]用基恩的话说,其后果就是"浮世绘、流行歌曲和战争剧都在告诉日本人,中国人是落后的、懦弱的,甚至是可鄙的,他们不配做一个伟大文明的继承者"。[56]

把中国说成是落后的,这种看法进一步加深了日本对于西式进步的激进性认同。在外交领域和知识界,这种贬低早在19世纪60~70年代就开始流行;新兴的日本大众媒体,则向更广泛的公众传播这种情绪。印刷量巨大、民众喜闻乐见的浮世绘生动地传达了这一信息。日本人被描绘成坚毅、高大、高尚的形象；相反，中国人则奸诈、懦弱且卑鄙。在极端情况下，中国人不再被描绘成和蔼可亲的阿茶先生，而是"狰狞的亚人类生物，被吓得瑟瑟发抖"。[57]战争期间，各种针对中国人的负面的、有种族歧视色彩的词语也大量涌现，包括"清清""中国佬""秃头""猪尾巴"等。这些词语的起源虽然不太明了，但无疑都是贬义的。[58]日本知识分子显然认可这些描写。文学期刊《早稻田文学》赞扬这种"同仇敌忾之心"，因为这"传达给他们一种明确的民族意识，让他们意识到身为日本人的意义"。[59]甲午中日战争对居住在横滨中华街的华人也产生了相同的影响，即他们意识到在一座日本城市里身为华人要面临怎样的后果。

战争在横滨

两个帝国之间的军事冲突使横滨的华人居民感受到，在敌人的国土上生活，让他们的生命和生计都面临着危险。1894年初夏，中日两国发生冲突的迹象变得很明显，这给横滨带来了不安。到了6月，军事冲突波及商业领域，华商要求日方尽快付清货款和服务费，自己却开始百般拖延。[60]华人和日本人之间的正面冲突也加剧了：6月20日，两个日本人向一个路过的华人喊"清清"，结果引发了一场街头斗殴。好几个华人参与了群架，其中一个人脖子上被捅了一刀。[61]

7月，清朝驻日公使馆开始劝说本国公民减少贸易活动，做好断交准备。外国银行为应对可能出现的经济和社会动荡，暂停华人的汇票业务。[62]在7月25日第一次海上冲突发生后，横滨的局势进一步恶化。中资企业纷纷要求日本警察保护，日本外务省、内务省在 7 月 26 日联合发布保护令，要求各县知事防止"寻衅滋事，粗暴对待华人"。[63] 在一片混乱和焦虑中，很多华人准备返回中国。

随着 1894 年 8 月 1 日两国正式宣战，驻日公使汪凤藻（1851—1918）降下清朝的国旗回国后，留守华人从此丧失了政府代表和领事裁判权。宣战断绝了两国的外交关系，也埋葬了 1871 年签订的《中日修好条规》。[64] 经过美国、中国、日本的三方会谈，日本同意由美国接手在日中方非战斗人员的领事裁判权，在中国的日方非战斗人员也照此办理。[65] 对横滨的华人而言，这些外交变化实际上终结了他们的治外法权，导致他们对于自身地位、权利和义务的普遍不安。接替清朝驻日公使馆的行政和代表功能的是横滨中华会馆。该组织诞生于 1873 年，是一个由广东商人组成的自治团体，比清朝驻日公使馆更早建立。甲午中日战争后，他们被迫承担了更广泛的代表职能。

与此同时，耸人听闻的谣言让紧张气氛达到了顶点。横滨的日文报纸散播消息，说激进的华人正准备在横滨发起战争。其中，《每日新闻》在 8 月 3 日声称，中国人在大量购买日本刀武装自己；这份报纸还说，中国的暴徒在街头喧嚣鬥突，到处找日本人闹事，并称呼日本人为"东洋鬼"。[66] 这些报道的真实性难以确定，但无论真假，局外人将日本人对于华人的敌意看得一清二楚。在 1894 年 8 月 6 日发出的外交电报中，美国总领事尼古拉斯·W. 麦基弗（Nicholas W. McIvor，1860—1915）报告说："在［日本的］底层民众中，对于中国人的偏见和种族仇恨高涨。"[67]

随着中国治外法权和领事保护的结束，日本政府紧急颁布了一系列规定来处理这些敌国国民。8 月 4 日的第 137 号敕令和 8 月 11 日的内务省第 605 号告示强制中国人向日本政府登记，将其置于日本法律的管辖之下，并赋予内务省限制华人入境的权力。以上措施据说是为了缓解横滨的紧张局势，保护中国国民的生命与财产安全。[68] 然而对华人而言，新的法律框架比以前的差很多，这促使各阶层的华人大量回国。[69] 人口统计显示，1893~1894 年横滨华人减少了约 2/3，从 3325 人减少到 1173 人。[70]

即使有第 137 号敕令中的保护承诺、内务省第 605 号告示中对华人接受登记的邀请，以及内务省和外务省 7 月 26 日共同出台的保护令，它们也没能阻止华人撤离。西方企业主也试图劝说华人留下来，显然他们也担心商业活动受到干扰。8 月 9 日，这一群体中最有影响力的成员召开了一次会议，讨论华人员工的地位问题。尽管他们承认"华人们普遍十分恐惧"，但他们几乎一致同意，应"劝说［他们的华人雇员们］接受规定，进行相应的登记"。[71] 为达此目的，他们首先要打消华人的疑虑，诸如向日本政府登记，不会导致他们被强制服兵役和缴纳额外的税金。[72] 但在劝说华人不要回国的问题上，西方商界并没有做得比日本政府好多少。

这一次回国潮是多重因素共同作用的结果。首先，普通日本人对华人的歧视不断增强。其次，城市的核心商业活动受到干扰，给华商带来了困难。最后，在新的管理制度下，中国人在法律地位上的劣势，不论是真实的还是预期的，都让华人感到无比焦虑，同时刺激了日本人的商业竞争和算计。这些潜在的社会和经济状况，并没有因为日本政府的诸项政策而得到改善，而且我们有理由相信，某些政府部门，尤其是像内务省那样的机构，更希望让日本人在与华人交易时享有更多的好处。

另外，随着日本人的民族自尊心日益膨胀、对中国人的鄙视日益加剧，日本政府的保护显得杯水车薪。即使在第137号敕令颁布后，横滨聚居区里对华人的迫害仍在持续。尽管日本本土媒体否认任何针对华人的骚扰，但11月10日《万朝报》的一篇报道指出，横滨的华人很害怕日本儿童，后者在街上做模仿甲午中日战争的游戏，为了避开他们，华人在街上走得"和骑自行车一样快"。[73] 在横滨华人的集体记忆中，日本儿童会朝他们扔石头。如果考虑到几十年后针对欧洲人和美国人的类似行为，可判断这一说法大致可信。[74] 具有讽刺意味的是，日本报纸呼吁保护华人，反而加深了这样的印象，即横滨街头的暴力冲突确实在发生，或者说有可能发生。[75] 明治时期的法学家有贺长雄也无意中证实了反华氛围，他曾吹嘘说，华人"只需承受社会的侮辱，但很少遭受财产损失和人身伤害"。[76]

艺术也刺激了大众对华人的反感。当川上音二郎（1864—1911）的剧团8月31日在东京首次公演《日清战争》（即甲午中日战争）时，受到了观众的狂热欢迎。[77]《日本每周邮报》报道，首演途中还发生了一场意外：

> 当一个被打败的"中国人"沿着花道（通往观众席的舞台通道）走时……一个男人忽然从台下的观众席上跳出来，抓住这个所谓的［中国人］，大声抽打并大叫这是一个真正的中国人，不是演的……那个演员……一点儿也不觉得自己受到了冒犯，反而很高兴，把这次攻击归咎于自己完美的化装和对秃头清清（chanchan bōzu）的逼真模仿。[78]

几天后，暴力观众参与演出的状况再度出现，一群头脑发热的人跃上舞台，解救在剧情里陷入清军埋伏、正遭到重重围困的日军。[79]

10月，当川上的剧团将该剧带到横滨时，同样引起了骚动，每次演出都有三至四名观众受伤住院。[80]政府颁布的不要虐待华人的命令，显然被大众媒体上的反华情绪所湮没，这种情绪加深了中国人和日本人之间的民族界限，并导致了明显且持久的后果。这种虐待氛围并没有随着战争的结束而消散。河原操子，一位多年来致力于上海和内蒙古女子教育的教育家，回忆自己1900~1902年在横滨逗留期间，华人对她和其他日本人的帮助并不领情。她认为，这是因为在甲午中日战争结束后的几年里，华人继续受到低人一等的待遇。[81]

除了社会风气之外，经济环境的影响也促使许多华人关店回国。战争使日本商人从已离开或恐惧万分的竞争对手那里夺取市场份额，攫取特许经营权。截至1894年11月，朝鲜半岛境内的日本商人已经在与华商的竞争中占据明显上风。日本商人还发起了一场运动，试图将日本的军事胜利转化为经济胜利。在横滨和东京杂货行业总会的领导下，他们发起了针对华人商店的抵制运动——随后日本砂糖商也参与进来——并要求取消通常由华人中间商收取的、存在于日本和西方商人之间的中介费用。[82]两个行业中的华商最终屈服，日本商人成功取消了多项费用，降低了佣金，削弱了华商的经济地位。[83]华商无力发出一致的声音；直到1899年组织起横滨华商会议所，他们才动员起来，维护共同的经济利益。

正如战争促进了日本人的团结一样，它也为华人构建想象的共同体创造了条件。1894年6月和7月的相关报道提到，与商人阶级的消极反应相反，华人劳工阶级最开始对即将到来的战争无动于衷。[84]但这种态度在针对中国国民的新法律框架出台并规定了中国人向神奈川县登记的义务后立马发生了转变。这些法规同时对几项经济活动实施了禁令，包括贩卖烟草、酒水，更不妙的是，它将中国人置于日本法律的管辖之下。[85]

治外法权的终结，让华人劳工阶级面临的威胁尤为突出。此前，中国国民不受日本对赌博和吸食鸦片的法律禁令的影响，很多人预计，日本政府强化法律管控时可能会发生冲突。为了防止迫在眉睫的危机，麦基弗在8月2日会见了几名清朝外交官员，制定了一项极端的政策，以处理可能触犯日本法律的"乱民"。他们共同决定，将赌徒、鸦片贩子、瘾君子以及没有"正当职业"的人列入黑名单并驱逐出境。买不起票的人由中华会馆赠送，但禁止他们以后再进入横滨。[86]最后，日本警方押送近500名"乱民"，以及222名自愿回国者至"海洋号"（S. S. Oceanic），后者于8月4日抵达上海。[87]

当然，这并没有彻底消除华人犯罪，也没有终止法律纠纷；日本司法权很快就受到了考验。早在9月1日，横滨地方法院审判并认定一名中国人犯走私鸦片罪。[88]在9月10日较早宣判的一项民事诉讼中，日本米商金子绘造指控一个名叫阿兴的华人裁缝（见彩图5）在1891年向他买了米，欠了10日元48分至今未还。原告律师承认，"没有借条，因为两人很熟，觉得没有必要立字据"。此外，诉讼时效规定，法律诉讼必须在最后付款日的一年内提出。但金子并没有向中国领事法庭提起诉讼，并且辩称诉讼时效应从司法管辖权被移交给日本之日起重新计算。法官判决金子败诉，理由是司法管辖权的转移不可能改变诉讼时效。[89]虽然法院在这一判决中没有表现出反华倾向，但金子的诉讼表明，一些日本人认为和华人居民算账的时候到了。

因此,战争所带来的社会、经济和政治形势变化,迫使中国人,不论是上层还是下层,共同应对危机。他们不得不依赖中华会馆,这个机构正从一个活动范围狭窄的广东商人会馆演变为一个自称代表全体华人社区的团体。[90]事实上,中华会馆监督并资助了遣返华人劳工回国的工作,并负责根据第137号敕令为留守的华人进行登记。甲午中日战争以后,清朝驻日公使馆恢复工作,中华会馆继续发挥广泛作用。从这一时期开始,中华会馆发挥了更积极的领导作用,从单纯的发放商业和移民许可、人口普查,到参与国际抵制运动和政治抗议。通过这些方式,中华会馆促进了华人公众意识的建立。[91]

民族国家之镜

战争带来的变化对横滨影响深远:战时来自社会的不公待遇和官方的猜疑,使华人和日本居民间的社会分歧更加严重。但在这个时候,华人的民族认同感并不单纯来自共同的想象。对于横滨华人来说,对中国的认同感与他们对故乡的依恋分不开,包括乡土文化、方言、故乡、血缘等。战争只是改变了这些认同的相对优先顺序。[92]战争之前,横滨华人很少关注清政府及其资本在朝鲜半岛的影响力。但当冲突爆发时,精英华商们在经济上受到了影响,而随着治外法权的终结,劳工阶层的福利和安全受到了直接威胁。总而言之,战争使他们作为中国国民的地位被赋予了更多的社会意义。

外交秩序的变化也导致了华人社区和日本人社区的永久分界。战争的结果确立了日本帝国在清帝国面前的文明国家地位,以此为契机,日本帝国开始与西方国家就不平等条约问题重新展开谈判。[93]尽管1895年德国、法国、俄国的"三国干涉还辽"使日本不得不放弃辽东半岛,并引发日本对西方野蛮的强权政治的强烈不满,但此时日本和列强站在一起,要求中国让步。[94]在这种大的政治形势下,华人和日本人在很多方面都不得不区分开来。本章选取了四个例子,阐述战争如何以复杂的方式重塑横滨的社会生活。这些例子告诉我们,首先,横滨华人的生活不能从文化、语言和种族方面进行简单分类;其次,战争如何加剧了创造这些类别的归属倾向。

引言中提到过的横滨华人鲍棠,就是一个在横滨认同和中国认同间摇摆的典型例子。他是一个嗜赌如命的人,没有受过任何职业技能训练,做过工头、油漆匠、职员等各种临时工作。简单来说,他有不良嗜好且属于劳工阶级,是后来日本人想象中典型的"支那人"。因此,他很有可能在1894年8月被当作"乱民"而被遣送回国。但他没有被驱逐出境,因为根据第137号敕令所提交的登记材料显示,他受雇于德国贸易公司迈耶(A. Meier)。[95]那时,他已和沟吕木满寿结婚。鲍棠在横滨的社会根基使他相信,即使在这样恶劣的条件下,自己仍可以留下来。

鲍棠和沟吕木生活在一个多文化交融的世界里。晚年的鲍棠,在中国民族革命运动和横滨文化认同上都留下了独特印记,他既是中国革命家孙中山的支持者,又是横滨著名的烧卖创始人。沟吕木则是众多跨越了民族界限,以华人的方式生活的日本女人之一,她一步步放弃了自己的日本国籍,娴熟地使用广东话,在中华街的华人中生活和工作。他们的婚姻也不是没有任何摩擦:当鲍棠赌了一晚上后天亮才回家时,夫妻俩会在街上大吵大闹,这是出了名的。但他们一起生养了九个儿女,把餐馆生意经营得红红火火。[96]

另外一个横滨社会和文化融合的例子是冯镜如（1844—1913），他经营一家生意繁忙的店铺，从事印刷、装订，也售卖西式文具。冯镜如在社会交往和艺术品位方面都浸淫了西方文化，并与其他受过良好教育的富裕华人一样生活在旧居留地（图 1-1 中的 B）。1894 年 9 月 29 日的《日本每周邮报》描述他戴礼帽，穿老式西装，是引人注目的人物。然而在有一点上，冯镜如比同时代的大多数人激进，因为他加入了英国国籍。这种脱离正统的举动是由于他父亲因卷入太平天国起义（1851~1864 年）而被当作反贼，遭到清政府处决，这导致冯镜如再也不能回国。然而，他与英国的关系并非偶然。冯镜如能说流利的英语，常以 F. Kingsell 为名，还将自己的店铺命名为文经活版所（Kingsell & Co.）。[97]和裁缝阿兴一样，他主要跟欧洲人和美国人做生意，进一步展现了遍布横滨市的社会经济关系网络。虽然与横滨的日本人和西方人社区关系匪浅，但冯镜如、鲍棠对中国的政治形势绝非无动于衷。事实上，两人后来加入了对立的两派，争夺中华街的教育机构主导权。[98]

然而，战争期间的民族忠诚问题使种族差异变得至关重要，并且将一种民族国家观强加给这个多元文化社区。大众传媒发挥了核心作用，将混血儿的生活渲染成中国人或日本人的对立状态。一个突出的例子是对外国间谍活动的妄想症。多家日本报纸曾报道，日本警方在 1894 年 9 月 10 日逮捕了一名清朝间谍嫌疑人。尽管不同报纸在逮捕地点上的说法不一——《东京日日新闻》称事情发生在千叶县富津市，《日本》和《每日新闻》则称是在神奈川县观音崎的一处海滩上——但很可能在描述同一个人。剩下的细节大同小异，即嫌犯是一个可疑的、文化背景模糊的人，乍看像日本人，说一口流利的日语，长期在本地居住，和一个日本人一起被逮捕。[99]《每日新闻》和《日本》都抓住这次机会警告读者，还有很多乔装打扮成日本人的"支那人"参与了间谍活动。[100]

然而，经过东京都警视厅的审问，这两名男子都不是间谍。所谓的"支那人"其实是23岁的李圣美，他出生在长崎，父亲是中国福建人，母亲是日本人。《东京每日新闻》评论道，这一家庭背景与当年的中日混血英雄郑成功几乎一模一样。李圣美是一个问题少年：1892年曾随父亲回到福建，但因性格孤僻、不思进取，被逐出家门。1894年2月回到日本后，他在东京筑地的表哥家里住了下来，直到战争爆发后表哥回国。李圣美不得不自食其力，又没有足够的钱回长崎老家，并且错过了第137号敕令中规定的向日本政府登记的最后期限。随后，他剪去辫子，穿上蓝白相间的棉布和服，试图冒充日本人。日本警察逮捕他的时候，他正和自己的雇主在一起，后者是一个姓福岛的医生。经过仔细审问，警方排除了两人的嫌疑，但李圣美还是因为没有按时登记而受到了处罚。[101]

尽管真相大白，《日本》杂志还是轻率地得出结论："父亲或母亲一方是外国人的混血儿，是很容易叛变的。"[102]在19世纪末的日本，恐怕就算郑成功再世，也会因为混血身份而受到怀疑。尽管缺乏证据，但有关清朝间谍的传言仍然存在，并且刺激了单一文化意识的苏醒。1894年10月有谣言称，一名女间谍，据说还是清朝官员李鸿章（1823—1901）的情妇，因口音怪异而被发现并遭到逮捕。《日本每周邮报》的编辑将这个和这类故事归结为对战争的狂热想象，这种判断可能是对的："这个故事只是冰山一角，在容易上当受骗的东京媒体那里，到处都是这样的谣言。"[103]

这种偏执预示着一种通过民族范畴认识事物的极端观念的兴起，这种倾向将持续至下一个世纪。另一个例子来自《每日新闻》上的长文，关于一位匿名的中国人和他的日本朋友。文章内容是交战双方代表就战争、遣返、个人安全等问题进行的对话。文章末尾，日本朋友劝说他的华人朋友留在日本，因为"日本社会绝对不会伤害像你这样本分的中国人"。我们无法确认这段对话的真实性，很有可能两人都是作者虚构出来的典型。但对读者而言，这正是他们所扮演的真实角色。[104]

尽管如此，这篇文章对这位匿名中国人的描写，还是强调了他与横滨的深厚渊源。他的"财富在横滨的中国居民中数一数二，是香港上海银行的股东，在日本居住了20年，妻子是日本女人，两人育有一子"。这一描述实际上适用于所有居住在这个通商口岸、家境富裕且环境适应力极强的华人。这篇文章还试图总结中国人对于日本和甲午中日战争的看法。当被问及希望日本胜利还是中国胜利的时候，"他没有回答，但看来对日本获胜并不反感。我们应从中看到中国人对自己国家动荡局势的想法，以及他们对日本没什么敌意"。[105]

这种乐观主义令人震惊，因为其公然试图从这两人身上看到中国和日本帝国关系的直接反映。中国人表现出的矛盾心理，被记者解读为对日本没什么敌意，这可能也暗示了他与日本朋友的关系，以及他们在横滨社会中的共同身份。他作为邻居、朋友、丈夫、生意伙伴、股东等的社会身份，通过民族与国家的视角来看是模糊的。战争之前，人们根据文化和语言的界限来看待彼此差异，这些其实是容易克服的；战争之后，民族和国家的归属感变得至关重要且彼此排斥。如果将讨论带回中华街的街头，当华人和日本人以"东洋鬼"和"清清"辱骂对方的时候，他们会发现，已经很难看到，更不要说表述多重身份认同了。

小　结

1894～1895 年的战争，使横滨的华人和日本人对国家和民族身份有了共同的认识。对于日本人来说，最重要的集体身份认同是民族身份认同，这是一种政治实体；就华人而言，他们围绕中国人的法律地位而产生了民族团结和自卫的意识。区分敌我的必要性，暂时掩盖了其他的集体身份认同。

民族区分是在对抗和互动中产生的，存在于三个方面：第一，日本人开始用一些新的贬义词，如"支那人""清清"称呼华人，它们在横滨街头的冲突中流行开来，使民族冲突渗入杂居地的地方社会；第二，战争期间日本政府着手管理、管控华人，将华人这一法律范畴与通商口岸的其他国家公民区别看待；[106]第三，华商在与日本商人和西方商人的经济对抗中的地位不断下降，催生了华商的危机感和团结起来的需求。一方面，以上三种形式的对抗，导致 2/3 的横滨华人回国。另一方面，留守的华人发现，他们的利益和社会地位比以前更直接地与中国国民的身份联系在一起。

种族和民族的区别，并没有消除或阻止同化及其他社会交流。华人和日本人之间的友谊、通婚和经济交易仍在继续，他们仍被认为是地方社会的参与者。最好将民族团体的兴起理解为一种观念和优先性的改变。甲午中日战争期间的经历，迫使个人从民族的角度看待自己的生活和环境，并且将这种集体身份认同置于其他一切之上。然而，这一过程还只是被动地划出华人的范围,是被他人归类和描述,是感知到民族的界限,而不是民族自觉。华人的共同反应能力低下,且仅限于中华会馆。此外,也没有迹象显示存在一个"民族核心",或者说,定义一个民族群体的文化内涵、象征或领袖。[107]直至流亡华人领袖到来,横滨华人才被塑造为积极的中国国民,而华人领袖自己也受到了中国在甲午中日战争中惨败的刺激。这一过程将在随后几年里从华人早期的民族团结意识中锻造出一种政治意识。

注释

1. 1639 年至 1859 年期间,日本与欧洲国家的贸易往来仅限于荷兰。
2. 分析中日两国在文化上和思想上对战争的反应,参见 Keene, "Sino-Japanese War of 1894 – 95" 和 Chu, "China's Attitudes toward Japan"。
3. 参见 Harrell, "Meiji 'New Woman' and China"; Jansen, *Japanese and Sun Yat-sen*; Judge, "Talent, Virtue, and the Nation"; and Spence, *Gate of Heavenly Peace*。
4. 中国式文明观也影响到韩国、日本等周边国家的精英阶层,中国的先例成为这些国家行政实践的基础。正如 Charles Holcombe 所说:"可以说,既存在统一的具有普遍性的东亚精英高等文化,在地方社会也存在不同的地方庶民文化。"(Holcombe, *Genesis of East Asia*, p. 45.)
5. Ernest Gellner 明确指出,在农业社会中,统治阶层和"社会底层的小团体"都由文化差异来区分。在这一情况下,"其中包含的几乎所有东西都反对通过文化界限来界定政治单位"(Gellner, *Nations and Nationalism*, pp. 10 – 11)。
6. 过放『在日華僑』、二三頁。1105 年福建商人李充在九州岛的博多市定居,这是中国人移民日本的一个早期例子。然而随着他的后裔被当地人同化,这个城市并没有长居的华人存在。
7. 参考関晃『古代の帰化人』、七頁。历史学家关晃估计,现代日本人中有10%至20%拥有远古时代以来大陆移民的血统。
8. Farris, *Sacred Texts and Buried Treasures*, p. 109.
9. 村山『山上憶良の研究』、三一〇頁；関晃『古代の帰化人』、五八〇頁。公元815年成书的《新撰姓氏录》认定，在日本首都周边的贵族宗族中，有324个起源于亚洲大陆，包括古代中国和朝鲜半岛。其中，约一半人有中国血统。
10. Jansen, *China in the Tokugawa World*, pp. 7–8.
11. 過放『在日華僑』、二一・三四頁；Berger, *Overseas Chinese in Seventeenth Century Nagasaki*, p. 26。Jasen将华人人口精确到"4888人，当船队进港的时候"（Jansen, *China in the Tokugawa World*, p. 29）。1688年后华商被禁止永久定居，平均停留时间不能超过六个月。
12. Vasishth, "A Model Minority," p. 118；樋口「長崎版画の起源」、七九頁；『日本国語大辞典』（東京、小学館、二〇〇〇年）、「阿茶」条。"阿茶先生"一词源于"阿中"，其发音衍生自日本对于中国人的远古称呼。
13. 更多例子参见樋口『長崎浮世絵』、二四一～二六九頁。
14. Berger, *Overseas Chinese in Seventeenth Century Nagasaki*, p. 104. 17世纪日本有九个主要的华人群体，按三种职业身份（商人、通事、僧人）和三类地方归属（江苏、江西和浙江，闽南，闽北）界定。广东人较晚到达长崎，是一个较小的贸易群体。
15. G. Wang, *Chinese Overseas*, p. 57.
16. 内田『日本華僑社会の研究』、五四・五八・六二・六五頁。
17. Berger, *Overseas Chinese in Seventeenth Century Nagasaki*, p. 136.
18. 過放『在日華僑』、二八頁；許淑真「留日華僑総会の成立に就いて」、三三二頁。
19. Berger, *Overseas Chinese in Seventeenth Century Nagasaki*, p. 26.
20. 德川幕府时代，日本社会被分为士、农、工、商四种阶层。这种社会结构借鉴自中国儒家政治哲学，从1603年起，在经历了几个世纪的分裂和战争之后，四民阶层稳定了社会秩序。但这种归纳并没有穷尽日本社会的复杂性，历史学家Tessa Morris-Suzuki将其描述为"根据社会功能、秩序、财产和政治义务划分的无限社会等级"（Morris-Suzuki, *Re-inventing Japan*, pp. 82–83）。

21. Duara, *Sovereignty and Authenticity*, pp. 17 – 19. 民族主义和帝国主义是 19 世纪欧洲国家的共同目标。正如 Prasenjit Duara 所说，民族主义为帝国主义计划和海外扩张提供"功能性支持"，这反过来又巩固了国内的国家建构计划。民族主义在对抗帝国主义方面的作用，要直到第一次世界大战前后关于民族性的普遍假设确立之后，才开始凸显。

22. 最开始，日本开放的其他通商口岸是长崎和函馆。1868 ~ 1869 年，日本又开放了神户、大阪、东京和新潟。

23. Williams, *Tales of the Foreign Settlements in Japan*, p. 128. 威廉姆斯的作品最初连载在 1953 ~ 1957 年的《每日新闻》上。尽管很少注明资料来源，但威廉姆斯宣称这些文章"每一个细节都是准确无误的"。我们最好将它们视作大众记忆的表述。

24. U. S. Bureau of Navigation, *U. S. Navy Ports of the World*, p. 12.

25. Rudyard Kipling 在 1893 年的《三个水手之歌》一诗中提到了这种邪恶的不眠夜："远离日本人的土地，在昏暗的纸灯笼下，三个水手开怀畅饮，在血街乔的店里。"（Kipling, "The Rhyme of the Three Sealers," p. 258.）

26. 葉明城「中國大同學校史」、五五八頁。儿童数量的增加是单身社区向可延续型社区过渡的一个关键指标。1887 年，横浜华人社区中有 1730 名成年人和 629 名儿童；1891 年，成年人增加至 2360 名，儿童也增加至 998 名。

27. 山下清海「横浜中華街在留中國人」、三七頁；過放『在日華僑』、四七~四八頁；伊藤「横浜華僑社会の形成」、五頁。在这几十年里，长崎华人社区因远离日本主要的人口中心，以及更多通商口岸开放而凋零；横浜在商业上具有重要性是因为它靠近日本首都东京。

28. 山下清海「横浜中華街在留中國人」、四四頁。

29. "南京"一词通常有贬义色彩，比如"南京虫"指臭虫。20 世纪 50 年代初，居民们将该区改名为"中华街"，详见第五章。

30. 伊藤泉美「横浜開港と中華街」、二四~二五頁。从某种意义上说，倾斜的不是中华街，而是周边的城市建筑。横浜历史档案馆的伊藤泉美认为，与其说华人根据"风水"**建起**中华街，不如说他们挑选了这些特定的街区。为了扩大外国人聚居地，幕府填掉了那些水渠边界恰好与主干道方向一致的稻田。
31. 乙部「横浜居留地における中国人」、八八頁。
32. 关帝庙仍矗立在横滨中华街里，供奉着三国时期（公元 220～280 年）的著名武将关羽。关羽崇拜在广东非常普遍。
33. 加山「南京町を描く」、十七頁。
34. Doak, *History of Nationalism in Modern Japan*, pp. 10 – 11; Brubaker, *Citizenship and Nationhood in France and Germany*, pp. 21 – 23. 我借鉴 Kevin Doak 的理论，将民族定义为"有文化和政治认同的集合体"，即要么被文化价值定义，要么由民族定义，这与国家结构是不同的。当我使用"民族"一词时，皆采用这一定义。
35. 日本与中国的关系和其与西方国家的关系不同，其中一个重要区别在于，在日本的中国国民和在中国的日本公民在通商口岸享有的权利是对等的。
36. Gluck, *Japan's Modern Myths*, pp. 112 – 13; Morris-Suzuki, *Reinventing Japan*, p. 167; Doak, *History of Nationalism in Modern Japan*, pp. 219 – 20. 这一过程始于 1868 年的明治维新，以及随后的政治统一和近代化。明治时期的领导人废除了日本社会的阶级制度，没收大名土地，赋予大名土地上的所有人以日本公民身份。从 20 世纪 70 年代开始，演员、记者、知识分子和地方精英回应西方的挑战，并承担起建立一个统一的日本人意识的使命。截至 20 世纪 90 年代，识字阶层开始通过书籍（如新渡户稻造的《武士道》）、杂志（如《日本人》等）、报纸（如《日本》等），认识到自己是日本民族的一员。
37. 从鸦片战争结束到 1894 年之间的几十年里，清政府倾向于进行表面上的近代化努力，主要是引进西方科学技术，却拒绝进行政治体系的根本性变革。
38. Glazer, "The Universalisation of Ethnicity," p. 8. 从现代社会学的定义来看，华人并没有构成一个民族群体。Nathan Glazer 断言民族群体是"一个社会群体，该社会群体有意识地分享共同文化的某些方面，并主要由血缘来定义"，这意味着自我意识在其构成中具有重要性。
39. Keene, "Sino-Japanese War of 1894 – 95," p. 125.
40. Kamachi, "The Chinese in Meiji Japan," p. 62. 明治时期是由明治

天皇在位时间确定的，即从 1868 年到 1912 年。

41. Keene, "Sino-Japanese War of 1894–95," p. 126.
42. 荒畑「明治三十年代の横浜」、十頁。
43. Sohoni, "Unsuitable Suitors," pp. 587–618. 当然，在美国，劳工和种族问题是完全不同的。
44. 神奈川県庁『神奈川県統計書』、七八頁。
45. C. Lee, "Legal Status of Koreans in Japan," pp. 151–52. 在 1950 年以前，日本妇女与外国人结婚时将失去日本国籍，因为她会被从户籍中除名。
46. 冯自由：《革命逸史》，初集，第 166 页。
47. "The Chinese in Japan," *JWM*, June 24, 1899, pp. 613–14. 这种通婚和永居模式，也是东南亚华人社区的特点。
48. 孙士杰：《华侨状况》，第 26、38 页；横浜市『横浜市史』、第三卷、九〇三頁。如第三章所述，1923 年地震后的公民身份资料证实，与中国男子结婚的日本女性将成为中国国民。
49. 「横浜居留地支那人町の日本人」『毎日新聞』、一八九三年九月二二日、五頁。这个数据有些离谱，1893 年的横浜华人中有 1862 名男性、511 名女性，以及 952 名儿童。但鉴于作者使用"支那人街"一词而不是"南京町"，他可能不是横浜本地人，或不了解实际情况。
50. 鹿目『南京町』、七～十頁。
51. 「内外人の大惨劇」『朝日新聞』、一八九九年六月一八日、朝版、四頁；「内外人大惨劇の続報」『朝日新聞』、一八九九年七月一九日、朝版、四頁；「外人三人殺し俗談」『萬朝報』、一八九九年七月二一日、三頁。桃色谣言称，殿冈和六七个想当清川情人的南京妻竞争，最终胜出，获得了清川的爱。
52. 「雑居当日居留地の段珍事」『横浜貿易新聞』、一八九九年七月一八日、五頁；「ミラアの死刑執行」、『朝日新聞』、一九〇〇年一月十七日、五頁。这起犯罪发生在美国人的治外法权到期仅五个小时后。罪犯 Robert Miller 最终成为第一个被明治司法系统抓捕并被处以死刑的美国人。
53. 植田「日本における中国人の法律的地位」、四頁。
54. Cassell, *Grounds of Judgment*, p. 96; 横浜市『横浜史統計書』、

第一卷、三四頁；伊藤泉美「横浜華僑社会の形成」、五・二二頁。华人的很多犯罪行为可能没有被报告给日本当局，而是在内部处理。Pär Cassell 对中国和日本治外法权的研究显示，长崎的华人社区在这方面享有一定程度的法律自主权，横浜市也可能出现类似的情况。但是，横浜市在归入日本法律管辖后的调查也显示，华人基本上是守法的，至少与其他外国人相比是更加守法的。例如，1901 年尽管华人是日本最大的外国人群体，但仅有 16 名华人被捕。相比之下，同年被捕的英国人有 91 名，美国人有 111 名。

55. 横浜開港資料館『開港から震災まで』、一四頁；横浜開港資料館『市制施行と横浜の人々』、六九頁；岩壁「日清戦争と居留地清国人問題」、六八頁。

56. Keene, "Sino-Japanese War of 1894–95," p. 142.

57. 同上，p. 138。

58. 同上，p. 139；Vasishth, "A Model Minority," p. 122。这些词语的词源不明，但似乎与贪婪和兽性有关。学者有不同推测，"清清"可能是硬币撞击的拟声词，"中国佬"来源于汉语词"中国人"，"秃头"和"猪尾巴"则分别指涉清政府强迫男性必须像和尚一样将前额头发剃光，同时留着一条像猪尾巴一样的长辫子。

59. Keene, "Sino-Japanese War of 1894–95," p. 154.

60. 「横浜在留支那人の動静」『毎日新聞』、一八九四年六月二九日、二頁。

61. 「日本人支那人を指す」『毎日新聞』、一八九四年六月二三日、五頁。

62. 「清国領事の諭告」『毎日新聞』、一八九四年七月一九日、三頁。

63. 「清国人保護の訓令」『毎日新聞』、一八九四年七月二七日、二頁。

64. 植田「日本における中国人の法律的地位」、一一頁。中国人的领事裁判权是在 1871 年的《中日修好条规》签订以及 1878 年清朝驻日公使馆建立后获得的。

65. 岩壁「日清戦争と居留地清国人問題」、六三~六四頁。

66. 但这篇文章通过对清朝官员的赞美之词缓和了语气："尽管有上

述混乱，但见到清朝官员时，会发现他们冷静、彬彬有礼，他们的表情出人意料地友好。"（「支那人日本刀を買う」『毎日新聞』、一八九四年八月三日、一頁。）

67. Dispatch from Nicholas W. McIvor to Department of State, Aug. 6, 1894, No. 47, DDK, vol. 20, RG 59, NACP. 但麦基弗也强调日本官员"心胸非常开阔，办事效率高"，与底层民众不同。

68. Paine, *Sino-Japanese War of* 1894–1895, pp. 209–16.

69. "The Imperial Ordinance of the 4th," *JWM*, Aug. 11, 1894, pp. 161–62.

70. 岩壁「日清戦争と居留地清国人問題」、六八頁。

71. "The Chinese Residents in Japan: Public Meeting in Yokohama," *JWM*, Aug. 11, 1894, pp. 174–75.

72. Dispatch from McIvor to Department of State, Aug. 13, 1894, no. 50, DDK, vol. 20, RG 59, NACP.

73. 「在留支那人日本の子供を恐る」『萬朝報』、一八九四年十一月十日、三頁。

74. *JWM*, Nov. 17, 1894, p. 558; "Students and Foreigners," *JWM*, July 8, 1899, p. 34; 冯瑞玉「横浜大同学校と馮鏡如」。

75. 《日本每周邮报》指出："日本报刊对最近颁布的有关中国人居民地位的帝国敕令表示欢迎，并不厌其烦地劝告国人以仁慈宽厚的态度对待中国人，这应该算国内有识之士情怀的一种体现。"（"The Spirit of the Vernacular Press during the Week," *JWM*, Aug. 11, 1894, p. 150.）

76. 有贺长雄的话转引自岩壁「日清戦争と居留地清国人」、六八頁。在这段话中，长雄认为第137号敕令提供的保护具有必要的人道主义色彩。

77. Keene, "Sino-Japanese War of 1894–95," p. 142. 川上是"新派"戏剧运动的创始人之一，其戏剧形式和民粹主义、爱国主义的自由党相关联。

78. "Rampant Patriotism," *JWM*, Sept. 1, 1894, p. 252; "An Appreciative Audience," *JWM*, Sept. 15, 1894, p. 310. 这段引文的作者将"chanchan"和"bōzu"两个词结合了起来。这出剧是如此受欢迎，以至于横浜出现了模仿剧目。

79. "Once Enough," *Japan Weekly Mail*, Sept. 8, 1894, p. 283.

80. 横浜開港資料館『市制施行と横浜の人々』、六八頁。
81. 河原『カラチン王妃と私』、一〇七~一〇九頁。
82. "Japan's Commerce with China and Korea during the War," *JWM*, Nov. 3, 1894, p. 515; "Boycotting Chinese Merchants," *JWM*, May 11, 1895, p. 523. 这场运动被称为"恢复商权运动",旨在取消支付给华商的"南京佣金""观赏费""计价/估价费"等。多年以来,日本商人一直认为这些费用是随意的、不合理且不必要的。
83. "The Successful Boycott of the Japanese Sugar Dealers," *JWM*, May 18, 1895, p. 551; 横浜開港資料館『開港から震災まで』、三〇頁。
84. 「横浜在留支那人の動静」『毎日新聞』。
85. 岩壁「日清戦争と居留地清国人問題」、七二頁;横浜市『横浜市史』、第三巻、九〇九~九一一頁。
86. 横浜開港資料館『開港から震災まで』、一四頁。
87. Dispatch from McIvor to Department of State, Aug. 6, 1894, no. 47, DDK, vol. 20, RG 59, NACP.
88. "Opium Capture at the Hatoba," *JWM*, Sept. 1, 1894, p. 245.
89. "In the Yokohama-ku Saibansho," *JWM*, Oct. 13, 1894, p. 431.
90. 内田『日本華僑社会の研究』、二五一頁。
91. 横浜開港資料館『開港から震災まで』、一三・四三~四四頁;内田『日本華僑社会の研究』、二五一~二五二頁。这一团体建立在已有的省和方言团体的基础之上。就在中华会馆获得这种中心地位的时候,各省的同乡会也出现了。1898年广东同乡会成立,1900年三江地区的华人成立了三江公所。这些团体维持着横滨社区与内地同乡之间的社会经济联系,包括汇款、协调商业活动,以及交流信息。这些也是19世纪90年代中期以前中华会馆在广东人中具有的功能。
92. 身份认同的多重性并不意味着所有的认同都同等重要。人类学家Sonia Ryang曾说过:"身份认同是由不同层次的特质组成的,个人作为解释者,对这些特质的先后进行自我判断。"(Ryang, *North Koreans in Japan*, p. 166.)
93. Nish, Japanese Foreign Policy, p. 49.
94. 1895年4月17日,中日签订《马关条约》,并在1896年7月21日签署《中日通商行船条约》,这两个条约在对日本非常有利的条件下，重建了两国之间的外交和经济关系。除了获得领土和相当于战前日本国家预算三倍的赔款以外，日本还获得了片面最惠国待遇和日本人在中国的单方面治外法权。

95. 伊藤辰次郎『横浜貿易捷径』、一一〇頁；菅原『日本の華僑』、一六~一七頁。
96. 菅原『日本の華僑』、一六~一八頁。
97. 冯瑞玉「横浜大同学校と馮鏡如」、三五頁。
98. 这一件事将在第二章中讨论。
99. 「官庁清国人捕縛」『毎日新聞』、一八九四年九月十一日、五頁。
100. 「官庁の大計画」『日本』、一九八四年九月十二日、二頁；「官庁の大計画」『毎日新聞』、一九八四年九月十二日、二頁。
101. 「官庁疑惑の清国人就縛」『東京日日新聞』、一九八四年九月十二日、三頁；「李聖美の処分」『東京日日新聞』、一九八四年九月十三日、二頁。
102. 「清国官庁やつの身元」『日本』、一九八四年九月十二日、二頁。
103. "A Female Spy," *Japan Weekly Mail*, Oct. 13, 1894, p. 411; Chu, "China's Attitudes toward Japan," p. 89. 清廷曾有在战争期间用会说日文的中国人做间谍的提议，但没有证据显示它真正被应用在了日本。
104. 「東京専門学校横浜校友会における大隈伯の演説」『横浜貿易新聞』、一八八九年三月二日、二~三頁。假设这些华人读日文报纸的话，这篇文章意在阻止中国人的回国潮。考虑到日本政治家大隈重信（1838—1922）在1899年观察到在横浜的华商大多日语流利，这个假设是可信的。
105. 「日清人の台湾」『毎日新聞』、一八九四年九月十二日、一頁。
106. 岩壁「日清戦争と居留地清国人問題」、七四頁。
107. Sollors, foreword to *Theories of Ethnicity*, pp. xxii–xxv.

第二章　流亡民族主义者与杂居地政治，1895～1911年

1894～1895年的甲午中日战争，或多或少促进了横滨华人的民族团结，但它并没有催生现代民族意识，更别提国家观念了。民族，即从属于同一政治主权的人群，这一概念过于抽象，唯一且统一的祖国概念同样如此。在19世纪末，海外华人可能已经承认他们的祖先来自清代中国，但这种泛中国认同主要是文化上的，而不是政治上的。[1]横滨华人并没有加入清军以对抗日本，也从未组织起来援助清军。简单来说，甲午中日战争与他们没有任何关系。

然而在1911年秋，华人对中国的态度表明，他们与祖国的关系彻底改变。1911年10月10日，推翻清帝国的革命爆发。在此之前，世界各地的海外华人已踊跃参加革命运动，而当上海的革命团体号召华人华侨组织义勇军的时候，横滨华人同样积极响应。24名20～30岁的青年带着白袖标和革命徽章，组成了横滨第一支敢死队。1911年12月6日，他们获邀参加在中华会馆举办的演讲会，之后在一片鞭炮声中坐上轮船，前往上海。总共有60多名横滨青年扬帆前往上海，加入革命军。[2]

辛亥革命激发的爱国主义和自我牺牲精神，得益于横滨华人的组织机构和自我表述的变化。这些转变由流亡社会活动家的介入触发，他们来到横滨，推动华人居民以中国人的身份思考和行动。华人流亡者在这里创办学校，发行报纸和杂志，这

些都是民族构建的传统方式。他们试图从之前只适用于社会上层的精英文化中提炼出一个中华民族的内核。[3] 以这种方式，他们使当地社会里的很多人相信民族国家才是最重要的集体认同，虽然不是所有人都相信这一点。正如历史学家柯娇燕（Pamela Kyle Crossley）所认为的那样，越来越多的政治参与就要求必须加强文化同质化，这是成为未来中华民国的一员必须付出的代价。[4]

这种历史趋势并非横滨独有。19世纪90年代至20世纪初，世界各地的华人都逐渐被要求为中国成为一个现代国家而贡献力量。这些努力来自不同背景的社会活动家，他们既要培养海外华人对祖国的关心，又要动员海外华人的经济和技术力量。这些海外代理人的作用至关重要：历史学家王赓武认为，即使在华人人数众多的东南亚国家，在异国受到的歧视并没有促使当地华人"在情感的驱动下自我发现"，意识到自己是中国人；只有到1900年后民族主义领袖产生，并且，康有为、梁启超、孙中山这些改良派或革命派人士前往海外后，情况才发生改变。[5] 随后，这些民族主义领袖引领了海外华人社区的文化重塑，引入了一种统一的中国人意识，减少了对原籍省份的依恋，并划定了华人与非华人之间的界限。

在横滨，特别是1894~1895年甲午中日战争以来，许多相关进程已经开始了。横滨当地的环境对华人居民民族意识的提高也起到了一定的作用。一方面，具有泛亚洲主义思想的日本领导人渴望联合横滨的中国流亡者，支持他们的建国大业；另一方面，与众多敌对的日本民众之间的社会摩擦也促进了华人民族自我意识的形成。

然而，这些动员的综合效果不宜被高估。正如杜赞奇

(Prasenjit Duara)所说,中国人的建国努力在海外华人社区里遇到了巨大阻碍,因为很多人已被当地社会同化,基本上对中国漠不关心。[6]介入横滨华人社会组织的流亡社会活动家,同样面临着民族内部的分裂和竞争,这使将国家提升为终极共同体的努力受到了干扰。在横滨,华人内部的分化和分裂,也被流亡者的内部分歧,尤其是康有为及其弟子梁启超与孙中山之间的分歧拉大。这两派在当地各自争取不同经济阶层、省籍和宗教信仰的支持者。这些差异并没有在流亡社会活动家的影响下消弭;在未来的几十年里,它将继续影响横滨华人的生活。[7]

这种情况导致某种差距的产生,一方面是那几年由政治活动家带到横滨来的民族主义理念,另一方面则是长居于此的华人根深蒂固的地方观念。随着时间推移,由这些活动家创办的新刊物、学校和社会组织,促进了华人对祖国政治问题的参与。然而,并非所有的华人都因此获得了这种权利。在横滨传播的国家话语,使一个精英群体宣称自己有权代表国家说话,并把他们自己的利益说成集体的利益。本章将研究这一政治动员的过程、社会后果及局限性。

横滨的民族主义者和泛亚洲主义者

1894~1895年的甲午中日战争,间接促成了横滨华人的政治动员,清帝国惨败给日本,也激起了中国革命派和改良派的斗志。1895年11月,孙中山在广州策划起义的计划被清政府获悉,他被迫逃亡日本。在横滨,英籍华人冯镜如在他的印刷兼装订厂——文经活版所的二楼藏匿孙中山和他的同伴陈少白(1869—1934)。[8]在这个基地,孙、陈两人于1895年11月20日成立兴中会横滨支部。尽管清政府仅在10个月后就取缔了这一组织,但它还是吸引了横滨很多有影响力的华人参与政治运动，包括冯镜如、他的弟弟冯紫珊、著名的华人基督徒赵明乐、餐馆老板鲍棠，以及孙中山的翻译兼保镖温炳臣（1866—1955）等。[9]

与此同时，1898年夏康有为和他的弟子梁启超、谭嗣同（1865—1898）在光绪帝（1871—1908）的支持下发起百日维新，推行一系列改革。9月，慈禧太后软禁光绪帝，维新运动失败，康有为和梁启超逃往日本。[10]康有为和梁启超把他们的政治活动转移到横滨，凭借立宪改良主义从孙中山的革命党那里吸走了支持者。就这样，中国最具影响力的三位知识和政治领袖在甲午中日战争结束后的几年里来到了横滨，在华人居民中直接运用他们的政治理念。[11]

他们选择来到这里，既是因为众多华人支持者的存在，也是因为关系密切的日本盟友提供的保护。尽管最近两国间爆发了战争，但日本的社会活动家、冒险家和政治家都愿意帮助中国的改良派或革命派改造或推翻清政府。其中最重要的三个人物，分别是前文部科学大臣、后来的日本首相犬养毅（1855—1932），前外务大臣、首相大隈重信，以及浪人宫崎滔天（1870—1922）。犬养和大隈在1898年帮助康、梁逃出中国的过程中发挥了重要作用，而宫崎滔天则致力于为孙中山寻找日本方面的支持。这些日本支持者认为，唯有日本和复兴的中国精诚合作，才能够对抗西方对亚洲的统治。[12]他们的泛亚洲主义是建立在同种的黄种人思想基础上的，与当时日本主流的种族话语背道而驰，后者认为，日本人在种族上比中国人优越。[13]

儒家哲学传统是两国共同的文明根基，这种思想也是康有为、梁启超和他们最有影响力的两个日本支持者犬养、大隈结成同盟的基础。[14]犬养相信，中日两国应该根据儒家文化的共同理念结成同盟，日本有能力也有责任帮助中国成为一个现代民族国家。大隈同意此观点，但更强调日本的领导作用。[15]除了同文同种观念，中日两国精英同盟的共通点还在于民族性。他们认为民族国家是政治合法性的普遍形式，因此试图从横滨华人开始，将中国改造为现代民族国家，以作为日本人的盟友。

流亡横滨期间，康有为和梁启超广泛使用出版、教育等方式，培养积极的中国国民。[16]富裕且受过良好教育的广东移民对此做出了积极回应。康、梁广博的学识，以及他们作为光绪帝前顾问的光环让横滨华人敬畏，后者以表态支持和捐助的方式欢迎这两位来自祖国的杰出人物。但这种支持损害了孙中山一方的利益。

1899年，冯镜如和冯紫珊已经转而支持康有为、梁启超，对康、梁来说，这一支持很有价值。冯氏兄弟分别拥有独立的印刷厂，出版了数种政论刊物，使横滨和附近的东京成为晚清两大华人政治新闻业重镇。[17]这些刊物中最早创办的是梁启超主编的《清议报》，1898年12月23日创刊，每两周发行一次，发行量很快就超过4000份。[18]在创刊号上，梁启超执笔的《清议报叙例》阐述了民族主义和泛亚洲主义立场，呼吁中国国民团结一致，全体黄种人统一战线，寻求亚洲自治。在表达了对捐款人的谢意后，梁启超期待报纸能够"交通支那日本两国之声气，联其情谊"，并"发明东亚学术，以保存亚粹"。[19]这一说法与康、梁1898年1月所发表的政治声明①一致，后者也试图以明治维新为榜样，推动清廷的改革。[20]

孙中山所领导的革命运动，其理念与改良派迥异。孙中山主张激发汉人的民族主义情感，攻击满族统治者的合法性，而

---

① 《应诏统筹全局折》，即《上清帝第六书》。

梁启超强调国家在培养国民过程中的中介作用。后者期待将满族的光绪帝转变为立宪制下的君主,以此推动清政府的现代化;前者主张建立属于汉人的民族国家。代表这两种对立观点的横滨和东京的刊物,在近10年里展开激烈论战。[21]让犬养毅、大隈重信这样的日本支持者失望的是,在流亡日本期间,孙中山和康梁两派始终无法达成共识。[22]

教育领域是另一个争论焦点。梁启超将孙派建立的学校据为己有,改头换面,并且在课程中加入自己的政治主张。孙中山的支持者陈少白在1897年10月创办了这所学校,将其命名为中西学校,委托给横滨中华会馆管理。[23]当学校的发起人向当时还在上海的梁启超请求派老师过来时,梁启超派了一套由康有为的弟子门生组成的师资班底,包括新校长徐勤(1873—1945)。他们到任后不久,就彻底改革了教学内容,并且将校名改为大同学校。康有为的影响力是有目共睹的,因为学校与大同书局,即康有为在上海的出版和翻译公司同名。[24]1898年3月9日,学校正式开学,首批学生有100多人。[25]

大同学校的课程旨在培养一种国际主义、平等主义、爱国主义精神,又有儒家思想的底蕴,这被认为是现代中国主体性所需之理念。1898年英文报纸《神户每周纪事》(*Kobe Weekly Chronicle*)指出,两层楼高的砖砌校舍本身以西式建筑风格建造,"干净得足以作为荷兰人的餐桌"。最让这位记者印象深刻的是,男女平等的氛围让学校充满了现代文明气息:

> 在140名学生中,女生大概有30人,每个人都穿着夏娃之女那样的服饰。(当然,我们说的是已经文明化,穿上了衣服,并且会阅读时尚杂志的夏娃。)单单用整洁来

形容她们的外观是不够的，因为还不止于此。更确切的说法是既整洁又时髦。虽然她们被全部安排在前三排的位置，但待遇和男生完全一样：她们不缠足，无论在生理上还是心理上都不会受到束缚……可以预见的是，在10年或15年后，女权主义运动将会在中国兴起。[26]

另外，教室的布置也很完善，一幅刊载于1898年《东京日日新闻》的插图显示，课堂里男女生混坐，一个留着胡子、穿着三件套西装的老师正站在黑板前，他的身前摆着地球仪，身后挂着孔子像（彩图6）。现代化的设备、地球仪、男女同校、孔子像和老师身上穿的西装，这一切都是课程不可或缺的组成部分，与授课内容一样，对学生的社会化具有重要意义。[27]康有为和这所学校儒学课程的联系，可从每间教室孔子像两旁悬挂的康氏手书对联上看出来，康有为、梁启超的著作还在这里被当作教科书使用。[28]

学校的课程内容，既来自康有为对儒学经典的渐进式解读，也来自日本的现代教育模式。[29]自1890年颁布《教育敕语》以来，日本的教育议程在意识形态层面转向了忠孝、爱国和儒家美德的灌输。在日本学校里，《教育敕语》被悬挂于每间教室前，每天像圣物那样被供奉着。而在大同学校，学生也被强制要求向孔子像和康有为的对联鞠躬。

直接呼吁爱国主义，也是这所学校教育的重要组成部分。冯镜如的儿子冯自由（1882—1958）是1898年第一批入学的学生，据他回忆，当时新校长徐勤常谆谆告诫学生们要救亡图存。学生们每天要背诵的句子是："亡国际，如何计；愿难成，功莫济。静言思之，能无恶愧！勖哉小子，万千奋励！"[30]

甚至可以说，大同学校是清廷在1902～1903年建立的中国首个公共教育体系的前身。尽管两者在行政上并无关联，但都借鉴了日本的教育模式，在课程目标上也惊人相似。1906年清廷的一条法令这样阐述新的全国性教育体系："亟宜发明以拒异说者有二：曰忠君，曰尊孔。中国民质所最缺，亟宜箴砭以图振起者有三：曰尚公，曰尚武，曰尚实。"[31]清国的新式学校与大同学校最大的区别在于对女子教育的态度，这也是大同学校与日本小学的区别。中国直到1907年才建立了女子学校，清朝的政策从来不包括男女同校。[32]

鉴于学校的重要性，孙派不会让康梁的支持者为所欲为：1898年秋，他们发起了夺回学校控制权的运动，指责康有为是在逃的汉奸。作为回应，校长徐勤在学校里挂出牌子，宣称孙中山在此不受欢迎。1899年1月，为解决学校理事选举问题而召开的会议，甚至以斗殴而告终。[33]在会上，温炳臣猛烈抨击孙中山的反对者。当看到冯紫珊的时候，温炳臣大吼："一个英国人在这里干什么？马上给我滚出去！"显然，他将冯紫珊误当成哥哥冯镜如了。[34]在随后的争吵中，一群头脑发热的年轻人加入温炳臣，包括鲍棠，他引发了一场混乱，结束了当晚所有富有成效的讨论。会议结束后，学校停摆，群龙无首，没法再运行下去。[35]但犬养毅密切关注局势，提出要在两派间进行调节，并给予学校资金支持。[36]为表示感谢，中华会馆授予犬养毅名誉校长的头衔。他接受了这一荣誉，遂与他的政治盟友大隈重信一同陷入了中华街思想斗争的泥潭。[37]

从学校的仪式和演讲可见，犬养和他的日本盟友自视为泛亚洲主义理想的拥护者。犬养和大隈出席了1899年3月18日举行的大同学校开学典礼，而且在进入校舍之前，还带头向孔子像三鞠躬。接着，犬养和大隈分别发表演讲，阐述自己的清日同文观,希望日本成为国家建设的典范(彩图7)。在犬养的演讲中,他强调了自己对儒家的尊敬和对现代化的认同,宣称"从我担任校长开始,就要从世界文明中博采众长,应用到孔子的学说中去"。仪式在众人赞颂清帝国和日本帝国团结一致的喧嚣声中结束:

> 礼堂内坐着的日本人起立欢呼"大清国皇帝陛下万岁!"……接着华人起立,欢呼"大日本帝国天皇陛下万岁!"全体跟着欢呼。接着,日本人再度起立,欢呼"大同学校万岁!"一片掌声雷动。最后华人起立欢呼"大隈伯爵万岁!犬养先生万岁!"[38]

很多不那么知名的日本人也参与了学校的工作。第一章提到过的日本教师河原操子,1900～1902年在此任教。[39] 1898～1909年,总共有30多名日籍教师在这所学校工作过,最多时占教员总数的约27%(即3/11)。他们教授体育、军事训练、日语及音乐。[40]这些优秀的日本人参与大同学校的工作表明,他们视之为泛亚洲主义运动的一部分。

学校、派系与民族分裂

在横滨中华街的历史中,大同学校通常被认为是横滨华侨社区的开端。[41]正如引言所述,"华侨"一词意为华人流散人口,是一种依恋祖国的标准化爱国理想,换言之,它指涉海外华人应该怎么看待自己的祖国。[42]实际上,这所学校对祖国政治议题的关注,以及近代中国三个最重要的政治和知识分子领袖的参与,在历史上留下了深刻的烙印。今天横滨还有两所学校都自称是大同学校的直系继承者。[43]

但在19世纪90年代，华侨概念还只是一个未实现的理念，而不是对横滨华人居民真实思想状态的描述。与将大同学校视为19世纪末横滨华人团结运动核心的历史叙述相反，这所学校在当时引发了巨大争议，导致了相互竞争的教育机构的建立。围绕这所学校的冲突，并不仅仅是孙中山和梁启超之间的争斗那么简单。横滨华人不是被动地接受流亡社会活动家的方案：尽管他们确实受这些相互冲突的观念的影响，但作为个体的横滨华人往往以自己的观点看待各个派别。

康梁派在横滨当地社会的成员基本都是有学识、富裕的人，比如冯镜如和中华会馆的理事们，而且几乎都是广东人。[44]因此，在他们提出的国家代表权背后，有一股强大的派系潜流。因为康有为、梁启超将儒家学说置于其政治活动的中心，和中华街里的工匠、厨子和劳工相比，他们与受过教育的日本人之间的共通点更多。至于华人劳工阶层，包括鲍棠在内，则更加亲近孙中山。根据日本政府的报告，华人中的劳工阶层和失业者加入孙中山这一派，不是被他的革命精神所鼓舞，而是担心他们的声音会被中华会馆的精英成员排除在外。[45]

这些边缘化的华人寻求建立自己的学校。1908年，孙中山的支持者在横滨同盟会旗下建立教育分部，并且将其发展成为横滨华侨学校。[46]这所学校是大同学校的劲敌，它有自己的一套理论，即自视为中华民族之代表。虽然与革命运动有联系，但华侨学校既是由阶级背景，也是由意识形态决定的。除了招收同盟会和后来国民党人的子女外，这所学校还招收了许多工人阶级家庭的子女。这些华人通常被大同学校拒之门外，不时通过暴力手段表达他们的愤怒。华侨学校特地为他们减免了学费，以满足他们的要求。[47]

就这样，在接下来的几年里，大同学校和华侨学校之间同时产生了意识形态和阶级间的对抗，波及双方的学生，据说两校学生经常在街头相互辱骂、殴打。[48]在一些相对友好的场合，他们会选择在棒球赛场上见高低，比如在横滨市和全国性的棒球锦标赛当中。[49]

黄礼祥（1912—1999）是横滨第二代华人，他亲身经历了这些校际竞争。黄礼祥的父亲不是富商、银行家或出版家，只是一个船舶油漆工，他最早在香港务工，1893年18岁时搭载一艘法国船来到横滨。黄礼祥的父亲又当了一段时间的油漆工，娶了一个来自附近沿海村庄辻堂的日本妻子。两人一起开了两家中餐馆，在双语环境中将黄礼祥和他的四个兄弟姐妹养育成人。夫妻俩设法把所有子女都送进了华侨学校。据黄礼祥回忆，两校的学生虽然不是水火不容，但关系冷淡："当我们在街上遇到对方时，我们不会打招呼。我们不会打架，但也不会和对方搭话。毕业后我们可能会成为朋友，但还在上学的时候不会……华侨学校是站在孙中山那边的，里面全是穷小子，对不对？大同学校有很多富家子弟，他们骄傲得很。"[50]

华人基督徒也反对大同学校的管理模式。这些华人基本都是横滨联合教会的成员，该教会于19世纪80年代在中华街设立布道所。[51]许多人最初站在孙中山一边，因为他是受洗的基督徒，他们特别反感儒家——旨在统一所有华人的传统——且视之为异教。冯自由记载了这一厌恶感的起源："徐勤于讲学之暇复承康有为命，以振兴孔教为务，每星期日，生徒须对孔子像前行三跪九叩礼。有基督教学生赵子彬拒绝跪拜［孔子像］，被［从上海来的］教员陈荫农迫令退学，因而与华侨基督徒大生恶感。"[52]这与内村鉴三（1861—1930）等日本基督徒的经历相似，内村在1891年因为拒绝向天皇鞠躬而被第一高等学校勒令退学，此事广为人知。[53]

横滨华人中最有名的基督徒和事实上的领袖是赵明乐，他是一个广东富商，经营瓷器和丝绸生意。[54]他曾短暂担任过孙中山兴中会横滨分会的骨干，但后来与其分道扬镳。[55]1899年，赵明乐和其他华人基督徒响应清朝驻日公使馆再建一所学校的倡议，建起"中华学堂"。[56]

这所学校很快陷入经济困境，直到1903年底被另一个边缘化的群体——三江华人拯救。因为三江华人从语言上与占中华街居民主体的广东人迥异，所以这所学校的出现，扭转了长期以来讲宁波话的群体没有机会接受教育的状况。[57]中华学堂因为经营不善于1905年关门，但三江华人在1913年建起了另一所更成功的学校，名为"中华学校"。后一所学校的存在时间更久，一次招收100多名学生。[58]

最后，1916年基督教圣公会的华人成员将志成学校从东京筑地迁至横滨。这所学校规模较小，只招收约50名男生，位于冯镜如文经活版所的旧址上，即旧聚居区53号街区。换言之，这所学校位于华人居民与横滨西方社区渊源最深的地方。因而它的课程强调基督教与英文，而不是中文，这也绝非偶然。[59]

中华街教育领域的竞争，反映的是学者、活动家和政治家对于社区代表权的广泛争论，但横滨的男男女女也在很大程度上被阶级、乡土或宗教信仰所驱动。流亡社会活动家和本地华人居民相互合作，各取所需，但他们的动机不同。另外，这些合作也是不对等的。流亡知识分子有能力叙述和记录有关祖国问题的斗争,这就给后世留下了横滨华侨社区发展平稳的印象。

1899 年关于杂居的争论

通过教育与出版,流亡社会活动家为横滨华人带来了改革或革命纲领。然而,他们的活动也包括当地社区的社会和政治事务。比如,1898 年改良派开始了每年一度的孔子诞辰纪念活动,这一新传统包括大同学校学生的游行和体操,并且由梁启超通过他的《清议报》在亚太地区进行宣传。[60] 很明显,这些活动试图将横滨华人与更广泛的、想象中的祖国同胞联系起来。

流亡政治领袖更直接的政治实践发生在 1899 年夏,随着日本与世界各国间外交的发展,中国国民在日本的法律地位在此时受到质疑。从 1894 年 7 月的《日英通商航海条约》开始,日本接二连三地就与列强签订的不平等条约重新谈判,这些是通商口岸存在的法律基础。修订后的条约于 1899 年 7 月 17 日正式生效,终结了已有 40 多年历史的外国人居留权与治外法权,同时解除了对于西方国家公民的居留限制。[61] 当通商口岸以外的日本其他地区准备迎接内地杂居时代或与外国人直接接触时,华人的地位摇摆不定。新条约并没有规定他们的地位有何变化。自甲午中日战争以来,华人的权利并不受日本与西方列强签订的条约束缚,因此在法律上没有必要取消对华人居留和商业活动的限制。然而,日本有充足的外交和道义的理由改善华人的待遇,以适应新条约的内容。当在日华人向日本政府争取这些权利时,与对华态度友好的日本政治家、立宪派之间的密切关系就显得至关重要。

对于日本人来说，修订对外条约是 19 世纪末日本政府外交的首要任务，即重塑民族自尊心，收回国家主权与经济自主权。[62]然而，这些即将发生的变化也引发了人们对日本在世界上的地位，以及日中关系的强烈担忧。一方面，中国被看作未开化亚洲的代名词，日本应该抛弃它，与西方文明国家为伍。[63]另一方面，中国又是亲亚洲事业的一部分，当日本在与西方国家的竞争中寻求国家权力时，需要借助中国来获得合法性。[64]在有关日本与西方国家关系的公众讨论中，在给予条约国国民内地杂居权的同时，是否应该将中国人"放在一边"，对此日本国内产生了观点分歧。

直到 1899 年 7 月 10 日，也就是新条约实施前一周，日本政府才发布了关于中国人居留和移民的政策。当时，公众对这个问题的讨论从春天持续到初夏。争论最初从上层开始，外务省、内务省对此的看法针锋相对。据一位不愿透露姓名的官员说，外务省担心将中国人排除在外会严重损害日本的外交和商业利益。内务省则担心，中国人会蚕食日本劳工和小企业的利益，破坏日本的风俗传统，还会散播疾病。后一观点倾向于反对给任何外国人以内地杂居权，更不要说中国人了。[65]

全国性和横滨市的报纸，也与政府机构平等地加入了论战。由亲西方的教育家福泽谕吉（1835—1901）创办的《时事新报》，就是最坚定地主张对华人居留权加以限制的日本媒体之一。该报在一篇引人注目的社论中阐明了这样的立场，即与西方国家平等和与中国平等，这两个条件是相互排斥的："我们经过多年的斗争，才取得了与西方文明国家平等的地位……因为之前他们把我们看成和中国人一样，更糟糕的是，甚至低于中国人。"社论援引美国、澳大利亚排斥中国人的理由，认为这些理由同样适用于日本："文明的法律是为了治理文明的人而制定的,中国人还没有达到这个水平。"[66]

这种谄媚、亲西方的观点,受到了亚洲团结倡导者的反对。《每日新闻》就回应说,日本不应该与美国等国家表现出的针对亚洲人的种族歧视同流合污："你会看到,如果日本劳工像中国劳工一样**集体**拥入美国,他们会和中国人一样低人一等。"[67]民族主义报纸《日本》认为日本有引领东方文明的使命,同样支持此立场。[68]6月,该报发表社论,认为排斥中国人将损害日本自身的地位："排华法案是美国、澳大利亚发起的一项政策,这种盎格鲁-撒克逊民族意识形态基于排挤亚洲人的立场,亚洲人即所谓的'黄种人',也包括我们日本人。"[69]这种中日亲善论的观点,与犬养毅、大隈重信等与横滨华人社区有关系的日本领导人的言论相呼应,这些人将亚洲主义视为民族主义承诺的一部分。

辩论还激起了对卫生、劳动竞争问题的讨论,暗示了日本民众对华人的看法。甲午中日战争之后,日本人越来越将华人视为低等劳工,而不是商业竞争对手,他们更多地将华人与邪恶和肮脏联系在一起。这场争论固化了华人的这种形象,他们现在更多地被贬低为"支那人",而不是更正式的"中国人"。这种定性基于以下品质,包括经济上的习惯——"支那人勤劳、节俭,愿意在卑贱的行业中谋取利益",以及他们的性格和行为——"贪婪、卑鄙、肮脏、不洁",而且还容易沉溺于鸦片。就这样,华人被重新定性为在经济、社会上具有威胁性的移民劳工,这取代了他们早期坚持不懈、追求利润的商人形象。[70]一位读者曾给《横滨贸易新闻》写信,说明了这种观点在普通日本人中的普遍性："对于'支那人'在日本内地杂居的问题,我有一个要求。我希望他们制定一个规矩,能对'支那人'与生俱来的不爱干净加以限制。其他的我都不介意。"[71]

在更抽象的层面上,"支那人"一词的含义似乎是故意否认他们的中国国民身份,暗示华人是无政府状态下的移民。1899年7月初,《横滨贸易新闻》刊登的一篇论战文章明确地阐述了这一观点:"我们不应该同等对待与支那[中国]的和与欧美国家的外交关系,因为支那没有资格被当作一个完整国家……它明显是已被摧毁的国家;其国民不再是中国国民,而是'支那人',是从一个地方迁到另一个地方的种族[属]。"[72]

横滨的广东精英们感觉到自己的社会权利和经济权利正受到严重威胁,于是发起了一场向日本政府请愿的运动,要求给予他们和西方人同样的权利。这些横滨的华人精英召集了函馆、神户和长崎的其他华人代表,向日本外务省递交了一份由143名商界知名人士签名的请愿书,呼吁日本外务省给予他们内地杂居权,名单中没有英籍华人冯镜如。[73]与请愿书同时发布的公报,由梁启超当仁不让地执笔,改良派的民族主义话语、政治关系和组织能力,共同为这场运动提供了支持。

此次请愿活动团结了横滨部分华人,甚至把他们与祖国的政治运动联系在了一起。大同学校里多数亲康有为的干部是请愿书的署名者,梁启超的《清议报》则是活动的主要宣传机构。[74]两位站在大同学校对立面的基督徒,包括赵明乐在内,也是请愿书的签名者,这说明请愿运动消除了广东上层人士之间的某些芥蒂。尽管如此,三江、福建籍华人,以及支持孙中山的下层民众,还是没有参与其中。从目前可查到的资料来看,所有的签名者都是广东出身。就连横滨最大的华人贸易公司顺和栈的福建籍经理陈德馨,也没有出现在名单上。此外,请愿活动和大同学校的成立一样,是在没有得到清政府官方支持和承认的情况下进行的。[75]

尽管请愿者有派系背景,但梁启超的公报还是被日本媒体和政界人士视为华人观点的代表。6月29日,梁启超会见了包括大隈、犬养在内的几位日本政府官员,并正式向外相青木周藏(1844—1914)递交了请愿书。此事件成为中日政治同盟再次确认泛亚洲主义,并且挑战西方亚洲霸权的契机。会议中,双方强调中日两国同洲、同文、同种,呼吁制定泛亚洲主义政治纲领。[76]

请愿书还有力地介入关于华人特点的讨论,一针见血地驳斥了日本人将华人视作肮脏的"支那"劳工的印象。请愿者以有政治自觉性的中国国民的身份展示自己,通过将注意力转移到华商群体上来,反驳华人阶级构成低下的假设。梁启超指出,如果把华人排除在外,他们对日本的善意将会消失,日本也会从此失去每年8000万至1亿日元的对华贸易额。

请愿书并没有为中国劳工阶级说话,实际上根本没有关注后者的权利和尊严。相反,请愿者认为,华人移民劳工不会对社会造成什么影响,因为很少有人会为微薄的工资差价而远赴重洋。此外,在几乎承认华人劳工群体具有潜在犯罪性的同时,他们认为日本警方完全有能力处理少数华人劳工的违法行为。最后,梁启超为请愿下结论道:"如果日本认为对劳工阶级的移民施加一些限制是必要的,我国不会因此对日本有任何反感。"[77]

这些请愿的广东精英,最终如愿获得了在日本内地杂居的权利。1899年7月10日,日本内阁特别会议决定,8月4日之后，移民劳工将被限制在原通商口岸的外国定居点，商人和企业家则将获得与欧美人相同的居留权。[78]7月27日颁布的第352号敕令和7月28日颁布的内务省第42号告示，明确了该政策的执行细节。[79]

横滨的媒体称，这两个机构所做的妥协是务实、无差别的，是亚洲兄弟情谊战胜盎格鲁-撒克逊式种族歧视的胜利。它们称赞日本政府的解决方案优于美国的排华政策，并且驳斥了《时事新报》等报刊认为日本最好模仿西方的论点。[80]尽管对法案的措辞有这些积极评价，但事实上，它构成了旨在阻止来自中国的大规模移民的法律制度。此法案与同一年颁布的内务省第728号告示所宣称的那样，"预先防止中国移民劳工的问题发生"。[81]

然而，横滨中华街的请愿精英采取的这些推动立法的行为并没有侮辱中华民族和炎黄子孙的尊严。在1899年8月4日华商会议所的开幕式上，主席卢荣彬赞扬了这一睦邻友好行为。[82]华商们成立这一组织是为了协调商业活动，在日本内地与西方企业争夺市场。虽然华商会议所的成立是出于地方社会的实际需要，但和请愿活动一样，都与康有为、梁启超的建国纲领紧密相连。[83]其章程表明，会议所的运作具有适当的指导性内容：第5条规定"所有会员必须将爱国主义置于首位"，但同时"所有会员必须与体面的日本人合作，依靠友爱将两国紧密相连"。[84]

就这样，华商会议所表达了华人资助者的诉求，提倡与日本人合作；它提高了华商的政治意识，就像大同学校对他们子女的教育一样。在随后几年里，会议所及其所在的中华会馆，将这种政治意识表现出来；1905年，它们协调当地华商，发起一场抵制美货的跨国运动，以抗议华人在美国受到的不公待遇。[85]华商们提倡民族团结，但在这一阶段，他们对日本的态度还远称不上激进。1908年春,横滨的华人居民没有响应另一场抵制日货的跨国运动。即便广州、香港商人向横滨、神户派出了慷慨激昂的代表,但当地的贸易团体一直保持沉默。他们大概认为这场运动没什么必要,不值得去牺牲自己的经济利益。[86]

随着内地杂居时代的来临,横滨华人凝结成一个民族共同体,有了领导人、共同利益和认同感。请愿运动是这个进程的分水岭。然而,尽管有广泛的代表性,它并没有让港口城市的所有华人参与进来。更准确地说,运动将横滨的广东精英与改良派团体及相关组织联系在一起,形成了一个自称代表全体华人权利但实际上主张自己派系利益的小集团。

文化多元性与杂居时代

1899年以前,大量华人实际上已经在中华街里享有某种"杂居"并与日本人和西方人通婚及通商的权利。明治晚期,中华街已经出现了这种城市杂居和文化交融状态,不受日本和华人精英所提倡的民族边界影响。华人精英奋斗得来的成果,即在通商口岸以外的地方居住和经商的自由,日后将给华人社会的凝聚力带来相互矛盾的影响。新的法律制度还意味着融合的扩大与加强,这种融合之前仅限于外国人居留区内。

1897年《时事新报》上的一篇文章称,每年有大约200多个中日混血儿出生在中华街。[87]冯自由回忆他在大同学校上学时,班上有一半同学是混血儿,他们的爸爸是中国人,妈妈是日本人。和黄礼祥一样,大部分混血儿日语流利,在有日本人的家庭环境中长大。[88]这种文化交融现象,在大同学校的教科书中也得到了体现,该教科书的编者是著名诗人苏曼殊(1884—1918),他本人就有一半日本血统,毕业于大同学校。[89]校长林慧儒1902年编撰了这本名为《小学新读本》的教科书，以更实用的课程内容取代梁启超的著作。这些课文根据当时最先进的教学方法编纂，回避了学生们"很少听到、很少看到"的话题和主题，而是把每一节课的重点放在"学生们熟悉的东西"上，以"激发他们的兴趣"。[90]

课文卷一第八课名为"兄弟正直"，描写的是姐姐在日式房子的阳台上给弟弟讲课的情景，两人都身着日本服饰（彩图8）。课文卷一第四十八课"书及鲤鱼"，描绘的是两个身穿褶边连衣裙的女孩，一个扎着丝带，另一个头戴帽子，这让人想起《神户周报》中对大同学校女生的描述（彩图9）。[91]这些图像既反映出一个文化交融的社区，也反映出这些课程借鉴了当地知识及民族主义议程。

社会杂居和文化融合，是横滨居民生活的常态。劳工阶级出身的日本人、西方水手和漂泊者，经常在中华街里和华人混在一起。作为横滨文化想象中的知名地点，它与肮脏、混乱和喧嚣联系在一起，在每天任何时候都能提供非法娱乐，包括赌博和色情业。[92]它的酒馆和所谓的低级沙龙，是该市劳工阶级娱乐的场所。通商口岸提供了大量的这类场所，尤其是在1874年政府试图对这些场所颁发执照并加以控制的努力结束之后。[93]放荡不羁的前水手、酒吧女郎、危险的罪犯，以及说英文的华人是鱼龙混杂的中华街里典型的角色，尤其是在血街上。[94]

华人企业进入日本人的居住地，日本企业拥入中华街，前通商口岸以外地区的杂居加速了这一趋势。后者的拥入，正如一部官方横滨市史所说，使华人和日本人"友好地团结在一起"，形成了"共存共荣的精神"。官方横滨市史还记载，很多华人"不再限于中华街，也在城市里与日本人居住区相邻的地方开理发店和中式拉面［支那荞麦］店"，这一记载得到很多回忆录的佐证。[95]早在1903年，就有观察者注意到出现了华商和日商合资经营的产业。[96]即使对中华街的沙龙而言，治外法权的终结也不是末日。在20世纪前期，华人企业和日本企业比西方人控制的企业更加繁荣兴旺。[97]

中华街里危险的诱惑并没有消失，相反，它变成了对这一地区的固定描述。1903年，一位日本作家描述中华街"拥挤、喧嚣、混乱、黑暗且不洁"，充满神秘和危险。"在其狭窄的范围内，我们几乎猜不到什么危险在潜伏，什么疾病在滋生，什么恶棍在游荡，什么阴谋在酝酿。"[98]然而，这段文字并没有执着于这种告诫性的话语，转而开始描述享受中华美食的乐趣。中华街已经成了横滨的名胜之一，正如中华料理也成了横滨的特色菜之一，从邻近的东京吸引了大量食客前来品尝。[99]

因为横滨中华料理对这座城市文化认同所做出的贡献，它在该地区的作用特别值得一提。第三章将讨论它对日本文化的广泛影响。与本章相关的是，在进入杂居时代后，许多横滨的中餐馆积极地转向吸引日本顾客。在明治时期，中华料理被日本人称为"南京料理"；到了19世纪80年代末，它已经被认为是横滨文化中不可或缺的一部分。1900~1910年的10年间，很多餐馆以其名称的日文发音而闻名。[100]在1903年一篇日本人描绘中华街的文章中，作者难掩失望，指出很多中文标志牌都做了改造，以迎合日本顾客。[101]

另一个由杂居产生的文化形式，在历史上留下了长久印记，那就是横滨烧卖的诞生，这是一种出自广东菜系的面点。鲍棠，就是那个1899年初在中华会馆的大同学校之争中带头捣乱、引发斗殴的人，在新的法律体系生效后，就和自己的日本妻子沟吕木满寿一起搬到了附近的伊势佐木町。[102]他和妻子将中华街里的代表权之争抛到脑后,在1899年底开出了日本第一家售卖烧卖的店,起名为"博雅亭"。到1902年,博雅亭已是横滨生意最好的中餐馆之一,1903年它与最著名的餐馆,如远方楼、聘珍楼等并驾齐驱。[103]位于中华街外的博雅亭,其烧卖显然是服务于日本顾客的,同时随着时间的推移,其对横滨的饮食文化产生了不可磨灭的影响。在饮食和娱乐上,华人和日本人在横滨社会中形成合力,柔化了彼此间的文化界限。

华人和日本人之间越来越多的跨界和相互融合,形成了一种独特的地方文化,而这种地方文化,之前已深受欧洲和美国文化的影响。虽然没人点破,但由于这种地方文化是由很多国家的人共同创造的,因而很隐晦地对民族作为一种有边界的文化和社会单位的观念提出了质疑。

小　结

从1894~1895年的甲午中日战争到20世纪初,横滨华人开始在一定程度上把自己看成一个单一民族,有共同的利益,同时与日本人不同。这个过程是由战时的爱国主义和自我防御的必要性决定的,后来因为流亡社会活动家将祖国的政治议题带到了横滨华人中间,从而得到进一步激发。华人和有泛亚洲主义理念的日本领导人之间的合作,也促进了这种民族意识的觉醒,因为双方的政治纲领在面对西方帝国主义时是一致的。但在这个过程中,不友好的声音也起到了一定的作用:日本人试图将"支那人"的形象描绘成不卫生、一盘散沙、容易犯罪的,这刺激了居住在横滨的广东精英,他们拒斥这种描述,以"中国人"的自我描述取而代之。

因此在20世纪初的几年里,横滨华人的民族意识就已经在儒家传统、同宗同源思想和流亡社会活动家的助推下显现出来。这些流亡活动家还试图通过提倡政治上积极的国民理念,将华人的种族认同转变为国家认同,他们已看到日本领导人对这种理念的实践十分成功。但在那几年,这种国家意识并不是早就确定的。它的内部充满张力,在中华民族的国民或民族概念之间拉扯,又被各种亚民族或非民族形式的身份认同所破坏。华人精英提出的华人认同的各种版本,并没有穷尽新生的、从有种族色彩的中华民族认同中可能产生的民族性形式。用艾蒂安·巴里巴尔(Etienne Balibar)的话来说,这并不是唯一可能从"虚构的"中华民族性中生长出的"理想民族"。[104]从横滨华人教育机构中持续的分裂可以看出,竞争并没有那么容易结束。

但随着时间推移,通过教育、出版传达出的华人爱国主义精神,增强了社区的凝聚力和与祖国的政治联系。然而,两个政治派系并没有从中同等受益。大约在1905年之后,随着推翻清政府的革命的合法化,孙中山的"民族"思想最终在华人的观念中占据主导地位。[105]与此同时,由康有为、梁启超倡导的、与之针锋相对的立宪改良运动,受到更年轻、更激进的社会活动家对其支持清廷的尖锐抨击;清廷自身的改革也削弱了他们的新政改良的影响,立宪改良运动最终走向衰落。[106]1911年秋,孙中山苦心经营多年的革命终于爆发,推翻清政府的起义席卷全中国。革命的狂热也影响了横滨华人。当年11月,日本记者观察到很多支持革命的政治集会和庆祝活动;他们同时注意到,很多华人剪掉了脑后的辫子。[107]

我们再回到本章开头介绍的敢死队。1911年12月初,在温炳臣的帮助下，第一支抗清队伍成立了。[108] 24 名青年于 12 月 6 日出发，12 月 7 日又有 20 名青年启程，包括大同学校的黄龙篮球队队员郑焯。第三支志愿军则于 12 月 11 日出发。[109] 在这一地区，爱国主义教育的印记是显而易见的。横滨已经形成了一个有政治意识、爱国精神的中国人社区，为中华民国的成立做出了贡献。

但国家意识还没有被横滨的所有华人接受。流亡精英宣称自己代表这个社区，却掩盖了他们在其中的政治派系性。新的中国人认同，赋予地方精英一种作为国家代表的合法化意识形态，强化了地方的社会经济等级制度。同样重要的是，随着华人对横滨当地文化的贡献越来越大，与横滨当地社区的社会和经济融合也在 1899 年后得到了加强。这种具有不同渊源、受多方影响的横滨文化，将成为之后包容性地方认同形成的资源。

但就此时而言，我们可以认为，华人和日本人之间融合和分化的过程在世纪之交的横滨齐头并进。民族性已是这个杂居社区中的群体概念之一，尽管它还没有成为社会现实。所以对横滨的华人来说，那几年是过渡期，各种对立的力量为他们未来的民族和地方认同奠定了制度、经济和意识形态的基础。截至此时，流散民族主义者在缺少国家支持的情况下，在横滨着手建构中华民族。在 1912 年中华民国成立以后，他们将更激进、更有效率地去完成这一使命，因为新政权对其海外国民的地位、教育和管理更为关心。国家权力对横滨华人生活的介入，将是下一章的主题。

注释

1. Kuhn, *Chinese among Others*, p. 248.
2. 「中華会館に戦争を祈る」『橫浜貿易新報』、一九一一年十一月七日、七頁；小笠原『孫文を支えた橫浜華僑』、九三~九五頁。
3. 这项工作类似于当时日本同时进行的整合日本文化的努力，后者被 Chris Burgess 称为"武士化"，即"忠诚、坚忍和毅力这些原本被认为属于小部分（精英）人口——武士——的特质，通过宣传、教育和管理，逐渐扩展到所有人"。（Burgess,"The'Illusion'of Homogeneous Japan and National Character".）
4. Crossley, "Nationality and Difference in China," p. 141.
5. G. Wang, "Limits of Nanyang Chinese Nationalism," pp. 143, 145.
6. Duara, "Transnationalism and the Predicament of Sovereignty," p. 1044; G. Wang, "Limits of Nanyang Chinese Nationalism," pp. 147–50. 王庚武的研究也印证了这一结论，他发现除了那些被乡土问题煽动起来的人以外，很多华人被地方精英吸收，或者加入了地方社会组织。
7. 这种模式也存在于东南亚。Philip Kuhn 描述这些与中国联系起来的新机构为"伞状组织"，主持"特定地区或方言团体的联合会"。（Kuhn, *Chinese among Others*, p. 248.）
8. 馮瑞玉「橫浜大同学校と馮鏡如」。
9. 小笠原『孫文を支えた橫浜華僑』、二二·四二~四三頁。1898年为了防备清朝特务，孙中山暂住温家。
10. Miyazaki, *My Thirty-Three Years' Dream*, p. 151; Spence, *Gate of Heavenly Peace*, pp. 48–54. 谭嗣同留了下来并被处死。
11. Spence, *Gate of Heavenly Peace*, pp. 38, 45. 两派长期以来都主张动员海外华人的资金支持和技术力量来推动他们的运动。实际上，孙中山于 1894 年在夏威夷最早成立了他的革命团体的第一个支部。
12. Jansen, *Japanese and Sun Yat-sen*, p. 213.
13. Doak, *History of Nationalism in Modern Japan*, p. 222. Kevin Doak 引用了木村鹰太郎 1897 年发表的文章《日本是优等种族》，将其作为日本沙文主义的典型代表。

14. Najita,"Inukai Tsuyoshi," p. 495. Tetsuo Najita 描述犬养为"既真正热爱中国，又是一个民族主义者"，他在横滨华人中扮演的斡旋角色符合这两种动机。

15. Lebra-Chapman, *Ōkuma Shigenobu*, pp. 143 – 44. 大隈重信的泛亚洲主义类似美国的门罗主义，既包括偿还日本对中国的"文化债务"这样的理想主义目标，也包括在亚洲地区领导工业和商业的务实要求。1915 年，大隈提出了臭名昭著的日本对华"二十一条"。

16. Zarrow, "Citizenship in China and the West," pp. 16 – 17.

17. Dikötter, *Discourse of Race in Modern China*, pp. 107 – 8; Harrell, "Meiji 'New Woman' and China," p. 124. Frank Dikötter 指出，这一时期华人在日本出版了几十种有影响力的刊物，这都利益于中国人的留日热潮。1906 年，在日本学校就读的中国人有 10000 名。尽管该数字在 1911 年有所下降，但在当时"刚进入青春期的男孩、七十多岁的男人、裹着小脚的女人，全部加入了东渡[日本]热潮"。(Y. Lu, *Re-Understanding Japan*, p. 17.)

18. 緒方邦男「華僑の新聞」、横浜市中央図書館開館記念式編集委員会『横浜の本と文化』、四七〇～四七一頁；『百年校史』、六八頁；《本馆各地代牌处》，《清议报》第一册，第 259～260 页。这份报纸覆盖了从新加坡到旧金山的太平洋地区所有重要的华人社区。然而它并不是第一份由华人在日本出版的报纸，最早的是 1898 年 6～10 月发行的《东亚报》。

19. 《清议报叙例》，《清议报》第一册，第 3～5 页。

20. De Bary and Lufrano, *Sources of Chinese Tradition*, p. 269.

21. 横浜市中央図書館開館記念式編集委員会『横浜の本と文化』、四七一頁。梁启超和冯紫珊于 1902 年开始出版《新民丛报》，并与孙中山的《民报》展开激烈辩论，一直到 1907 年前后。

22. Spence, *Gate of Heavenly Peace*, p. 55; Miyazaki, *My Thirty-three Years' Dream*, p. 163.

23. 陈少白：《兴中会革命史要》，第 44 页；葉明城「中国大同学校史」、六二五頁；菅原「日本の華僑」、三九頁。这所学校的原名暗示以中文和英文教学，尽管也教日语。

24. 『百年校史』、四五頁；张学璟：《大同学校略史》，第 3～7 页；Prasenjit Duara, "Transnationalism and the Predicament of Sovereignty,"

p. 1035;「清国人ニ関スル報告」,1899,DRMFA, ref. B03050064000,JACAR。"大同"一词在康有为的思想中代表了一种具有普适性的乌托邦,他将其视为所有建国项目的终极目标。

25. "Summary of News," *JWM*, Mar. 12, 1898, p. 253;『百年校史』、四五頁。

26. "The Chinese School in Yokohama," *Kobe Weekly Chronicle*, Oct. 15, 1898, pp. 306-7;葉明城「中国大同学校史」、五一四・五一八頁。

27. Bourdieu, "Systems of Education and Systems of Thought," p. 198. 这些都是课程的创新特色,旨在促进学生学习。

28. 「横浜における支那学校」『東京日日新聞』、一八九八年六月十五日、三九頁;葉明城「中国大同学校史」、五一四頁;『百年校史』、五八頁。从1899年到1902年间,这所学校在教学中还将梁启超的《戊戌变法记》作为教材,这本书记载了百日维新的失败经历。

29. Spence, *Gate of Heavenly Peace*, p. 33; Duara, "Transnationalism and the Predicament of Sovereignty," p. 1047. 康有为对于儒家学说的颠覆性运用,使得他在呼吁君主制的同时仍提倡改革。

30. 冯自由:《革命逸史》,初集,第51页。

31. Lai, "Teaching Chinese Americans to Be Chinese," p. 196; Harrell, "The Meiji 'New Woman' and China," p. 124; Tsang, *Nationalism in School Education in China*, p. 40.

32. Lai, "Teaching Chinese Americans to Be Chinese," p. 196; Purcell, *Problems of Chinese Education*, pp. 67-68; Tsang, *Nationalism in School Education in China*, pp. 39-40. 中华民国教育部于1912年建立了男女混合学校。

33. 『百年校史』、四六頁。中华会馆内部的康派认为,选举权应该仅限于商人阶层,而这一观点遭到孙中山的支持者,即工人阶级和中产阶级的强烈反对。

34. 小笠原『孫文を支えた横浜華僑』、八八~八九頁。冯紫珊并未加入英国国籍。

35. 张枢:《横滨中华学院》,第35页。中华会馆的45名理事提名了董事会,从校长自上而下全是康有为的人马。然而,持续不断的冲突导致学校的很多管理人员在接下来的一个月里纷纷离任。
36. 『百年校史』、四六頁。
37. 《大同学校开校记》,《清议报》第二册,第 591~594 页；馮瑞玉「橫浜大同学校と馮鏡如」。犬养毅与中国社会活动家的联络很可能是以宫崎滔天和冯镜如作为中介的。宫崎滔天当时与孙中山和陈少白熟稔,并且希望能让两派华人和解。冯镜如则同时支持康有为和孙中山,与犬养毅和大隈重信也经常有联系。
38. 「大同学校開校式」『橫浜貿易新報』、一八九九年三月十九日、二頁；《大同学校开校记》,《清议报》。
39. 河原『カラチン王妃と私』、一〇七~一〇九頁。
40. 『百年校史』、五五頁；柳无忌:《苏曼殊》,第 21 页。
41. 朱敬先:《华侨教育》,第 148~149 页；周聿峨:《日本华侨教育略况》,第 180 页。
42. G. Wang, *Chinese Overseas*, pp. 46-47；葉明城「中国大同学校史」、五三六頁。这个词在 19 世纪 90 年代被清政府、维新派、革命派等用来动员海外华人。
43. 两所学校的建立过程将在第五章中讨论。
44. 鷲尾『犬養木堂伝』、第二卷、七二七頁。
45. Vasishth, "Model Minority," p. 120；「清国人ニ関スル報告」。日本观察者把这些底层支持者称为"流氓"（ごろつき）。这个词可能指占中华街大多数人口的华人劳工和仆人。根据 1869 年的人口统计,1002 名华人中只有 36 名是商人或企业家,剩下的都是劳工、工匠、妇女和儿童。
46. 『百年校史』、七一頁。这所学校可能是这座城市里最早使用"华侨"一词来命名的学校。
47. 柳无忌:《苏曼殊》,第 21 页；『百年校史』、六八頁。在 1902 年爆发的比 1899 年 1 月中华会馆骚乱更严重的事件中,一群华人劳工闯入大同学校,破坏了所有校产。
48. 『百年校史』,七一~七四頁。
49. 横滨生活的这一方面将在第三章深入讨论。
50. 中華会館・橫浜開港資料館『橫浜華僑の記憶』、十八~十九・二三頁。
51. "The Study of the Yokohama Union Church," Yokohama Union Church,

accessed Dec. 5，2007，http：//www.yokohamaunionchurch.org/history2.html.
52. 冯自由：《革命逸史》，初集，第51页；葉明城「中國大同學校史」、六二五頁；Spence, *Gate of Heavenly Peace*, p. 44.
53. 至少从18世纪初天主教与中国的礼仪之争开始，基督徒就认为祭拜孔子是一种偶像崇拜。内村鉴三拒绝向明治天皇即《教育敕令》鞠躬，也是基于相同理由。
54. 井出『日本商工営業録』、二七〇頁。实际上，赵子彬可能与赵明乐有关系，但没有文字可以佐证。
55. 小笠原『孫文を支えた横浜華僑』、四二頁。
56. 『百年校史』、六九頁。
57. 《横滨之三江济幽会》，《浙江潮》第七期，1903年，第6~7页；《祝丽泽学校与中华学堂》，《浙江潮》第十期，1903年，第11页。宁波方言是三江华人相互妥协的结果，这一群体来源多样，但有类似的风俗，方言之间也有联系。
58. 张学璟：《大同学校略史》；『百年校史』、六三頁。
59. Church Missionary Society, *Mission to Chinese Students*；横浜市役所『横浜市史稿　教育編』、二八〇頁；『百年校史』、七五頁；横浜開港資料館『開港から震災まで』、四八頁。文经活版所于1901年毁于火灾。
60. 冯自由：《革命逸史》，初集，第52页；《横滨第四次崇祀孔子圣诞记》，《清议报》第十一册，第5969~5970页。
61. 神奈川県警察史編纂委員会『神奈川県警察史』、五五六頁。日本与大多数西方大国签订的条约于1899年7月17日生效，而与法国和澳大利亚签订的条约于同年8月4日生效，两者的条约内容略有出入。
62. 早在岩仓使节团出使期间（1871~1873年），日本政治领袖就曾试图就条约的不平等条款重新进行谈判，这些不平等条约给了外国人在日本通商口岸的治外法权，并且限制了日本制定税率的权力。
63. 参见 Fukuzawa, "On De-Asianization," pp. 129–33。
64. Oguma, Genealogy of "Japanese" *Self-Images*, pp. 78–79.
65. "Chinese and Mixed Residence," *JWM*, July 1, 1899, p. 4；「支那人雑居問題共籍論者の臆病（1）」『毎日新聞』、六月二七日、

一頁；「支那人の雑居問題：政府内の新攘夷論」『日本』、六月二五日、一頁。
66. 「支那人の雑居問題」『時事新報』、一八九九年六月十三日、二頁。
67. 「支那人雑居問題：再び（2）」『毎日新聞』、一八九九年六月三日、一頁。
68. 「国際的道義」『日本』一八九九年三月二十三日、一頁。
69. 「支那人雑居問題：政府内の新攘夷論」『日本』、六月二十五日、一頁。
70. 同上；横浜市『横浜市史』第三卷、九〇五～九〇六頁；外山『ゝ山存稿』、四〇五頁。
71. 「片言集」『横浜貿易新報』、一八九九年七月五日、三頁。
72. 「支那人の内地雑居について」『横浜貿易新報』、一八九九年六月六日、一頁。
73. 「内地雑居に対する支那人の陳情」『毎日新聞』、一八九九年七月一日、二頁；「清国人ニ関スル報告」。作为英国公民，冯镜如没有在请愿书上签字，但他的弟弟冯紫珊签字了。
74. 《记中国人请求内地杂居事》，《清议报》第 3 册，第 1269～1286 页。
75. 横浜開港資料館『開港から震災まで』、三九頁；《记中国人请求内地杂居事》，《清议报》。
76. 横浜開港資料館『開港から震災まで』、三一頁；"Chinese and Mixed Residence," JWM；《记中国人请求内地杂居事》，《清议报》。
77. "Chinese and Mixed Residence," JWM.
78. 「支那人雑居問題の結了」『横浜貿易新報』、一八九九年七月十二日、二頁。
79. 第 352 号敕令宣布："未经政府当局特别许可，劳动者不得在外国定居点或杂居地以外居住或工作。"（横浜開港資料館『開港から震災まで』、三一頁。）内务省第 42 号告示将劳工定义为那些从事农业、渔业、矿业、林业、建筑业、制造业、运输业、码头装卸等工作的人，但厨师和仆人等家务劳动者不包括在内。
80. 「勅令 352：支那人雑居制限」『毎日新聞』、一八九九年七月三十一日、一頁。

81. 過放『在日華僑』、四〇頁。
82. 《记横滨华商会议所开会事》,《清议报》第四册,第 1539~1542 页;《在留清国人之招待会》,《清议报》第五册,第 2443~2450 页。半年后的 1900 年 2 月 21 日,105 名华商为日本当局通过第 352 号敕令举行了庆祝晚宴。大隈重信、犬养毅、外务大臣青木周藏以及横滨市长梅田义信出席,华商高喊"日本天皇和日本人民万岁!日本人民万岁!",并呼吁同文同种的两国人民友好相处。
83. 「在留清国人の商業設置」『横浜貿易新報』、一八九九年七月二十九日、二頁;"Correspondence:Chinese Chamber of Commerce," *JWM*, Aug. 12, 1899, p. 160. 该组织与康有为、梁启超的关系,既反映在参加华商会议所、大同学校和中华会馆的人是同一批精英人士,也反映在三个组织的办事处都设于山下町 140 番地的事实。横滨华人中也有人怀疑其董事偏向康有为派系。
84. 《记横滨华商会议所开会事》,《清议报》。
85. "The Chinese Boycott in Yokohama," *JWM*, Aug. 19, 1905, p. 197; Gerth, *China Made*, pp. 127-29. 1905 年,在美华人的抗议活动最终引发了太平洋地区积极的抵制运动,由地组织、商业组织、改良派和革命派活动家领导。这次运动是在没有清政府的指导下进行的,清政府在 1905 年 8 月底下达了针对抵制活动的禁令。尽管抵制活动对经济的影响微不足道,但为日后的反帝国主义抵制运动奠定了组织基础,也提高了人们对产品民族性的认识。
86. "The Boycott," *Japan Weekly Mail*, Apr. 25, 1908, pp. 430-31. 这一国际事件发于 1908 年 2 月 5 日,清政府扣押了日本船只"辰丸号",该船一直在向中国反政府活动分子运送军火。但由于清政府的做法有违国际法,日本政府强迫清政府道歉并赔偿。有中国人认为日本此举损害了中国的国家尊严,而另外一些人认为此事微不足道。
87. 「南京町(2)」『時事新報』、一八九七年三月二十一日、十頁。这一数字可能有所夸大,可能是为了激起日本读者的羞耻感。根据日本和清朝的父系血统国籍法,这些孩子如果登记为中国人的子女,就成为清朝的臣民;如果登记为非婚生子女,则为日本人。

88. 冯自由：《革命逸史》，初集，第 166 页；"The Chinese in Japan," *JWM*, June 24, 1899, pp. 613-14.

89. 柳无忌：《苏曼殊》，第 7、15~16 页；冯自由：《革命逸史》，初集，第 164~170 页。苏曼殊生于一个跨国家庭，母亲是名叫"阿仙"的日本女人，父亲是受雇于英国茶叶公司的广东商人。

90. 林慧儒：《小学新读本》；Lincicome, *Imperial Subjects as Glocal Citizens*, p. 85. 这些教育目标与 19 世纪 70 年代和 80 年代中期日本教育的先锋思想，即发展主义学说（開発主義）是一致的；这种以儿童为中心的本土化学说认为，儿童应首先熟悉周围环境的知识并随着时间的推移向外扩展他们的学识。

91. 林慧儒编《小学新读本》；『百年校史』、六四頁。

92. 1897 年的一篇报道详细描述了中华街对一些日本人的怪异魅力："横滨最有名的是三样东西：南京町、赌博和色情业。在上述三者中，南京町的公德是最差的……店面普遍肮脏简陋。一眼看上去是卖菜的或卖乌鱼的，其实是个流氓的赌馆，在这里大白天也可以听到妓女的聒噪。"（横浜市『横浜市史』、第三卷第二章，九〇五頁。）

93. Hoare, *Japan's Treaty Ports*, p. 117.

94. "The Miller Trial," *JWM*, Sept. 23, 1899, p. 318; Poole, *The Death of Old Yokohama*, p. 20.

95. 横浜市役所『横浜市史稿』、附属編、五七二・五七七頁；加山可山「南京町を描く」、一八頁。"支那荞面"即通常所说的拉面。

96. 内田『日本華僑社会の研究』、二二一頁；横浜新報社『横浜繁昌記』、一三〇頁。

97. 立脇『ジャパン・ディレクトリー』、三二巻、一〇五頁；三九巻、五八一~五八七頁。

98. 横浜新報社『横浜繁昌記』、一二九頁。

99. 葉明城「中国大同学校史」、五〇九~五一〇頁；平松「横浜名物」、二〇頁；横浜新報社『横浜繁昌記』、一三五頁；村岡『行き交う弁発姿』、六四頁。横浜居民对于中华料理和酒水的需求，也体现在日本人居住区里出现伪造的中国酒这一点上。

100. 横浜開港資料館『開港から震災まで』、二四頁。一个来自英美人的《日本工商名录》上的典型例子是中餐馆聘珍楼。在 1904 年的指南上这家餐馆被写成"Ping Chang & Co.",然而从 1910 年开始,它的名字变成了"Hei Chin Row",这是根据日本发音进行的调整。
101. 横浜新報社『横浜繁昌記』、一三八頁。
102. 伊势佐木町在明治晚期是横浜著名的娱乐和购物中心。1903 年还有这样的说法:"伊势佐木町是日本最繁华和最忙碌的地方,远超东京的浅草、大阪的千日前和京都的京极。"(横浜新報社『横浜繁昌記』、一○三頁。)
103. 井出『日本商工営業録』、二五一頁;菅原『日本の華僑』、一八頁。鲍棠和沟吕木满寿在 1899 年前也经营过餐馆,但知道的人不多。
104. Balibar, "Nation Form," pp. 140 – 41.
105. Karl, *Staging the World*, pp. 3, 118.
106. Spence, *Gate of Heavenly Peace*, pp. 104 – 11. 随着 1908 年光绪帝驾崩,溥仪继承他的皇位,君主立宪的道路也走到了尽头。
107. 「中華会館に戦争を祈る」『横浜貿易新報』;「熾烈なる南京該当の革命熱」『横浜貿易新報』、一九一一年十一月十日、七頁;「在浜革命党の花」『横浜貿易新報』、一九一一年十一月十四日、七頁。
108. 小笠原『孫文を支えた横浜華僑』、九三~九五頁。
109. 「決死隊二十四名上海に向かい解纜」『横浜貿易新報』、一九一一年十二月七日、七頁;「第二次決死隊上海へ続発」『横浜貿易新報』、一九一一年十二月八日、七頁;「第三決死隊行く」『横浜貿易新報』、一九一一年十二月十一日、三頁。

第三章　一个国际港口的合作、冲突与现代生活，1912~1932年

到20世纪10年代，横滨中华街已经变成横滨市的一个神话，一道不可或缺的景观。这个地区的神秘氛围得到了对异国情调有兴趣的作家们的交口称赞。日本记者鹿目省三1916年写的一篇散文，被收入1924年出版的《南京町》一书，把中华街描述得令人反感又难以捉摸，"深不可测的黑暗……一旦迈进这里，你的第一感觉就像旅行者被扔进了一个完全陌生的世界"。鹿目强调，游客会感到一种难以言传的不安，因为"没有人知道这里潜伏着什么秘密，发生了什么难以想象的事"。[1]这些描述是经过一番斟酌的，虽然听上去还是负面的，却暗示中华街是日本游客不可错过的旅游景点。这里最"引人注目"的是关帝庙，从乡下赶来的日本游客挤在里面，就为一睹庙里瑰丽的书法，看看缠足的中国女人在里面怎么参拜。[2]华人是横滨社区的成员，但他们的外国人身份，也为横滨增添了一丝与其他日本城市不同的色彩。

本章将讨论横滨华人在变成"华侨"的同时融入横滨社会的复杂过程。1912~1932年，中华民国成立，政权渐渐巩固，海外华人社区开始与新政府建立联系。在这20年的尾声，中华民国将发展出控制其海外国民的正当理由和制度手段，这部分是由于在甲午中日战争中受到的刺激。全世界的华人都经历了这个过程。1911年辛亥革命之后，原本存在于海内外，以国家

之下的分支机构为基础的亚民族团体,如"会馆""同乡会"等,因为扮演了促进民族主义和现代化的新角色而蓬勃发展。[3] 民族主义者成功地将这些团体嵌入新兴国家之下的等级制度网络。就这样,民族认同不再只是少数横滨中华街的精英挂在嘴边的说辞,而且进一步深入社会生活。现在华人作为中华民族的代表,更明确地融入了横滨社会。

这一整体过程并非中国式民族主义所特有的。到19世纪末,日本人也一致认为,民族团体应该成为主权政治单位。在柳田国男(1875—1962)等日本民俗学家的努力下,日本的地方文化和乡土史同样被重新塑造为民族文化的基础。[4]而在第一次世界大战后,种族民族主义(ethnic nationalism)话语在世界范围内产生了极大影响。[5]

在同一时间内,种族-民族身份认同获得了更强大的法律和制度基础。[6]对海外华人加以管理的必要性,在两国基于血统主义的国籍法的制定中都起到了一定作用。1899年颁布的日本国籍法,遵循严格的父系血统制。尽管日本官员最初考虑向在日本出生的外国人后裔开放国籍,但为了排除华人移民及其后代,日本还是刻意通过血缘限制公民身份。由于日本的入籍条款烦琐,从1899年4月到1950年6月仅有303人成功入籍。[7]因此,围绕是否给予华人混居权的争论,对日本社会的排外性产生了影响。

与之类似,中国在1909年颁布的国籍法也基于血统主义,根据中国人作为一个民族共同体的理解而制定。这部法律在离清政权垮台的不到三年前制定,是为中国国民身份制定国际公认标准的一个迟来的尝试。该法规定,华人在没有得到清政府的许可前,不能随意加入别国国籍,这就防止了海外华人大规模改变国籍,加强了他们与祖国的政治联系。[8]这样一来,中日两国的国籍法都对海外华人的居留问题做出了规定。

随着1912年中华民国的成立，新的中国政府试图通过其外交部门，更深入地干预海外侨民的事务。但对已融入当地社会的横滨中华街的居民而言，中国政府的影响力是有限的。出身地、方言和阶级差异继续分化着这个社区。民国时期，中国领导层的政治分裂使国家机构很难弥合这些亚民族差异。雪上加霜的是，新政府在革命精神领袖孙中山与首任中华民国大总统、军事强人袁世凯（1859—1916）的对立中发生了分裂。[9] 1913年，孙中山领导的国民党发动了二次革命，对抗袁世凯政府。革命被袁世凯镇压后，孙中山逃出中国，再次作为一个流亡革命家在日本各地活动。中国革命最杰出的组织者被赶出国门，使中华民国政府陷入统治合法性危机。至20世纪10年代末，分裂进一步加深，中国陷入军阀割据状态。

学校仍然是内部斗争的重要场所。在1911年之后的那几年，横滨的华人学校没有相互合并，而是数量激增。作为横滨中华街里规模最大的两所学校，大同学校和横滨华侨学校都以广东话授课，但因为政治认同和经济状况而分裂。1912年以后，一方面，大同学校与中国进步党联系紧密，该党是康有为立宪改良运动的产物，最近开始支持袁世凯。[10] 另一方面，由孙中山的同盟会建立的华侨学校继续接受国民党的庇护，并且得到华人劳工阶级、中产阶级的支持。[11] 两所学校显示出政治合法性的不同来源，即便在日本人看来这也是显而易见的。当大同学校悬挂起标语，上书大总统袁世凯的"作我新民"时，华侨学校则挂起孙中山的口号"为国育才"。[12]

1913年10月10日发生了一段有趣的小插曲，当天500名中华街的精英人士齐聚中华会馆，庆祝中华民国成立两周年。

大同学校校长刘廉甫首先上台，用广东话发表演讲，然后把演讲台让给了华侨学校校长缪钦仿。但在缪钦仿开始演讲后，大同学校的学生站起来，用"我们听不懂国语①！"的喊叫声把他的声音淹没。无奈之下，中华会馆的组织者叫停演讲，活动直接进入下一个环节。[13]当然这只是一次小争端，但也反映了双方对于正统民族文化的不同看法。即使中华民国政府将国语确定为官方语言，也不能强迫所有海外华人都接受这一决定。[14]

局外人有时候会对这种政治对立感到困惑。1916年，鹿目省三在街上目睹两个华人学生打架。根据他在报纸专栏文章里的描述，其中一个学生大喊："你这个袁世凯！你这个小偷！"另外一个学生反驳说，不应该说"大总统"的坏话。鹿目挖苦道，这两个孩子是他们周围成人世界的一面镜子。[15]对横滨华人而言，因为政治合法性归属问题，民族归属感蒙上了一层阴影。

但到了20世纪20年代，随着国民党将中国大部分领土纳入统一的政治管理之下，横滨华人间的很多分歧慢慢消失。[16]中日冲突和对抗的加剧，也促使华人更多地接受民族团结和爱国主义。这些政治变化使国民政府能更主动、更积极地介入海外华人社区。横滨华人在1923年关东大地震、1931~1932年日本侵略中国东北的过程中的经历，使他们进一步认识到，他们作为外国人在日本受到的待遇好坏，很大程度上取决于本国政府能否予以积极保护。

中华料理、棒球与近代日本文化

在横滨这块国际化的锦绣上，中华街的多种文化是其重要

---

① "读音统一会"最初确定的国语是"以京音为主，兼顾南北"，但后来经过"京国之争"（即京音和国音的大辩论），又"定北京语音为标准音"。

纹样。鹿目省三指出，从中华街的男女混合学校毕业的年轻华人女性"说一口流利的日语，穿着时髦的短大衣"。和20世纪20年代日本的"摩登女郎"一样，她们思想开明，受过良好教育；"对知识的渴求让她们懂得了男女平等"。[17]富裕华人的婚礼，有时会以中西合璧的方式举行，来宾们身着中式或西式礼服，由基督教传教士主持仪式。[18]但要论横滨华人对近代日本文化最大的贡献，则无疑是中华料理和棒球。出身于横滨的记者、当地历史学家加山可山（1877—1944）在20世纪30年代末写的回忆录里记载，在他年轻的时候，中华街是一个充满大蒜和猪肉气味的地方。和很多横滨人一样，加山也经常去中华街吃饭。在一个结合了横滨两个典型休闲娱乐的轶事里，他回忆起打完棒球后去吃烧卖，并且创下了一次性吃48个的纪录。加山宣称，对平民百姓来说，这些猪肉烧卖"堪称最佳"；1910年前后，一个烧卖只卖1钱①，而且大到不能一口吃下去，"和你们今天［20世纪30年代末］看到的日式饺子完全不一样"。[19]在传到全日本并成为文化现代化的标志之前，棒球和中华料理已经是横滨日常生活的重要组成部分，横滨华人也参与了这两个事物的普及。

中华料理与多元文化美食家

饮食学者卡塔日娜·J. 茨维尔特卡（Katarzyna J. Cwiertka）指出，外国美食的传入非但没有给日本民族文化掺入杂质，反而促进了其形成。19世纪末西餐（洋食）的传入，使日本人建构起一种包含多种地方烹饪方式、同质化的日本料理（和食）概念。[20]与之类似，在这几十年里，中餐——"支那料理"或"中华料

---

① 明治以后的新货币单位，1钱＝0.01日元＝10厘。

理"——也作为一种知识和味觉体系出现。之前从中国引进的东西——酱油、豆腐、味噌、筷子等——早已融入了日本饮食文化，但新定义的中华料理概念被认为是外来的。[21]在对于外国食物、本国食物范畴的区分中，产生了统一的日本民族料理概念，形成了茨维尔特卡所说的"日本-西方-中国三足鼎立"中的一足。[22]

日本的多元文化美食有助于现代大众社会的形成，使日本人对自己在世界上的地位有了新的认识。在20世纪的前20年里，大城市的日本人经常去餐馆享用中华料理或西餐。这种国民消费习惯可追溯至更本土化环境下与外国人的接触：在特定场合的宴会上，东京的日本精英阶层接触到法国美食；而在通商口岸的酒店、餐厅和外国住宅中，地位较低的日本人开始熟悉美国和英国食物。[23]就中华料理而言，通商口岸同样也是它们进入日本社会的地方。德川幕府时代的华人在长崎引进家乡的美食，使中日混合菜系"卓袱料理"出现了短暂的繁荣。19世纪80年代，中华料理在横滨市已被公认为城市特色，产生了更广泛和持久的影响。中华料理的很多元素，最早是通过横滨华人的手和厨房引进日本的。鲍棠在伊势佐木町开的博雅亭是最早在日本卖烧卖的餐馆，这种广东面点经历了持续不断的创新。在20世纪10年代的某个时候，鲍棠的儿子鲍博公根据日本顾客的口味发明了虾馅烧卖，很快就催生了竞争对手。[24]随后几年，日本各地涌现了各种类型的烧卖。横滨华人还将"支那荞麦"发扬光大，这种用汤盛的麦面后来被称为"拉面"。1910年，前横滨海关官员尾崎贯一从横滨聘请13名广东厨师，在东京开了"来来轩"，这是第一家日本人经营的提供"支那荞麦"的餐馆。[25]

20世纪10年代是中华料理在日本的分水岭，因为很多由日本人经营、雇佣华人员工的中餐馆在日本各大城市如雨后春笋般出现。[26]到1923年，东京已经有超过1000家廉价中餐馆，最受欢迎的食物是"支那荞麦"、烧卖、炒饭和炒面。[27]正如加山的回忆录中所描述的那样，日本人对中华料理的喜爱首先在社会底层传播，他们被其廉价所吸引。20世纪20年代，黄礼祥在横滨开了一家叫"奇珍"的中餐馆，当时最受欢迎的菜品是烧卖与"支那荞麦"，分别售2钱和10钱。[28]相比之下，日本料理店的面条价格一般在10～40钱之间。西餐的价格还要贵得多。1925年，在东京三越百货店里，光冰激凌就卖15钱，一个三明治卖30钱。[29]由于中式面条大受欢迎，很多横滨的华人居民纷纷开起面店，尤其是在1923年关东大地震过后，这座城市的银行、港口设施被毁坏，几乎没有什么生意可做。黄礼祥回忆，伴随着城市的重建，就连上海的裁缝和理发师也放弃旧业，开起了"支那荞麦"店。[30]

还有一些其他因素促进了中华料理融入日本并本土化。那就是中华料理开始进入军队的菜谱，受到城市劳工的喜爱，并且成为日本帝国大众想象的重要内容。军队组织者努力向儿童和新兵普及营养学知识，提供健康饮食，顺便推广外国美食。肉排、炖菜、咖喱饭等西式料理对这些组织者来说都非常实用，因为这类食物以一种经济实惠的方式满足了军队的高热量需求。从1923年开始，军队也引进了中华料理，因为它们的肉和脂肪含量很高，而且使用了新兵们熟悉的酱油、米饭等食材。1937年第二次中日战争全面爆发后，咖喱、炸丸子和中式炒菜一举跻身日本士兵最爱食物的前三名。[31]经济、社会层面的变化也为中华料理融入日本奠定了基础：城市化和工业化的过程催生了日本城市对廉价、高热量食物的巨大需求。越来越多来自中国的移民劳工也通过廉价的餐馆、小吃摊，向日本人普及中华料理。[32]最后，随着20世纪20～30年代日本帝国的扩张，国内对于亚洲大陆的兴趣高涨。正如茨维尔特卡所言，在那个时候的日本,"中华料理将殖民主义转化为一种具体的体验"。[33]

食谱和菜谱同样为中式烹饪的日本化推波助澜。从20世纪20年代开始,中华料理的烹饪指南在日本大为流行。[34]1927年,中村俊子出版的中华料理烹饪指南《在家即可做的中华料理》一书开篇宣称,这本书是为回应中餐比西餐更受欢迎的趋势,以及人们在家自炊的需求。中村认为,中华料理是全世界最美味的食物。[35]此书和其他菜谱都强调了烧卖的受欢迎程度:中村列举了猪肉馅、蟹肉馅和虾肉馅烧卖的不同做法。[36]中华料理的研究先驱和推广者山田政平也在1925年7月的《妇人之友》杂志上发表了一篇关于烧卖做法的文章。[37]同样,1928年3月6日的全国性报纸《读卖新闻》上也发表了一篇名为《美味的烧卖——做法和吃法》的文章。正如这篇文章所指出的那样,烧卖已成为一种时髦菜品,就连外行人也在尝试亲手制作。

当时,华人为日本读者写的中华料理菜谱很罕见,其中一篇出自鲍博公。在1936年3月的《营养与料理》杂志上,鲍博公提供了一套菜谱,这是前一年"家庭食用研究会"一个项目的产物。[38]鲍博公的菜谱中一篇名为《冬季的美味中华料理》的文章以肉类为中心,包括猪肉、鸡肉以及火腿;这套菜谱强化了中华料理营养丰富、高热量的概念,受到军队组织者的推崇(参见附录)。但是,鲍博公没有提供烧卖的家庭菜谱。1936年12月,读者才能读到山田政平关于猪肉、蟹肉烧卖做法的详细描述。[39]考虑到这份杂志的情况,鲍博公应该是参加了"家庭食用研究会"的项目,并且和山田政平合作过。在中日战争全面爆发的前一年,两人积极向日本的厨房和餐馆介绍中华料理。

面条和烧卖是工人阶级的最爱,日本食客纷纷涌入横滨中华街,中华街的厨师们也在把这些食物带到日本其他城市的餐桌上。与此同时,中华料理在日本各地的日益普及,点燃了横滨市对中餐馆的自豪感。横滨人热衷于保持中华料理的独特性和优越性,以抵抗民族饮食文化的同质化。由于烧卖在全国范围内的知名度越来越高,鲍博公经常在报纸上登广告,宣传自己的烧卖是横滨特产(图3-1)。这座城市还以自己的高档中餐馆为傲。[40]有两个典型例子,其中一个是创办于1885年的聘珍楼,它可能是20世纪30年代还在经营的年代最久的中餐馆;另一个是创办于1933年的万新楼。[41]1934年7月23日的《横滨贸易新报》的报道称,这两家店是中华街中华料理的新、老代表,是"横滨真正的骄傲",因为在东京和大阪都找不到这样的中餐馆。

图3-1 博雅亭的烧卖广告牌——"横滨名物"

资料来源:『横浜每朝新報』、一九二七年十一月十五日、三頁。

《横滨贸易新报》的宣传说明，日本人对中国宴席的兴趣有所上升，高档中餐馆在20世纪30年代出现小规模的繁荣。在那几年，东京开了不少高档中餐馆，通常采用华丽的中式装潢。[42]在横滨，1935年一个叫沼田安藏的日本人在中华街的边上开了一家豪华的"平安楼"。那里的厨师都是华人，但餐厅位于一座宏伟的日式建筑里（彩图10）。这些日本人经营的餐馆，跟随的是19世纪80年代以来横滨中华街里豪华中餐馆的脚步。[43]多亏了居住在横滨的华人，现在日本人对于中华料理的欣赏范围包括从廉价小吃到豪华餐馆。

"跨国界"娱乐

横滨文化的另一支柱是新引进的棒球运动，最早是旅日美国人在外国人居留区里开始打棒球。到19世纪80年代，美式棒球运动已在横滨体育俱乐部里取代了英式板球。同时，最晚从19世纪70年代开始，美国教育家霍雷斯·威尔森（Horace Wilson）、F.W.斯特兰奇（F.W. Strange）、G.H.马杰特（G.H. Mudgett）以及勒罗伊·简斯（Leroy Janes）在日本各地的学校推广棒球运动。[44]尤其是日本的第一高等学校，在1896年的一场国际比赛中，他们的球队大胜横滨体育俱乐部的球队，为棒球的普及做出了巨大贡献。[45]到20世纪初，正如唐纳德·罗登（Donald Roden）所说，没有一项户外青少年运动"能像棒球一样，使球员、观众和越来越多大众媒体的读者一起陷入疯狂"。[46]

第一高等学校的大胜极大地提高了日本人的民族自尊心。因为棒球不仅仅是一项运动，而且是一种通商口岸时代引入的美式舶来品，当日本球队证明他们可以击败美国人时，这尤其激起了日本工人阶级的热情。此外，当棒球在日本流行起来时，推广者盛赞这项运动培养了所谓的日本美德，如和魂、荣誉感、勇敢等。这些观念与19世纪末美国人、英国人的看法非常接近，这些国家也曾将体育的卓越表现与民族的伟大、文明的优越感联系在一起。撇开这些特殊观点不谈，竞技体育作为不同社会的接触点，至少说明双方可以在同样的规则下平等地进行比赛。[47]

横滨华人也开始学习打棒球，并且通过学校附属球队或社区球队参加了市内、县内和日本全国性的比赛。[48]此外，他们打球也为增强民族自豪感，并且他们的参赛同样被认为具有国际意义。1905年前后，华人球队在横滨声名鹊起，当时广东青年梁扶初（1891—1968）创建了他的第一支棒球队。[49]几年后，这支棒球队被称为"中华体育会"，并且赞助其他各种体育活动。[50]在棒球场上，中华体育会棒球队两度为横滨华人社区争光，分别于1922年、1930年拿下横滨市锦标赛锦旗。梁扶初后来被称为"中国棒球之父"，他对这项运动的执着也要归功于他在横滨的成长经历。[51]10岁那年，从广东香山来到这座城市后，梁扶初就被这座城市对棒球的热情所感染，同时也被华人球队长久以来的糟糕战绩所刺激。1906年，一位来自夏威夷的美籍华人球员罗安的来访使梁扶初的棒球队从此时来运转。梁扶初说服罗安留在横滨，一边当棒球教练，一边在华侨学校教英文。[52]

在1917年第一届神奈川县棒球锦标赛中，梁扶初率领的中华体育会棒球队一鸣惊人。这支球队的国家认同非常鲜明：他们穿着印有"Chinese"（中国人）字样的队服上场，并且但凡遇到关键比赛，中国总领事会前来加油助威。但国家认同并不妨碍他们参加比赛。据当地报纸报道，在1918年5月11日中华体育会与基督教青年会棒球队的一场"国际"比赛中，数千名观众到场观战。当中华体育会盗下10垒并反超时，观众席上响起热烈的掌声与欢呼声。最终，他们以6∶5的大比分获胜。[53]接下来，在1918年6月与商友队的比赛中，中华体育会给《横滨贸易新报》的记者留下了深刻印象。那位记者报道："今天，当很多球队缺乏斗志的时候，我发现最能体现精神（粹）的是中国人，这是很讽刺的。"这里提到的"粹"，显然是日本人在棒球场上特有的美德。虽然最终他们输掉了比赛，但记者还是为中国人的"体育精神"喝彩。[54]梁扶初本人也是体育精神的模范。在1922年的第五届神奈川县锦标赛中，他名列十位裁判员之一，这说明他对体育事业的热忱，以及在横滨社区所受到的尊敬。[55]

华人学校的球队也参加了当地的锦标赛，大同学校和华侨学校各自组建了实力强劲的队伍。在1920年的全国青少年棒球锦标赛中，华侨学校校队晋级横滨市高中组（高等科）的决赛。最终，他们以2∶10的比分输给了本町高等学校。由梁扶初执教的大同学校校队，则在小学组（寻常科）的比赛中取得了更优异的成绩。具有戏剧性甚至讽刺性的是，他们击败了当地的所有对手，获得了代表横滨市参加全国比赛的资格。为中国和横滨而战的他们，却在大阪举办的全国锦标赛首场比赛中失利，迅速出局。[56]

两年后的1922年11月，梁扶初率领中华体育会棒球队最终赢得了横滨市冠军（彩图11）。[57]自此，他们确立了自己在横滨市的霸主地位。1923年，他们打入神奈川县锦标赛的半决赛，但最后又输给了老对手商友队。[58]这场初夏之战，成了梁扶初和他五兄弟的谢幕演出。两个月后,巨大的地震袭击了这座城市,他们周围的世界天塌地陷。很难说这些国际比赛多大程度上促进了华人和日本人之间的和谐共处,但它们已永远烙印在当地人的记忆中。华人参与这些体育赛事,体现了横滨社区的民族包容性和凝聚力。

侨民融合:关东大地震与九一八事变

然而,在这个地方社区杂居的人们经历了中日关系恶化的时期。20世纪10~20年代,中日两国的摩擦不断升级,最终导致20世纪30年代初日本侵华战争的全面爆发。曾由孙中山、梁启超、大隈重信和犬养毅领导的中日合作建邦计划,在大隈1915年提出"二十一条"后土崩瓦解。[59]中国学生谴责"二十一条",反对1917年日本内阁向北洋政府增加贷款的决定,最终发展为1919年5月4日的大规模抗议活动。在日本的中国交换生效仿国内的运动,多次在东京举行示威游行。从中国向日本输出的移民劳工不断增加,这也引发了严重的社会矛盾。

早在19世纪90年代,中国移民劳工问题就引发了日本民众的广泛忧虑,其数量在20世纪10年代到20年代初持续增加。1899年夏出台的遣返中国劳工法案并没有限制中国的旅行商来日本,因后者被归类为商人。[60]然而,他们中很多人入境后转而从事建筑、制造及其他受限制行业。另外,由于第一次世界大战期间日本经济繁荣,劳动力紧缺,日本的劳工中介被允许雇佣移民劳工。其结果就是在日华人的总数从1910年的8529人猛增至1920年的22427人,其中大部分新劳工来自浙江省与山东省。[61]

第一次世界大战结束后,日本经济萎缩,劳资纠纷激增。在这个问题上,华人劳工往往被当作经济不振的替罪羊,引发强烈的反华情绪。从1915年到1923年,华人劳工和日本劳工在东京及横滨地区发生暴力冲突的事件屡见不鲜。[62]社会和经济压力迫使日本政府采取更严厉的手段,如提高入境日本的门槛,并且将已经抵日的华人劳工驱逐出境。[63]为了应对上述不公待遇,1922年9月,以东京为中心的华人活动家创建了"侨日共济会"。该组织由年轻的活动家王希天(1896—1923)创立,旨在帮助华人劳工应对日本政府的政策和日本社会的敌视。[64]

横滨华人没有参加侨日共济会,因为总体来说新移民劳工很少在中华街定居。尽管在日华人总数显著增加,但横滨市华人的数量大体维持在4000人左右。而且对住在横滨中华街里的这些富裕、日本化、以广东人为主体的华人而言,来自中国其他地方的移民劳工并不是他们当下需要关心的对象。同样,横滨华人也没有针对中日外交危机采取行动。[65]比如1918年5月12日《横滨贸易新报》报道,有180名中国人在横滨上船回国,以抗议日本内阁的对华政策。该报就在同一版面上刊登了梁扶初的中华体育会棒球队打败了基督教青年会棒球队的消息。[66]尽管政治上持激进立场的中国学生此时极为愤怒,但长居横滨市的华人继续过着他们的生活,至少在那个时候是这样。但1923年关东大地震的爆发,以及1931~1932年日本入侵中国东北,彻底改变了这一情况以及他们与祖国的关系。

"老横滨之死"

1923年9月1日,差2分钟到正午的时候,以相模湾为中心爆发里氏7.9级地震,将横滨和东京变成一片废墟。巨大的震荡几乎将横滨市中心夷为平地，大部分地区被迅速蔓延的大火烧毁。灾难发生后，横滨中华街的历史进入了一个新时代。震后对华人居民的敌意大爆发，前些年酝酿的不安和对立情绪达到了高潮。这种体验让横滨华人明白，他们在当地并不是与其他人平等的社会成员。

从1888年就在横滨定居的美国商人奥蒂斯·曼彻斯特·普尔（Otis Manchester Poole），写下了关于这场悲剧最生动的英文记录。地震发生时，他正在自己的多德韦尔公司（Dodwell & Co., Ltd.）的办公室里，眼睁睁地看着横滨的西式建筑几乎全部倒塌，中华街被彻底摧毁。[67]从普尔所见的情况来看，该地区的建筑所剩无几，幸存者希望渺茫："那里只剩下一片由砖块、瓦片和木材构成的平坦的废墟，这就是曾经人口稠密的中华街。它似乎已经全部倒塌：除了开裂的墙壁和被掩埋的道路，什么都看不到了。"[68]

中国总领事馆后来的调查显示，在这场灾难中，5721人里有1700人遇难，接近横滨市华人总数的30%。[69]与之形成对比的是，横滨市总人口的4.8%在这场灾难中丧生，这说明中华街的死伤更为惨重。地震爆发时，狭窄的街道瞬间被瓦砾掩埋，没有任何火灾逃生通道，同样的情况也发生在东京的贫民区里。[70]中国总领事馆的楼房倒塌时有4人遇难，包括张总领事本人。混乱、人口稠密的血街被彻底夷平，136番地①共挖出32具华人遗体，这是死亡人数最多的番地之一。[71]两所华人学校也伤亡惨重：大同学校至少死了23人，中华学校有超过18人遇难。[72]一年前，梁扶初率队拿下横滨市锦标赛冠军，全中华街为

---

① 为了明确标记居住地而在町和村等区域内细分并加以编号的地区。

之欢腾,但他在这次地震中失去了四位亲人:他的兄弟梁澄根、梁澄榕、梁澄林,三人都是中华体育会棒球队的主力队员,还有他的儿子梁友添。[73]

和大多数西方公司的雇员一样,普尔在横滨市中心工作,但和家人住在远处的山手外国人居留地。在一片废墟和倒塌的木质建筑中,无数做午餐的炉子引发大火,普尔从中逃离,与家人团聚,在朋友的游艇上躲了一夜。第二天,他们上了"澳大利亚女皇号"(Empress of Australia)蒸汽船,与美国和欧洲的难民会合。[74]

一些富裕华人有类似的逃难经历。中华会馆的创办人、前买办鲍焜之子鲍明常,从他的雇主渣打银行的废墟中安然无恙地走了出来。随后,他沿着普尔走过的路线回到他在山手外国人居留地的家中,却发现他的父亲和其他13名家庭成员及仆人一起死于火灾。鲍明常最终在法国蒸汽船"安德烈·勒庞号"(André Lebon)上找到了安全的地方,在那里与妻儿团聚。[75]

普尔和鲍明常的例子不能代表大部分横滨人或者普通华人的经历,不是每个人都有机会上船,也不是每个人都能得到食物和水。普尔第二天上岸时,目睹了大部分幸存者的遭遇。在大酒店附近的水边,他不得不从"无数等待着的难民,大部分是满脸痛苦的华人"中挤出一条路。[76]从这方面来看,华人处于特别不利的地位:西方人和日本人的船都只搭载自己国家的人,但由于中国驻横滨总领事遇难,总领事馆的工作无法正常进行。[77]在一个案例中,日本邮轮"亚细亚号"9月2日搭载了400名华人并为其提供了物资,但要求他们第二天就上岸。当华人拒绝被送回岸上时,华商会议所的温德林为全体华人难民支付了前往神户的旅费,阻止了一场暴动。[78]

廖金珠是蜷缩在岸上的华人之一，她那时是一个6岁的小女孩，她的父亲是广东商人，母亲是日本人。地震发生时，她正与母亲和兄弟姐妹们待在家里。忽然她听到母亲用日语大喊"地震了！"，几秒后她和自己的家人躲到桌子下面，周边的房子全部倒塌。邻居过来找他们，并且替他们挖出了一条通往后门的逃生通道。廖家人汇入惊恐的华人和日本难民群里，从倒塌的楼房屋顶上冲过，向着海边的安全地带逃去。一路上，她听到脚下瓦砾中掩埋的马匹发出微弱的嘶嘶声，当他们走到水边时，她才意识到中华街的邻居中几乎没有人幸存下来。[79]

廖家的经历才是逃出中华街的华人的典型案例，随后五天，他们几乎滴水未进。廖金珠不记得她从政府那里得到了任何的食物或水。他们只从一处半倒塌的商店里"买"了一些白米，她的母亲在那里留下了一些现金，以证明他们不是强盗。9月5日那天，廖金珠还从一个慷慨的上海人那里得到了一个饭团。她和家人们挤在一处临时搭建的掩体下，直到9月6日才登上了前往神户的轮船。[80]根据警方的记录，横滨市于当天开始分发水和粮食，对外国居民也一视同仁。但一些华人的回忆录否认了这一说法，他们说横滨市把华人幸存者拒之门外。[81]此外，还有谣言说，大同学校的一个学生因为领取口粮而被枪杀。日本政府极力压制此类消息的流传，却反而加重了人们的恐惧和不安全感。[82]

比漠不关心更糟糕的是，华人幸存者还受到了来自日本社会的直接威胁。地震发生的数小时后，四处都有谣言说，来自朝鲜①的朝鲜族裔强盗、越狱犯四处抢劫，并且往井水里投

---

① 李氏朝鲜在1897年将国号改为"大韩帝国"，但1910年日韩合并以后，日本又将韩国的国名改回朝鲜，设置朝鲜总督府进行统治。

毒。[83]这种情况导致治安员、警察和军队开始对平民进行屠杀，共有6000名朝鲜人遇害，当时这一族裔在关东地区的总人数只有2万。[84]对于滨水区的华人难民而言，这类谣言让他们感到非常恐惧，担心自己也会被误当成所谓的"不逞鲜人"①而被私刑处死。一本回忆录记载，华人被告知统一戴上袖标，以免被误认为是朝鲜人。[85]对任何说日语带口音的人来说，这都是迫在眉睫的危险。在神奈川县的农村地区，有三个华人建筑工被当成朝鲜人而遭到误杀，并且中华民国政府也在东京地区的调查发现了类似的案例。[86]

华人所面临的危险不仅是被误认为朝鲜人。在地震发生后的几天和几周内，横滨、东京两地对华人移民和劳动市场竞争的担忧，转变为针对华人劳工的袭击事件。一些参与袭击朝鲜人的治安员甚至打出反华标语，声称要杀死"十几二十个秃头清清"。[87]约有800名华人，其中大部分是来自浙江温州的劳工，在东京或横滨被日本警察、军人以及治安队打死或打伤。[88]在一起与屠杀日本社会主义者和无政府主义者相关的案件中，日本宪兵队逮捕并立即处决了工人活动家王希天。[89]尽管屠杀的主要目标是从社会、经济及语言上都与中华街居民不同的移民劳工，但所有华人都变成了潜在的目标。[90]9月2日，一位名叫黄文宿的医生被发现手脚被绑，溺亡于横滨港。同日一名粤菜馆员工被杀，尸体被悬挂在电线杆上，这是日本治安队私刑处死朝鲜人的典型手法。[91]

在地震发生时及发生后的经历，加速了幸存者在种族－民族问题上的两极分化。对华人来说，这些事件加深了他们身为

---

① 即违法的朝鲜人。

横滨弱势群体的感觉。同样，灾后重建的过程为华人的团结提供了非常有利的条件，因为华人开始更依赖中华民国总领事和其他外交代表。横滨的很多华人学校在重建时合并，各式团体和俱乐部之后也服从国民党和中华民国的权威。个人在这个社区里的生活将因与祖国的联系而改变。

灾后重建过程自然而然地将不同的华人团体联系在了一起。横跨横滨、神户、上海和香港的联系网络，在华人撤离的过程中至关重要。各个港口的华人团体协调着信息和人员的流动。地震也将梁扶初从一垒手、教练、裁判变成了特别的领袖。在地震中失去了4个亲人后，梁扶初来到神户，在那里组织了一支由40名华人志愿者组成的队伍，带他们回到横滨，在瓦砾中搜寻遇难者的遗体。从9月到10月，他们总共挖出了982具遗体，并且将他们全部葬在横滨华人公墓里。[92]

与此同时，67岁的浙江籍华人孔云生开始领导幸存的横滨华人，考虑到震前华人人口的73%是广东人，这无疑是个重要转折点。[93]孔云生曾任三江华人的"中华学校"校长，还是横滨市唯一幸存的中华会馆理事。他向中华民国大使馆请愿，提拔领事馆馆员孙士杰为横滨的临时总领事。之后，孙士杰、孔云生分别代表中华民国总领事馆和中华会馆，帮助华人幸存者重办他们的财产证明、银行账户、国籍证明等文件。虽然银行存折和印章的遗失带来了很多经济方面的不便，但这些组织认识到，为了保护可能被误认为是朝鲜人而在日本内地受到伤害的华人劳工，他们迫切需要居民身份证件。此外，鉴于日本入国管理局的官员对华人越来越严格，如果没有以前的居住地证明，返回横滨会非常困难。[94]

教育机构的重建，从长远来看也加强了社区的凝聚力。康有为和大同学校前校长徐勤各自致函日本盟友,请求支援;孔云生则召集三江华人捐资,兴建新校。1925年9月,日本政府准许地震前的三所华人学校合并。[95]随后,日本外务省下属对华文化事务部门(对支文化事业事务局)提供了25000日元的补助金,为重建提供了很大帮助。[96]合并的学校被命名为"横滨中华公立学校",并于1926年10月16日开学。考虑到中华街人口的主要构成,这所学校将广东话作为第一教学语言,尽管孔云生出力甚多,但学校每周只开一节课来教授上海话。[97]但以前的学生们的回忆录提到,之前的恶性政治斗争从此消失了。[98]

中日社区的新机构

1923年关东大地震后,日本艺术家、作家纷纷对昔日充满异域风情的旧中华街的消亡表示哀叹。20世纪20年代中期,好几部怀念地震前盛世的作品出版,包括鹿目省三的专栏文章集。[99]与此同时,华人劳工和日本劳工间零星的冲突与口角也在继续发生。[100]怀旧与敌意,如同一枚硬币的两面,它们共同强化了中国人和日本人之间的民族差异意识。在这种社会背景下,华人更明确地以中国国民的身份融入横滨,这一过程得到了许多新华人团体的推动。

20世纪20年代是蒋介石和国民党人建设统一中国的年代。新的国家权力导致横滨地区代表华人的组织激增,并且它们成为民族的代表。1928年8月,神奈川县对横滨市内的外国人团体进行调查,列出了30个华人团体,其中15个是在1919年后成立的,1919~1923年成立的有8个,1923~1927年又增加了7个。[101]这些组织加强了华人社区与中华民国的关系,并超越了省际差异。它们也标志着政府参与建设海外社团的新阶段。从那时候起，中华民国驻横滨总领事可以用自己的意志更直接地影响中华会馆，甚至能规定会馆的规章和选举操作。[102]

新成立的华人团体参与了重建工作，并且加强了与祖国相联系的华人身份认同。新组织的名称与任务，也体现出华人与日本人交往时采用了国际关系的语言。[103]比如1919年成立的"中日协会"，旨在游说日本政府为新建立的华人学校拨款，将中华民国驻横滨总领事、横滨市长、神奈川县知事等列为名誉会员。它宣称要促进中日亲善，以及横滨的华人与日本居民共同的文化发展。[104]本着这种精神，1924年4月，该会资助了为中日地震遇难者举办的佛教法事。类似的组织还有1929年成立的"日中同志会"，旨在促进地方的商业、工业发展，帮助横滨复苏经济。[105]尽管这些组织将杂居的社区成员团结到一起，但它们名字中使用的是明确的国际性术语，进一步使得华人和日本人按国家类别区分彼此。

各色各样的华人团体，在更强调国家还是地方的问题上有所差别。例如名字相近的"驻日华侨联合会"和"横滨华侨团体总会"，两个组织的领导层和目标都有很大差异。驻日华侨联合会1924年成立于东京，1925年3月成立了横滨分部。其成员与国民党，以及王希天生前领导的"侨日共济会"有重合，其首要目标是提高华人在祖国政治议题中的参与度，倡导将国语作为国家通用语言。他们每周举办国语演讲会，但由于横滨华人和学校广泛使用粤语，所以进展不大。[106]横滨华侨团体总会创办于1926年，与驻日华侨联合会强调爱国主义和平等不同的是，它是横滨华人精英的代表，积极推动中日亲善。横滨华侨团体总会的会员不是个人，而是由现有团体的代表组成。其领导人中很多是第二代横滨华人，包括博雅亭的鲍博公、渣打银行的鲍明常等。[107]当时,这些出生于日本的华人在当地社区中很有影响力。[108]他们有中国国籍,自认是中国人,但能说一口流利的日语,很多人是中日混血。他们的经历和兴趣,自然与新来的中国学生活动家或劳工不同。[109]

"山下町自治联合会"是一个例外,它同时接纳华人、日本会员,避免使用民族化表述。该会成立于1924年4月,发起人是不屈不挠的梁扶初,以及他的日本朋友饭泉金次郎。这一组织自称代表山下町,包括中华街在内,旨在维持其秩序与公共安全,帮助横滨重建,促进自治。从这个意义上说,它类似日本大多数城市的邻里组织,但引人注目是,它接纳华人为当地的一员。1927年该组织已拥有300名成员,社会影响力不小。在梁扶初的领导下,他们成功地动员山下町全体居民参与一系列活动。比如1925年1月,华人和日本人齐聚由华人建造的"和亲剧场",聆听梁扶初的演讲。梁扶初反对横滨市的新市政规划,认为它会影响该地区的重建。这一联合行动,最终迫使横滨市与居民达成妥协。[110]

在20世纪20年代,由于政治动员、民族成见的共同作用,华人的身份认同得到进一步巩固。20世纪20年代,各个新组织原本是杂居社区内的一个职能单位,但又具备国际关系的形式。然而,即使在社区里,华人身份认同逐渐成为一种组织原则,但横滨华人对当地仍然保持着强烈的依恋。在传统上,地方性认同指的是华人的原籍地;但对第二代华人而言,横滨市在这方面似乎越来越重要。

华侨与九一八事变

20世纪30年代初,中日两国再次爆发军事冲突,对横滨的国际化社区产生了深刻影响。最重要的是，1931年9月18日，日本对中国军阀张学良在东北的军队发动进攻，瓦解了横滨的中日团体在20世纪20年代倡导的合作精神。日本民众听到日军胜利的消息后反应狂热，报纸销量也随之激增。正如甲午中日战争（1894~1895年）时一样，这场战争热同样带来了对在日华人的敌意。日本发动侵略的借口是中国方面的挑衅，日本国内很多人信以为真。他们将冲突归咎于中国人的顽固和反日情绪，这威胁到了日本公民和日本在大陆的经济利益。[111]

有这样一个例子，当中日关系跌至冰点时，东京的一名剃头匠——25岁的超正余不得不放弃他的生意。九一八事变爆发后，镇上的很多人开始散布关于他店铺的谣言——"不要去支那人的理发店"；还有关于他日本妻子的——"一个女人，怎么能嫁给支那人呢？"孩子们向他的店铺投掷石块，老顾客都不敢来了。1931年12月3日傍晚，超正余和他的妻子带着年幼的孩子从镇上消失了。日本报纸上的一篇报道称，超正余已经回到了上海，但其实他是躲到妻子在乡下的娘家去了。[112]

对生活在中华街之外的华人而言，类似的民族冲突经常发生；很多人试图搬到中华街这块民族"飞地"，以寻求庇护。徐秀兰一直居住在静冈县三岛市，她的父亲在那经营一家中餐馆。随着中日战争爆发，日本顾客都绕着他们的餐馆走，最后徐家决定回到横滨中华街，那里也是徐秀兰的出生地。[113]

然而，中华街也不可能完全不受战争的影响。就像1894年一样，中华街社区对中日两国军事冲突的爆发惶惶不安。[114]1931年9月以来，持续恶化的经济，加上对于自身安全问题的担忧，使很多人选择离开。[115]但与1894年情况不同的是，当年责任落在了非官方组织诸如中华会馆的肩上，而这次中华民国驻横滨总领事公开鼓励华人回到祖国，打出了"抗日救国"的旗号，还提供免费船票。[116]据日方估计，大部分横滨华人响应了这一建议。当横滨的华人总数从4300降到1500左右时，媒体报道中华街里"灯光暗淡"。[117]

离开的人包括凌荫堂（1925年生），他的父亲经营着一家藤制家具公司。凌荫堂回忆自己是在1931年随家人回到香港的，在那里待了将近六个月，直到东北和上海的战事平息。[118]还有一些华人不得不与子女和日本妻子分居，比如华人厨子刘为桂，此后其家人的生活捉襟见肘，直到他回到日本。[119]

和凌荫堂、刘为桂一样，大部分华人都在1932年春爆发的主要战役结束后回到了横滨。但在这个时候，棒球英雄、地方领袖梁扶初却永远地离开了横滨。他重建了中华体育会棒球队，该队于1930年再度赢得横滨市锦标赛冠军，但日本日益抬头的民族主义和反华情绪，却激起了他深切的爱国主义情怀。[120]离开横滨后，他在香港、台湾和大陆推广棒球运动，作为一名职业棒球教练而广受尊敬。据他儿子梁友文说，梁扶初是"一个爱国华侨"，他两度带领球队赢得横滨市冠军，"为民族争了光，也让其他华侨感到自豪、受到鼓舞"。[121]按这种说法，梁扶初的职业生涯是一个民族主义觉醒的典范故事，但这样的解读掩盖了他在横滨市的其他角色，这些角色戏剧化地展现了国家和地方认同的复杂性，以及华人和日本人有可能团结起来的事实。梁扶初在横滨的职业生涯，恰逢并反映了一段合作氛围中的民族认同时代，但到20世纪30年代，这种迹象却逐渐消失了。

小　结

当中华民国在中国本土不断加强统治的时候，它也采取进一步的举措来管理海外华人。民国政府在1928年颁布了基于血统主义的国籍法,并且在1929年出台法律,规定所有海外国民都必须登记。1932年4月,中华民国政府改组"侨务委员会"。[122]这个时间点绝非偶然。新的侨务委员会以传播民族意识为使命,以应对日益严峻的民族危机,包括1931年的九一八事变以及1932年在上海发生的一·二八事变。[123]为达成这一目标,政府向海外华人社区派遣代表,构建相应的联络网。

九一八事变发生后的几年里,中华民国继续加强对海外华人社区的管理。影响最深远的一项政策,就是将海外教育机构与内地的标准统一。原来各地方自发编撰的教科书,包括19~20世纪之交大同学校使用的那些,不再被允许使用。教科书和课程必须经过中华民国教育部的批准。1932年11月26日,侨务委员会颁布法令,规定所有海外华人教育的内容必须包括国语。早在1903年,中国国内的各个机构就已经对教育体系进行了规范,包括说国语、写白话,以此统一国内文化。这是历史上中国的中央政府首次有能力强制海外学校遵守这些政策。[124]中国政府规定国语为民族语言,并且不允许它再受到嘲笑。

在这几十年里,中华街的华人更彻底地融入了中华民族。在面对日本人这个明确的敌人时,政治和文化认同都得到了巩固,而华人内部的语言差异也因强调国语教育而缩小。然而,即使名为"华侨"的中国认同日益巩固,华人的省籍归属感也会不受中华民族观念的制约,很多人仍然认同当地的横滨社区。这一时期,华人团体的领袖基本都是融入当地的第二代移民。另外,正如棒球和中华料理所显示的那样,横滨华人对横滨的社会和文化也做出了贡献。这些例子很好地说明了融合与分化的过程是相互联系的。对日本人来说,中华料理是一种外国菜的事实并不妨碍自己对它们的欣赏；相反，中华料理的外来性正好帮助它成为日本消费文化中带有异域风情的一部分。同样，梁扶初的棒球队经常参加当地的锦标赛，但它是**作为一支华人球队**参与。对华人来说，棒球、中华料理帮助他们将不同省籍的人统一在共同文化之下，即使来自上海的裁缝，也可以改行卖"支那荞麦"这种原产于西北的面食，或者为梁扶初的棒球队加油助威。

从20世纪10年代到30年代，在中国和日本，用于描述身份认同的术语越来越受限于民族主义意识形态。对于横滨华人和他们的日本邻居而言，很难在中日合作的框架之外思考"公共"和"团结"概念。换句话说，华人是以外国人的身份，即**华侨**身份融入横滨社会的。到20世纪30年代，日益严重的中日冲突进一步缩小了个人以非民族身份行事的空间。而对于中华街社区来说，最大的悲剧即将到来。1937年夏，当中日两国军队在北京西郊的卢沟桥发生小规模冲突，并最终演变为全面战争的时候，很多横滨华人选择了留守。他们错误地判断，战斗会像1931~1932年那样很快结束。随着中国和日本陷入全面战争，日本外务省、内务省面临着一个棘手的问题，那就是如何处理横滨这些根基深厚但也是潜在敌人的群体。正如我们将看到的那样，他们的解决方案是首先改造中国认同话语，笼络中华民国所领导的培养爱国公民的各类机构。

注释

1. 鹿目『南京町』、一頁；L. Pan, *Sons of the Yellow Emperor*, p. 305.

这种描述与电影中对于纽约唐人街的负面描述相似，都将此地描述为危险、刺激的场所。不过现在去横滨中华街旅游的游客早已不那么认为。
2. 鹿目『南京町』、十七~十八頁。展出的书法作品被认为是光绪皇帝和清朝政治家李鸿章的作品。
3. Kuhn, *Chinese among Others*, p. 30; Goodman, "New Culture, Old Habits," pp. 77, 80.
4. 木村「郷土史・地方史・地域史研究」、一二~一五頁。
5. Doak, *History of Nationalism in Modern Japan*, p. 10.
6. Kuhn, *Chinese among Others*, p. 249. 首先将"种族"（ethnicity）和"人种"（race）加以区分是必要的。Phili Kuhn 指出，20世纪海外华人的民族主义将中华"民族"（nation）描述为"一个在社会达尔文式竞争中濒临灭亡的'人种'（race）"。但中国和日本的泛亚洲主义者使用"人种"一词时，把中国人和日本人都包括在内。因此在日本的语境中，中国人被理解为黄色人种中的一个种族。
7. 過放『在日華僑』、七五頁；Morris-Suzuki, *Re-inventing Japan*, pp. 189–90. 尽管第二次世界大战结束后，日本国籍法还是血统主义的，但它的入籍手续已经变得简单且宽松。仅在1994年，就有11146人入籍成为日本公民。战后日本的公民身份将在本书第五章和结论中讨论。
8. Tsai, "The Chinese Nationality Law," pp. 407–8. 1912年清政府倒台后，中华民国政府继承了此法律。
9. 袁世凯任北洋军司令，北洋军是当时中国最强大的军事组织。
10. 鹿目『南京町』、一四頁。1916年，吴廷奎兼任大同学校校长、中国进步党横滨支部主席等职。
11. 『百年校史』、七一~七四頁。
12. 鹿目『南京町』、二三頁。
13. 「民国創立祝賀：祝賀の席にも南北衝突」『横浜貿易新報』、一九一三年十月十一日、一頁。
14. Tsang, *Nationalism in School Education in China*, p. 66. 同年早些时候，中华民国成立"读音统一会"，正式将国语确定为官方语言。
15. 鹿目『南京町』、二〇頁。

16. 袁世凯死于1916年，在随后的权力真空中，各路军阀纷纷出动军队，争夺地盘当土皇帝。同时，孙中山和他所建立的国民党在广东建立了军事基地。1925年孙中山死后，他的门生蒋介石夺得了国民党的领导权，并在1926年发动北伐，将军阀们全部打倒。到1928年夏，蒋介石的军队已经占领北京，随后统一了中国大部分领土。

17. Silverberg, "Modern Girl as Militant"；鹿目『南京町』、三〇页。日本现代女郎，即"モガ"，在20世纪20年代被媒体描述为新一代女性，她们对时尚敏感、思想开放且经济独立。

18. 鹿目『南京町』、一四～一五页。

19. 加山「南京町を描く」、一七～一九页。100钱相当于现在的1日元。尽管这一回忆录没有说清楚时间，但加山提到了和中国漫长的战争，证明它写于1939年前后。加山的原名"道之助"也为人熟知。

20. Cwiertka, *Modern Japanese Cuisine*, p. 12.

21. 渡辺「1920年代の『支那料理』(1)」、二一～二二页。

22. Cwiertka, *Modern Japanese Cuisine*, p. 139; Cwiertka, "Eating the World," pp. 90-91. 据茨维尔特卡说，日本饮食文化三足鼎立的现象体现了日本传统、具有"普遍性"的近代化和亚洲帝国的遗产。顾若鹏（Barak Kushner）有同感并解释道："日本的饮食方式，既源于日本殖民帝国内部的对话，也源于将民族饮食的概念与中国区分开来的话语。"（Kushner, "Imperial Cuisines in Taishō Foodways," p. 145.）

23. Cwiertka, *Modern Japanese Cuisine*, pp. 15-18, 36-42.

24. 菅原『日本の華僑』、二四页。烧卖最早是用猪肉做的，但鲍博公在大正早期开始将本地的虾肉加入其中。

25. Cwiertka, *Modern Japanese Cuisine*, p. 144; Kushner, *Social and Culinary History of Ramen*, pp. 156-58. 关于拉面的引进，还有很多类似的故事，有人认为最早引进拉面的城市是札幌市或喜多方市。

26. Kushner, "Imperial Cuisines in Taishō Foodways," pp. 146, 155. 在20世纪10年代以前，横滨以外的日本食客显然对中餐馆的评价很低。顾若鹏引用儿玉花外（1874—1943）在1911年的话，说

中餐馆的建筑"穷酸破败",并且对中餐"肥猪肉的臭味"表示不满。

27. Cwiertka, "Eating the World," pp. 103 – 4.
28. 中華会館·横浜開港資料館『横浜華僑の記憶』、二〇頁。
29. Cwiertka, *Modern Japanese Cuisine*, pp. 52 – 53.
30. 中華会館·横浜開港資料館『横浜華僑の記憶』、二四頁。
31. Cwiertka, *Modern Japanese Cuisine*, pp. 79 – 84.
32. Kushner, "Imperial Cuisines in Taishō Foodways," pp. 157 – 58.
33. Cwiertka, "Eating the World," p. 114;渡辺隆広「雑誌『榮養と料理』」、二一頁;Kushner, "Imperial Cuisines in Taishō Foodways," p. 159。
34. Cwiertka, "Eating the World," p. 101.
35. 中村『家庭で出来るおいしい支那料理』、一~二頁。
36. 同上、二三~二六頁。
37. 渡辺「1920 年代の『支那料理』(1)」、二三頁。
38. 鮑博公「冬においしい支那料理」、二三~二六頁;渡辺「雑誌『榮養と料理』」、一一~一二・二〇頁;香川「創刊にあたって」、二~四頁。香川昇三、香川綾这一对夫妻在 1933 年创办了这一团体,它后来发展为香川营养学园,从事维生素的研究,希望通过教育向大众传播健康饮食和预防疾病的知识。香川绫因为证明大米和米糠一同食用,而不是单独食用精大米,有利于预防脚气病而知名。她也是提倡杂食的先驱。他们以前和当时的学生们将他们的烹饪课程整理成《营养与料理》杂志出版。尽管该杂志在 20 世纪 30~40 年代的发行量仅有几千份,但渡边隆广认为它在烹饪教师和烹饪专家中产生了很大的影响。
39. 渡辺「雑誌『榮養と料理』」、一一~一二・一五頁;山田「焼売と支那蕎麦」、二二~二五頁。这篇文章是山田政平一辈子为该刊物贡献的 371 篇文章之一。
40. 这些餐馆提供的是宴会式餐点,也就是根据餐桌和菜品的数量来定价,而不是单独的菜品。
41. 横浜開港資料館編『横浜中華街 150 年』、四七頁。
42. Cwiertka, "Eating the World," p. 114.
43. 中華会館·横浜開港資料館『横浜華僑の記憶』、六六頁。1920 年生于横浜的中地清回忆,从他小时候起,横浜居民只会在特殊场合才来这些餐馆吃饭。
44. Roden, "Baseball and the Quest for National Dignity," pp. 518 – 19.
45. 同上，pp. 521 – 24；Whiting, *You Gotta Have Wa*, pp. 27 – 34。
46. Roden, "Baseball and the Quest for National Dignity," p. 513.
47. 人们不应该认为和谐是这些运动必然的结果。唐纳德·罗登在他的明治晚期日美棒球交流史研究著作中指出，这些国际比赛"可能"创造了"一种关于全垒打和盗垒等共同的双边文化，这显然有利于两个国家间的友好关系"（Roden, "Baseball and the Quest for National Dignity," pp. 519 – 20，532）。
48. Reaves, *Taking in a Game*, p. 34. 在中国，西方和中国教育家都在 19 世纪 80 年代提出了发展体育的重要性，并且到 1895 年，三所中国学校成立了棒球队。
49. 刘毅：《记先辈梁扶初》，第 8~16 页。
50. 「中華マラソン」『横浜貿易新報』、一九一八年六月二十四日、三頁。该会赞助的活动包括每年的竞走比赛，第一次比赛在 1918 年 6 月 23 日早上举行。
51. 梁友文：《忆先父》，第 22~29 页；伊藤泉美「梁家」、五二頁。
52. 刘毅：《记先辈梁扶初》，第 8~16 页。
53. 「野球大会第一日」『横浜貿易新報』、一九一八年五月十一日、五頁；「予選試合の第一日」『横浜貿易新報』、一九一八年五月十二日、五頁。
54. 「野球大会第二日」『横浜貿易新報』、一九一八年六月二十三日、五頁；「野球大会第三日」『横浜貿易新報』、一九一八年六月三十日、五頁。
55. 「本社主催第五回喧県界球大会」『横浜貿易新報』、一九二二年五月七日、五頁。
56. 伊藤泉美「梁家」、五二頁；横浜開港資料館『開港から震災まで』、四九頁；『百年校史』、七二頁；「横浜予選試合」『時事新報』、一九二〇年七月十三日、一一頁；「横浜決勝試合」『時事新報』、一九二〇年七月十六日、一一頁；「全国優勝戦始まる」『時事新報』、一九二〇年八月七日、六頁。他们非日本人的身份一点都没有影响到大阪的球迷，他们受到了热烈的欢迎。
57. 梁扶初：《棒球运动》，第 10 页。

58. 「中華の善戦も空しく、商友捷つ」『横浜貿易新報』、一九二三年六月二十五日、五頁。

59. 原为大同学校支持者的大隈重信于1914年4月第二次当选日本首相。由于欧洲大部分地区处于战争状态，他领导的内阁看到了提高日本在中国地位的机会，就向北京的袁世凯政府发出了最后通牒，要求在中国东北和内蒙古获得经济权利；要求中日共同开发煤矿，合营钢铁厂；最侮辱中国主权的，则是向中国北方各地派驻日本警察和经济顾问。袁世凯政府最终接受了这些条件，仅移除了部分最苛刻的条款。但日本除了获得来自中国社会的敌意外，其实并没有捞到多少好处，并且最终引发了中国全国范围内民族主义者的愤怒，他们通过抗议和抵制日货来表达不满。

60. 日本政府并没有修补这一漏洞，因为他们担心中国政府也会采取对等的政策，禁止日本商人进入中国。

61. 小田『日本に在留する中国人の歴史的変容』、二三～二七頁；仁木『震災下の中国人虐殺』、一三五頁。这两个方言不同的地区深受政治动荡的影响，产生了具有不同特长的移民劳工。山东劳工主要售卖药材、扇子，还有一些修碗匠。浙江来的人则售卖雨伞，或就地取材的绿色玉石（即青田石——译者注），后者可以加工成印章或雕像。

62. 仁木『震災下の中国人虐殺』、一三六～一三七頁；「南京料理のふくろ叩き」『横浜貿易新報』、一九一五年十月一日、一頁；「高橋駅構内で日支人夫鬪う」『横浜貿易新報』、一九二三年二月十五日、五頁。

63. 大里「在日中国人労働者、行商人」、二一三頁；仁木『震災下の中国人虐殺』、一三七～一四一頁。

64. 仁木『震災下の中国人虐殺』、一三七～一三八頁；大里「在日中国人労働者、行商人」、二一三頁；大里「『横浜貿易新報』を通して見る在留中国人」、一〇五頁。

65. 「過激支那人、判決に服す」『横浜貿易新報』、一九二一年二月十五日、五頁。在这一时期，仅有一例在横浜市出生的广东人因发表极端政治言论而被捕的个案。这件事发生于1921年2月。

66. 「予選試合の第一日」『横浜貿易新報』、「支那学生五十名帰国す」『横浜貿易新報』、一九一八年五月二十三日、五頁。据报道，还有 50 名中国学生从横滨离开，5 月 23 日有 60 名学生从神户离开。学生们是为了抗议寺内正毅内阁向军阀段祺瑞借款以换取领土的举动。

67. 「横浜の大建築物ほとんど倒壊し尽くす」『大阪毎日』、一九二三年九月二日、夜版、六頁。
68. Poole, *Death of Old Yokohama*, p. 37.
69. 孙士杰：《华侨状况》，第 6~7 页。
70. 伊藤泉美「横浜大震災」、三～五頁。中国总领事馆和日本方面的数字略有出入，后者记录了 4647 名华人中有 2011 人遇难。
71. 82 番地共挖出 44 具尸体，140 番共挖出 49 具尸体，这是两处死亡人数最多的番地。其中，后者包括中华会馆和大同学校的死亡人数。
72. 孙士杰：《华侨状况》，第 13~16 页。
73. 梁扶初：《棒球运动》，第 10 页。
74. Poole, *Death of Old Yokohama*, pp. 40, 43-78.
75. 横浜市役所市史編纂係『横浜市震災史』、第五巻、六六二頁。
76. Poole, *Death of Old Yokohama*, p. 84.
77. 在一起案例中，当两个裸体男子向"澳大利亚女皇号"游来时，船上的人都没有采取任何行动，直到他们"发现这两个人的皮肤是白的，而不是古铜色的"（Poole, *Death of Old Yokohama*, p. 101）。
78. 横浜県警察史編纂委員会『神奈川県警察史』、第一巻、七八五頁；伊藤泉美「横浜大震災」、六頁。对于类似的举动，神奈川县警察署赞扬了温德林为外事警察提供的帮助，这帮助他们化解了华人和日本人之间的冲突。
79. 安井三吉・陳来幸・過放『阪神大震災と華僑』、二二一～二二三頁。
80. 同上、二二五～二二七頁。
81. 伊藤泉美「横浜大震災」、五～六頁；横浜県警察史編纂委員会『神奈川県警察史』、第一巻、九五五頁。后一份文件只是说，外国人有资格获得这种援助，9 月 26 日至 10 月 25 日期间，约有 416 名外国人得到了口粮。但不清楚在此之前外国人是否也能拿到救援物资，而且当时大部分人已经被疏散到了神户及其他地方。
82. 伊藤泉美「横浜大震災」、六～七頁。

83. 横浜県警察史編纂委員会『神奈川県警察史』、第一巻、九一八~九一九頁。
84. Ryang, "Tongue That Divided Life and Death."
85. 安井三吉・陳来幸・過放『阪神大震災と華僑』、二三五頁。
86. 横浜県警察史編纂委員会『神奈川県警察史』、第一巻、八六一~八六二頁；中华民国留日领事馆：《日本震灾残杀华侨案》。在东京，一个名为韩潮初的中国交换留学生被一群日本年轻暴徒打得昏迷不醒，原因是他的身份证件上显示的韩姓是一个常见的朝鲜姓氏。
87. Ryang, "Tongue That Divided Life and Death."
88. 仁木『震災下の中国人虐殺』、三三~三四・八四頁；伊藤泉美「横浜大震災」、八頁。一起最严重的事件发生在9月3日，174名中国移民劳工在他们东京大岛的宿舍前遭到围捕，他们被带到一处空地上殴打致死。在神奈川县境内类似的暴力事件中，79名中国人被打死，24人受伤。
89. 其中最著名的是发生在9月16日的"甘粕事件"，日本警察逮捕并杀害了女权主义作家伊藤野枝、她的爱人兼无政府主义者大杉荣和他的侄子。
90. 大里「在日中国人労働者、行商人」、二一四頁；仁木『震災下の中国人虐殺』、五六・一八二頁。在神奈川县被杀的79人中，只有4人是广东人，他们属于中华街最主要的方言群体。绝大多数人来自浙江，受日本老板雇佣到横滨周边城镇工作。但在其他的一些案例中，针对低收入华人劳工的仇恨也转移到了他们的日本老板身上，好几个日本工头也在袭击中被杀。
91. 伊藤泉美「横浜大震災」、十頁；Poole, *Death of Old Yokohama*, p. 91。
92. 孙士杰：《华侨状况》，第6页；伊藤泉美「横浜大震災」、二三頁。这支队伍的名字是"神阪华侨救济团横滨出张捡拾先友遗骸队"。
93. 横浜開港資料館『開港から震災まで』、一六頁。地震之前浙江籍华人只占华人人口的14%左右。
94. 孙士杰：《华侨状况》，第4~5、26、28页。中华会馆用他们的资金将很多幸存者送回了中国。总领事就资金问题与横滨市和神奈川县协商后，在滨水区建造了木质建筑，安置留在或回到横滨的幸存者。
95. 横浜開港資料館『開港から震災まで』、五〇頁。外国人在日本办学校需要许可证，在这种情况下，日本政府批准了三所学校的合并申请。
96. 伊藤泉美「横浜大震災」、三〇頁。接受这笔钱并不是没有争议的，因为它来自义和团事件后 1901 年清政府支付给日本政府的赔款。其他国家直接将钱返还给中华民国政府，但日本政府更愿意遵循美国的先例，将这笔钱用来支持中国人赴日留学。一些中国活动家反对接受这笔钱，认为这是与日本文化帝国主义的合谋。
97. 中華会館·横浜開港資料館『横浜華僑の記憶』、一三三頁。
98. 『百年校史』、七九~八〇頁；伊藤泉美「1920 年代中頃の横浜華僑社会」、六頁。
99. 鹿目省三从 1916 年开始发表关于中华街的随笔，1924 年其文集作为对这一已消失的世界的记录被重新出版。同样的情绪也在 1926 年 1 月 26 日的《横滨每日新闻》上得到了表达，这篇文章写得非常伤感，因为"我们再也不能体验到中华街绚丽的色彩和奇异的气味了……如果［小说家］谷崎润一郎看到这一切，一定会潸然泪下"。翌年，该报连载了以地震前的中华街为背景的侦探剧《时雨小呗》。
100. 「日清人の賭博」『横浜毎日新報』、一九二六年八月十三日、三頁；「山下町の喧嘩、支那人の殴る」『横浜毎日新報』、一九二六年八月十七日、二頁；「支那人十数名と邦人五名の乱闘」『横浜毎日新報』、一九二六年十二月二十九日、二頁。这些年报纸经常报道华人和日本人之间的冲突事件，包括一起在地下赌场发生的严重斗殴、在中华街大道上发生的口角，以及一起发生在中华街的澡堂里并最后蔓延到街上的斗殴。
101. 神奈川県庁『我らの神奈川県』、五三八~五四〇頁。
102. 伊藤泉美「1920 年代中頃の横浜華僑社会」、二頁。
103. 同上、二九頁；Iriye, *China and Japan in the Global Setting*, pp. 42-47。20 世纪 20 年代是中日团体活动蓬勃发展的年代，按照 Iriye Akira 的说法，这是在全球文化国际主义的环境下产生的。

104. 「支那関係団体並ニ支那人団体」、1927、DRMFA、ref. B02130906400、JACAR；「大同学校復旧に政府が補助、中日協会の奔走成功」、『横浜貿易新報』、一九二五年四月一日、二頁。"中日亲善"这一口号的含义将在第二次中日战争中完全变味，见本书第五章。

105. 「中日協会の追徵会」『横浜貿易新報』、一九二四年四月十二日、二頁；「山下町外人街の目覚まし発展、中日同志会も組織さる」『横浜貿易新報』、一九二九年六月二十四日、五頁。

106. 伊藤泉美「1920年代中頃の横浜華僑社会」、三~七頁；『横浜毎週新聞』、一九二五年六月十三日，二頁；『横浜毎週新聞』、一九二五年六月十五日、二頁。1925年6月的大罢工中，驻日华侨联合会为上海工人争取支持。尽管罢工给横滨商人带来了经济损失，驻日华侨联合会仍然从当地社区筹备了500日元寄给罢工者。

107. 伊藤泉美「1920年代中頃の横浜華僑社会」、一二~一七頁。在20世纪20年代中期，鲍博公曾担任梁扶初建立的中华体育会副主席，而中华体育会则是横滨华侨团体总会的成员。

108. 横浜市『横浜市統計書』、十八卷、三七頁。由于与华人人口有关的官方记录只登记了国籍和原籍省份，因此很难确定横滨市第二代华人的确切人口。在政府基于血统主义的国籍法中，一个人出生在哪里没有任何意义。尽管如此，这些人肯定占华人人口中相当大的比例。

109. 伊藤泉美「1920年代中頃の横浜華僑社会」、一六頁。

110. 「支那関係団体並ニ支那人団体」、「山下町発展に協力自治連合会設立発会式」『横浜貿易新報』、一九二四年四月十一日、二頁；伊藤泉美「1920年代中頃の横浜華僑社会」、三一~三二頁。该组织的名称后来被赋予了更鲜明的民族特色，改名为"山下町日华联合会"，但宗旨维持不变。

111. 「日華実業の対支決議」『朝日新聞』、一九三一年十一月十七日、三頁。

112. 「心なき世間になく、支那人床屋の主人妻を離別し行方不明」『朝日新聞』、一九三一年十二月五日、二頁。战争结束后，他的儿子在浅草开了一家中餐馆，名为"珍华"，现在在东京和横滨经营着一家名为"扬州商人"的连锁店。
113. 曾峰英「緣」、七頁。1932 年他们开了一家专门卖米粥的餐馆，名为"安激"，并且一直经营到今天。
114. 并非所有华人居民都感到不安。报道称，棒球比赛还在继续，一名中华学校的老师向日本记者宣称，"学生们没事，因为这种事情已经发生过很多次了"（「静かな南京町、風雲急も彼らには響かぬ」『横浜貿易新報』、一九三一年九月二十一日、五頁）。
115. 「在留の中華学生全部帰国の決議」『横浜貿易新報』、一九三一年九月三十日、七頁；「支那人続々引揚」『横浜貿易新報』、一九三一年十月二十二日、七頁。
116. 「ただで帰れると帰国支那人殺到」『横浜貿易新報』、一九三一年十二月六日、七頁。
117. 「『抗日救国』なんのその、不景気が怖い中国人春風競う、時局を転に居留民増える」『横浜貿易新報』、一九三二年二月二十五日、七頁。日本报纸上的这种说法可能是夸大其词。毕竟，该地区的大部分居民是日本人。
118. 曾峰英「旺」、七頁。
119. 「山下町南京町の惨劇」『横浜貿易新報』、一九三四年三月六日、七頁。
120. 『百年校史』、九〇頁。附带说一句，华人棒球队的事业即使在梁扶初离开后仍然继续着，1930 年中华体育会棒球队的投手刘瀛章，后来成为第一个进入日本职业棒球大联盟的华人。
121. 梁友文：《忆先父》，第 22 页。
122. Kuhn, *Chinese among Others*, pp. 266–67；侨务委员会：《侨务五十年》，第 17、42 页。在这个组织之前，还有一些类似的机构：孙中山广州革命政府的侨务局，它成立于 1923 年；还有成立于 1928 年的国民党海外党部。
123. 中华民国在 1931 年公布了侨务委员会的十个目标："（一）侨民状况之调查；（二）侨民移植之指导及监督；（三）侨民纠纷之处理；（四）侨民团体之管理；（五）回国侨民投资兴办实业及游历参观等之指导或介绍；（六）侨民之奖励或补助；（七）侨民教育之指导监督及调查；（八）侨民回国求学之指导；（九）侨民教育经费之补助；（十）文化之宣传。"（侨务委员会：《侨务五十年》，第 37 页。)
124. 侨务委员会:《侨务五十年》，第 55~56 页; Tsang, *Nationalism in School Education in China*, pp. 66 – 68, 85 – 87。1903 年，清朝建立了教科书审查制度，该制度被中华民国政府继承。1928 年，中国政府又要求全国的学校改用白话文教科书。

· 彩图1·玄武门，它是横滨中华街的北门。

作者拍摄

• 彩图2 • 2005年3月,横滨中华街一个略显喧嚣的周末夜晚。 　作者拍摄

彩图 3・约 1894 年的旧居留地。

横滨开港资料馆授权

· 彩图 4 · 约 1894 年的旧居留地。 横滨开港资料馆授权

彩图 5 · 1907 年阿兴裁缝铺的广告。

横滨开港资料馆授权

・彩图6・1898年的大同学校教室。「横浜における支那学校」『東京日日新聞』、六月十五日、一八九八年、三九頁

• 彩图 7 · 犬养毅（发言者）和大隈重信（中间坐者）在大同学校。林慧儒编《小学新读本》，第一卷，1903

第八課 兄弟正直

此童子拾得菓一枚
其姊問之曰汝菓從
何來童子云我於人
屋旁拾得者姊曰凡
他人之物不宜妄動
童子聞言即將菓還
原處姊見弟正直甚
欣喜焉

拾 妄喜欣

彩图8．"兄弟正直"，苏曼殊所作插图。
林慧儒编《小学新读本》，第一卷，1903

第四十八課 書及鯉魚

右手持鯉魚左手持封書交與彼女子。女子接書並鯉魚。鯉魚真可看。書語竟何如。為言送此物。表我別離思。

林慧儒編《小學新讀本》，第一卷，1903 · 彩圖9 · "書及鯉魚"，蘇曼殊所作插圖。

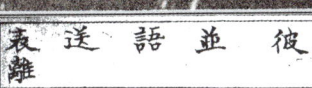

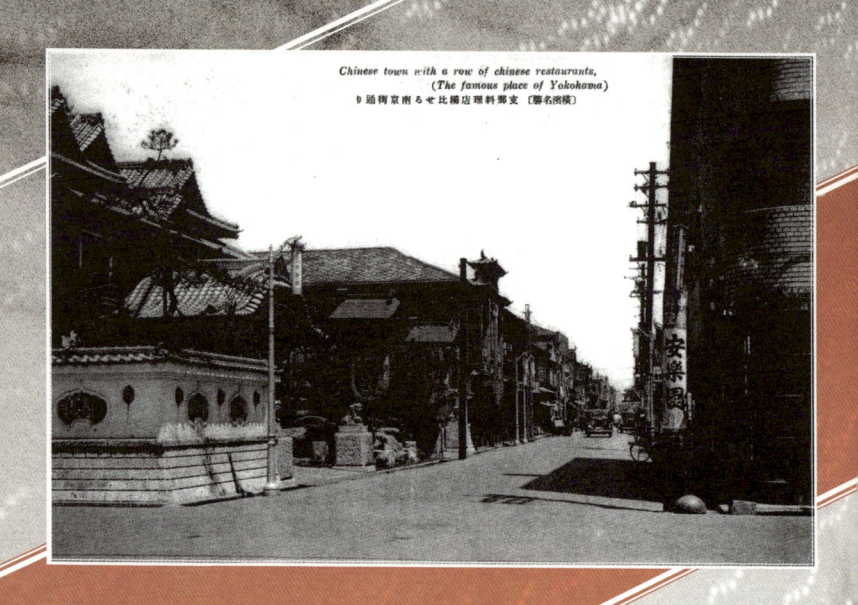

Chinese town with a row of chinese restaurants,
(The famous place of Yokohama)
支那料理店せ比揚南京街通り

・彩图 10・1935 年的一张明信片中的平安楼（左）与万新楼（右）。

横滨开港资料馆授权

彩图 11 · 1922 年 11 月，赢得横滨市棒球锦标赛冠军后的中华体育会。后排左一为梁扶初。

梁有义授权

彩图12・横滨华人在游行中挥舞日本国旗，支持日本所谓的"大东亚战争"。「『我らも戦い抜かん』、在浜華僑感激の行進」『神奈川新聞』、一九四三年一月十三日、二頁

彩图13·横滨中华学校的儿童练习写"中日和平"。

芳贺日出男文库授权

· 彩图14· 1945年被摧毁的横滨中华街（上），以及1975年成为热门旅游目的地的中华街（下）。

横滨市史料室授权

• 彩图 15 • 印于 1901 年的"横滨真景一览图"。

横滨开港资料馆授权

· 彩图 16 · 2013 年卫星图像。
© 2013 Cnes/Spot Image, Digital Earth Technology, Digital Globe

第四章　中日战争、"中日亲善"与横滨人认同，1933～1945年

>最重要的是尊重、理解并发扬中国传统和社会习俗。日本人应该是真正的日本人，中国人也应该是真正的中国人。朋友之间，宽容和同情是最重要的。
>
>——板垣征四郎将军

1940年4月29日，日本陆军大臣板垣征四郎的这段话被印在小册子上，在中国剧院分发给日本士兵。小册子上说明他们的任务是"推翻抗日政权"，并且规定了帝国臣民在中国的行为准则。[1] 1937～1945年侵华战争的目的是消灭蒋介石领导的中华民国政府，上述这番友善和尊重多元的言论似乎有些讽刺且诡异。然而，这一政策与日本将战争合法化为为解放亚洲而斗争的方式一致。1938年春，日本外务大臣宇垣一成在日记中写道："我们日本人经常说'中国人的中国'是我们的愿望，这是我们的基本政策。"[2] 这些言论表明，泛亚洲主义话语，以及种族－民族主义者，是如何为帝国主义的扩张和战争服务的。

本章将探讨这些战略需要如何塑造了日本战时对待在日华人的态度。日本在"东亚共荣"的幌子下对民族－种族差异的虚假承诺，迫使中国人的身份建构进程加快。横滨华人通过对抗和妥协，保持了他们的身份认同。1937年7月7日，中日两

国军队在北京西郊的卢沟桥发生军事冲突，最终演变为全面战争，尽管双方没有正式宣战。于是，这场被日本方面称为"圣战"，被中国方面称为"抗日战争"的军事冲突开始了。横滨华人不得不在这两种不可调和的战争定义中做出自己的选择。

很多华人选择直接离开这座城市。战争开始时，还有3747名华人居住在以港口城市横滨为中心的神奈川县。两年后的1939年3月，当日本占领了中国大半国土后，只剩2364人，即总数的60%，选择留守。[3]但这个数量仍然可观，所以日本外事警察试图控制而不是解散华人团体，并且迫使他们在对内对外宣传方面与自己合作。当原本在中华民国政府指导下建立的民族团体在战争中被日本政府要求向祖国反戈一击时，这些团体的存续就显得有些讽刺了。

这些手段与中国本土形势的变化有关。随着日军占领中国沿海大片领土，日本便着手扶植汉奸政权，其中最早设立的是北平的伪中华民国临时政府。它成立于1937年12月14日，由各个军阀割据时期的前部长组成。[4]日本内务省在它的一份刊物中声称，"新政府是中国人民的代言人，是中国人民的希望"，试图剥夺蒋介石政府的合法性。[5]1940年3月，北平的伪中华民国临时政府被南京的汪伪国民政府取代，新领导人是前国民政府常务委员会主席、孙中山的弟子汪精卫。[6]日本外事警察强迫横滨的华人团体支持汪伪政府（彩图12）。根据日本方面的宣传，这种合作精神就是新的爱国主义，而华人将成为以下说法的代言人，即日本是来解放而不是来奴役中国的。

对横滨华人而言，他们对中国和对横滨的认同构成了痛苦的两难抉择。如果他们留在日本，几乎肯定要被迫忍受日本当局的控制。但他们与日本政府的关系究竟如何，却留给了历史学家一个难题。战争期间,横滨的报纸经常刊登报道,显示华人参加支持日本发动战争的游行和庆祝活动。但这些华人真心相信日本的那套说辞吗?尽管档案材料无法提供确切的回答,但有理由认为,他们其实并没有相信。战时日本警察的严密监视和战后中国人的民族主义,都影响了文献记录,使人们无法清楚判断横滨华人的动机。一方面,日本政府的压迫,限制了人们在战时表达、记录自己的想法;另一方面,日本的战败导致很少有人愿意承认自己战时的支持行为是真情实意的。

关于后一现象,历史学家卜正民(Timothy Brook)等人批判道,战后中国的民族主义形成了对过去的道德滤网,产生了一种"抵抗主义"的主流叙事,也就是说,一个人要么誓死抵抗,要么道德沦丧,绝无中间状态。这种主流叙事造成了一个神话,即所有真正的中国人都是抗日的,这种说法也影响了华侨。[7]实际上,在战争结束后,横滨华人的回忆录和其他资料强调他们的战时合作行为是在"法西斯主义者"的强迫下发生的,暗示他们在内心深处始终爱国、始终抗日。[8]

日本学者对这种说法进行了修正,但他们的研究犯了另一个错误,即过分相信在压迫状态下形成的史料中的表面说法。由于严重依赖战时日本官方——外务省、内务省及其附属的外事警察——出版或编纂的记录,这些历史叙述夸大了日本战时意识形态的主导权。例如,官方横滨市史认为,在横滨华人中存在相当多的亲日派成员。所以这些华人在摆脱了中华民国驻横滨总领事馆的影响后,会自愿与日本政府合作。[9]菊池一隆2011年的专著《战争与华侨:日本、国民政府公馆、傀儡政权、华侨间的政治力学》(『戦争と華僑—日本・国民政府公館・傀儡政権・華僑間の政治力学』)也得出了类似的结论。

菊池避开了回忆录的主观记录，转而采用报纸文章和政府文件，认为横滨华侨"非常欢迎"傀儡政权，而且"客观上支持日本的侵略政策"。[10]

但战时的官方文件并不能提供关于实际政治认同的有力证据。换句话说，华侨的服从不能作为日本意识形态主导权的绝对证据。詹姆斯·C.斯科特（James C. Scott）提出的公开、隐藏记录概念为我们提供了一种视角，既可以避开日本方面的话语霸权，又可以避开民族主义的抵抗神话。通过表达对日本发动"圣战"的支持，横滨华人其实在构建一种公开记录，也就是斯科特所定义的"被统治者和统治者之间的公开互动"，旨在"肯定和顺从统治精英的权力"。但在这种统治背后，还存在一种"隐藏记录"，即"手握权力者无法直接观察到"的记录，它保存了抵抗的力量。正如斯科特提醒我们的那样，这种形式的抵抗在历史记录中是不存在的，这不仅是因为统治者决定记录什么、不记录什么，也是因为被统治者为了保护自己而将其封存。[11]通过对战时记录、战后回忆录的批判性解读，可以了解横滨华人表面上虽支持日本发动战争，背后却隐藏着复杂的妥协过程。

正如我们从公开记录、隐藏记录之间的差异中所看到的那样，横滨的华人领袖不一定按照日本战时政府提出的条件执行"中日亲善"的任务。此外，合作的决定与他们战时留守横滨的决定分不开，也与他们的社会和经济地位分不开。华人在横滨熬过了战争年代，证明了他们对横滨人或"滨之子"的身份认同。如同1894～1895年的甲午中日战争那样，战争导致的两难境地犹如一面棱镜，折射并揭示出民族认同、地方认同之间的冲突。

华侨身份与日本政府

到20世纪30年代，横滨的华人已广泛接受"华侨"这一流散民族身份认同。[12]这种转变源于20世纪20年代以来中华民国政府所设机构的管理和活动。日本的政府机构和独立作家也赞同国民政府的这些政策。20世纪20~30年代，日本关于华侨的研究和著作也认为华侨身份符合现实，对日本的安全和利益至关重要。上述研究有些来自南满洲铁道株式会社东亚经济调查局、外务省通商局等政府机构，有些来自私人。[13]它们多次警告，东南亚华侨作为经济上的竞争对手和反日运动的煽动者，对日本的利益构成威胁。以上研究中隐含的战略要求，迫使他们对"华侨"进行了最广泛的定义。今天的"华侨"一词指生活在海外但仍然保有中国国籍的人，"华人"则指那些已经获得外国公民身份的中国人。然而，当时日本方面所做的研究却把**所有**可能参与支持中华民国活动的人都叫作华侨。他们甚至将混血儿、归化人也算作华侨，从而帮助人们想象出一个由志同道合的爱国海外华侨组成的庞大群体。[14]

这些出版物宣称，华侨之所以能对日本的经济和外交利益构成威胁，是因为他们有能力组织针对日本的经济抵制活动。据说，这些活动都是国民党精心策划的，比如1928年华侨在海峡殖民地（Straits Colony）、荷属东印度群岛、法属印度支那以及暹罗发起的抵制日货运动，导致日本出口额在当年锐减50%~80%。此事及类似的例子显示，华侨控制了东南亚经济领域中的零售业。[15]1939年日本的一项调查认为，如果不借助华侨在那里的销售网络，"要出售我们的货物［将会］是不可能的"。[16]

尽管这些著作中很少用几页以上的篇幅来介绍在日华侨，

但他们都指出在经济、通婚和归化模式等方面,在日华侨与东南亚华侨都有相似之处。[17]这种关于华侨身份共识的主要后果之一是,日本的国策制定者相信,在日华人与更广泛的华侨群体具有共通性,因而是日本国内的潜在威胁。实际上,这些研究证实了中华民国政府对于其海外国民的态度。

随着两国逐渐走向战争,侨务委员会在横滨扮演的角色必然会与日本政府产生摩擦。横滨的华人教育再度成为争论焦点,因为侨务委员会通过横滨的华人公立学校,向当地社区灌输政治立场。[18]他们通过国语教学宣传中国国内的标准,并且规定要使用国内编写的教科书,重现了一种与日本社会相异的历史意识。

日本当局对这个问题很熟悉。从20世纪10年代开始,日本外务省和南满洲铁道株式会社下属的研究机构就开始关注中文教科书中的反日倾向。他们认为这些是"排日""辱日"教育,抗议它们损害了日中关系。[19]当日本外事警察发现日本的华侨学校使用的中文教科书里也有类似内容后,多个机构决定采取共同行动。1936年2月17日,内务省、外务省和文部省的官员一致决议,必须查禁这些教科书,要求华人学校进行课程改革,并且告诫中国大使对学校行政人员进行更严格的监督。[20]

在接下来的几个月里,外事警察反复对横滨的华人公立学校进行调查。[21]当时的学生凌荫堂回忆,有一天他的老师吴伯康把他们的课本收集起来,在操场上焚烧,以免被日本警察发现。然而,日本警察和文部省在那一年还是两次发现违禁内容,包括谴责日本帝国主义、"二十一条"等与近代中日战争有关的文字。他们每次都没收了违禁书籍,并且要求学校使用修改后的文本。[22]

1937年7月战争全面爆发后，日本当局进一步加强对华人团体的调查和镇压，尤其是那些与国民党有联系的。在那几个月里，国民党分部和驻横滨总领事馆发起了对日本最后的抵抗。1937年8月10日，国民党中央总部要求所有海外党员紧急宣誓对党效忠。[23]然而，日本警察的调查和监视使许多社会知名人士没去参加总领事邵毓麟召开的会议。[24]随后，在12月针对国民党的一次镇压行动中，日本警方将9名国民党人驱逐出境，并且将有党派背景的教师关进监狱。[25]时任中华学校校长吴伯康便是其中之一：日本警察以涉嫌间谍罪将他逮捕，对他进行了三个月的审讯。[26]在好友鲍博公的奔走疏通之下，吴伯康最终获释，但此后学校被日本警方严密监视。[27]神奈川县警方的迫害导致国民党的拥护者要么离开，要么隐藏这些关系。

然而，日本内务省并没有将华人全部赶出横滨的意图，它只想消除国民党的影响。当日本在中国华北的军队扶植起北平的伪中华民国临时政府后，日本外务省强迫横滨的华人团体承认该政权。然而，中华民国的外交官对这一侵略行为进行了力所能及的抵制。据1938年1月15日的《读卖新闻》报道，横滨市华人团体的18位代表在1月14日召开会议，决定悬挂北平的伪中华民国临时政府的五色旗。在这次会议上，总领事邵毓麟含泪站在代表们面前，请求那些不愿意悬挂五色旗的人和他一起走出会场。有几个人跟着他走了。[28]第一个无视中华民国总领事馆的反对，悬挂起五色旗的华人团体是福建联合会，该会主席何直次郎于1月14日中午易帜。虽然中华民国总领事馆的支持者立即扒下五色旗，但他们无法阻止福建人在二楼挂出另一面旗帜。[29]这些行动表明，华人群体内部存在不同意见，尤其是被社区中占多数的广东人边缘化的团体。[30]

1938年1月18日，中华民国大使许世英在离开日本前不久访问横滨时遇到了类似的情况。当他在中华会馆发表演讲时，一个日本警察跑到台上，强行撤下大使旁边的两面中华民国国旗，试图改挂五色旗。许世英大声抗议道："这是绝对不允许的。我走后你可以把它们拿下来，但我在的时候，你不能碰它们。"许世英的大使特权发挥了作用，但仅仅是在那一刻而已。[31]不久之后，横滨市的大部分华人建筑都升起五色旗，就连一度是反日堡垒的横滨中华公立学校也不例外。[32]

日本外事警察在记录中称，事态的发展是华侨社区摆脱国民党和中华民国总领事馆的束缚，向"中日亲善"方向倾斜的表现。[33]随后，日本政府于1938年1月成立了一个新的保护伞性质的组织，名为"旅日华侨联合会"。1938年4月，北平的傀儡政权也在东京设立了华侨事务办公室。[34]而到1939年12月，日本内务省开始筹备成立新的保护伞性质的组织，名为"全日华侨总会"。这个组织将作为汪伪国民政府的联络机构，在日本的兴亚院，即一个设于1938年、主要处理中国沦陷区事务的高级组织的指导下工作。[35]根据其章程，"全日华侨总会"旨在协调华侨团体，"统一大日本帝国各地的华侨团体，促进中日亲善，建立大东亚新秩序，增进华侨的整体福利"。[36]兴亚院为"全日华侨总会"提供资金，1943年1月的花名册说明日本对这一组织的监视程度：三个职位由日本警察出任，包括参事、主事和书记。[37]

通过这些方式，日本的外事警察引导现有的中华街团体向亲日立场转变，甚至构建出一套新的全国性华侨组织网络。这与日本国家的战略构想是一致的，即承认并利用华人民族主义情感的力量。只有华人表示支持，才能增强这场冲突作为泛亚洲"解放战争"的合法性。卜正民用"合作主义"（collaborationism）一词来描述在日华人的这种行为，它指的是"支持性地参与占领者的任务和意识形态"，这一含义与"通敌"有区别，后者意为"在占领国力量施加压力的情况下，继续行使权力"。横滨华人并没有生活在占领区内，社区领袖的日常行为也很少为占领提供直接帮助。[38]胁迫下的"合作主义"，是日本政府将民族自决的理想与日本帝国对外扩张的必要性进行调和的手段。[39]

此后，华人的爱国主义和"合作主义"在"中日亲善"的口号下结合起来，并且得到了合理的解释。[40]战争期间，即使只有少数人真的相信这套说辞，但花言巧语还是有实际效果的。横滨华人社区成了中日关系的象征性典范，日本当局将华人社区完全保留下来，使之基本处于和平状态：他们仍然是华人，不会被驱逐出境，也不会像台湾地区和朝鲜半岛的人那样被强行纳入日本政体。[41]日本官方也不把华人关进集中营，就像美国在珍珠港事件发生后对11万名日裔美籍公民所做的那样。[42]作为回报，日本的外事警察要求华人参加阅兵式、庆祝活动，在广播上做宣传，以支持日本的战争。

此外，一些日本研究者认为，日本的华侨可以帮助构建所谓的"大东亚共荣圈"。提倡者之一是松本於菟男，他是南洋协会的理事之一，该协会是一种针对东南亚和中国台湾地区的政策研究机构。他在中文杂志《华文大阪每日》中提出，南洋华侨对蒋介石政权的支持是"有害无益"的，这源于他们多年来在"白种人的权威"下丧失了亚洲意识，对日本产生了错误的看法。松本相信，在日华侨对扭转这种局面有所帮助，因为他们"比其他中国人更多地看到了日本人的诚意，已将中日合作付诸实践，并且为复兴中国的重建工作做出了贡献"。[43]

战争快结束时,日本政府的决策者给在日华人指派了类似角色。比如1944年4月,日本大东亚省的大东亚相制定了一个秘密计划,准备利用在日华侨达到三个目的:协助宣传、运输、调查敌国领土;招募中国苦力来日本矿山和港口工作并监视他们;向"大东亚共荣圈"内部及外部的中国人进行"启蒙"。[44]目前尚不清楚大东亚省在多大程度上执行了这一计划。考虑到日本不断恶化的军事形势,以及他们在中国和东南亚各地对中国人和华裔的暴行,这种行动是否有效是个疑问。但大东亚省的计划告诉我们,日本政府无意将华人归化为日本臣民;直至战争的尾声,他们还是认为让华侨扮演"正宗中国人"的角色是有用的。

华侨责任,"滨之子"认同

为理解战时与日本政府合作对横滨华人而言意味着什么,关键是要看谁选择留下,谁选择离开。在战争前两年,神奈川县约40%的华人选择回国,其中大部分人是在1937年下半年离开的。[45]这一举动,既出于对日本侵华的政治抗议,又有经济崩溃的原因。从1937年8月中旬开始,中华民国驻横滨总领事馆根据8月3日电报政策的指示,鼓励中国同胞自愿乘坐日本邮政或半岛东方邮轮公司 [Peninsular and Oriental Steam Navigation Company (P&O)] 的轮船回国。[46]在1937年秋,因为局势不明朗、船运中断,加上日本的商业限制,来自中国的金融交易和一般商品销售额减少了90%,食品和纺织的销售额减少了50%,出口减少了70%。进口额则接近零。[47]如同1894年和1931年所发生的那样,很多企业关门歇业,包括一些老字号和知名餐馆。[48]

华人社区还面临着来自日本社会的敌意。和甲午中日战争时类似，日本人在中华街的贸易额和消费额都出现了明显下降。1937年7月之前，中华街顶级餐馆的每月收入为5000～8000日元；到秋天时，这个数字已经跌到每月1500～2000日元。更糟糕的是，零星的暴力事件时有发生。一个日本人因为向中国领事馆的窗户投掷混凝土块而遭到逮捕。[49]根据日本警方的记录，由于华人回国和日本社会的排斥，1937～1938年的中华街变成了一块"荒凉之地"。[50]

日本政府对国民党人的镇压，加剧了社区居民的不安。被驱逐出境的人中，有刚从早稻田大学毕业的莫伯贤，他被迫将妻儿留在了横滨。[51]很多人被关在监狱里，遭受了几个月残酷的刑讯折磨。有人从警察局楼顶跳下自杀，而被驱逐出境的人中有些精神失常，在回国途中上吊自杀。[52]还有一则轶事可以说明横滨华侨在战时面临多大的危险。从1900年起居住在横滨的鲍胜昌，因为加入国民党而被日本警察逮捕。1938年初，他和家人被驱逐出境，从此失去了个人财产。由于在战争期间没有得到中国政府的照顾，又没有获得日本的战后补偿，心灰意懒的他转而背弃国民党，并且告诫子女们千万不要参加任何政治组织。[53]

除被驱逐出境者外，直接回国的人大部分是短期居民，如移民劳工、流动商贩和学生等。这些群体在日本经济基础薄弱，能根据自己的政治立场自由来去。比如1938年8月20日离开横滨前往香港的"浅间丸"上搭载了170名华人，其中100名是学生。[54]对于那些在横滨有较深的家族或商业根基的华人——确切地说，那些在民族依恋和地方依恋间徘徊的华人——而言，回到祖国的决定可能会留下某种创伤。在1931～1932年日本侵略中国东北期间选择离开的华人遭受了巨大的经济损失,他们不愿重蹈覆辙。许多人显然在1937年认为,他们宁可在战争中多熬一会,时间应该不会太久,也不愿失去一生的财产和积蓄。[55] 战争结束前的人口统计数据表明,与19~20世纪之交时由单身汉和旅居者组成的华人社区相比,这次选择留下来的人表现出了更稳定的居住模式。他们的性别比例相对平衡,家庭规模一般也更庞大。[56]

某些个人的经历告诉我们战争是如何撕裂家庭的。叶肖麟(出生于1915年)回忆,1937年有很多华人男性离开,将子女与日本妻子留在了横滨。她目睹男人们登上开往中国的轮船时,他们的妻子"站在中华会馆门前,哭声不止"。叶肖麟的母亲带着她的弟弟跟随那艘船回国,但叶肖麟和她的丈夫留在了横滨。[57] 凌荫堂的父亲也在1937年去了香港,把刚到上大学年龄的凌荫堂留下。[58] 战争也以其他方式拆散了家庭。正如引言所述,饭馆老板鲍博公的两个兄弟选择加入日军,一个当军医,一个当中文翻译,而后者死于大陆战场。他的最后一个兄弟在中国国民政府军队中当军医。[59]

尽管战争刚开始时日本就爆发了反华情绪,但横滨的各个团体都鼓励华人留下来,承认他们对当地经济与社会的重要性。山下町协会、卫生联合会和神奈川县都劝说华人留在中华街,继续经营自己的生意,甚至还散发小册子,承诺即使战争升级,也会给予华人一贯的待遇。[60]

回忆录显示,横滨中华街里华人和日本人的关系在战争期间恢复了正常,至少与日本其他地区相比是这样。柳杏莲(生于1906年)回忆,在战争期间生活拮据时,她的家人得到一个在面条厂工作的日本友人的帮助,获得了额外的援助。遗憾的是,当这位友人被送上战场后,这种慷慨行为也戛然而止了。[61]更年长的华人注意到,日本孩子和华人孩子继续在街上嬉戏,华人在战争后期也参加了防空演习,并且领到配给的口粮。[62]华人社区的地方文化在学校里延续,华人小孩继续在家里夹杂着使用广东话和日语。用广东话唱的校歌富有华人社区的地方特色:"富士山茫茫,滨港水洋洋,为我中华公学堂,山高与水长。"[63]

中华料理依然是横滨人日常生活的重要组成部分,尽管持续的食物短缺导致大多数餐馆停业,但中华街里的很多中餐馆仍继续营业。1938~1941年,因为频繁地为日军士兵及家属准备告别宴会,中餐馆的生意甚至出现了小规模的繁荣。在严峻的经济形势下,中餐馆继续靠黑市交易为顾客服务,当黑市上的货源不足时,则用鲸鱼肉或马肉代替猪肉来烹制咕噜肉。[64]华人们苦苦支撑,到战争后期,中餐馆的食材每天只够营业两个半小时。战争结束时,超过54%的华人劳工都在中餐馆里工作。仅次于餐饮业的是裁缝和服装销售业,其从业者大约占劳动人口的11.1%。[65]这一转变至关重要,使中餐馆在这一地区的商业生活中占据主导地位,为战后横滨中华街的经济繁荣和社会融合提供了可能。

与此同时,商人发现他们的活动受到严格的法规和进出口条件的限制。尽管日本的决策者试图通过在日华侨的帮助,将贸易扩展到中国占领区和东南亚,但这些努力并没有给横滨带来什么利益。因为横滨港主要处理对欧洲和美国的出口业务。[66]这也是在战争时期的横滨,很少有带着大包小包的中国新移民到来的原因。相反,神户港却迎来一批新的华商,他们利用日本帝国向中国华北地区、荷属东印度群岛扩张所创造的纺织品出口机会牟利。[67]

战争期间选择留守横滨的华人后来被当地人接受，融入当地社会。一些在日华人领袖感叹，很多同胞与日本人结婚，忘记了怎么说国语，并且一旦形势需要，他们愿意加入日本国籍。[68]事实上，正是这种融入当地社会的动机，才促使他们留了下来。但这种动机与日本、中国各自倡导的民族共同体愿景相悖，尤其是日本的"中日亲善"论。尽管如此，日本政府还是迫使横滨华人公开表态，支持其战时意识形态。

"亲善"的公开记录

战时日本公开出版物中的记载，把横滨华人描绘成日本军事行动的自发支持者。从1938年初到战争结束，横滨当地的报纸报道了华人领袖、华人团体的各种"合作主义"行为：参加庆祝活动、广播电台节目、政治集会、游行、采访、佛教法事，以及其他华人、日本人共同参与的聚会。尽管战时物资短缺导致报纸版面缩减，但它们仍继续刊登此类文章，还经常附上照片。[69]这些文章展示了一系列旨在促进华人和日本居民团结的文化活动。1939年1月25日，《横滨贸易新报》报道了一场为纪念战争中死去的中日两国士兵而举办的佛教法事。1940年5月30日，该报又报道华人会馆的理事们组织了一场中国传统音乐晚会。这类活动和做法虽在横滨有先例，但在战争背景下，却成了支持日本各项政策的表现。

就连普通的社会交往，也在政治宣传中被赋予"中日亲善"的意味。比如华人儿童和日本儿童的一场交流会，经《横滨贸易新报》报道后，就具有了这样的意味。横滨的华人学校也提倡和平亲善理念，正如一位出生于大连、名叫芳贺日出男（出生于1922年）的日本人发现的那样。1942年芳贺到学校参观，拍下了学生们练习书法的照片，上面写着"中日和平"（彩图 13）。[70]华人男性和日本女性间的通婚原本也是一种普遍的社会现象，但 1939 年的《大阪华文每日》却将其誉为"中日亲善婚姻"。[71]在此之前，这类中国男性和日本女性的通婚，因女方会失去日本国籍而往往被视为误入歧途甚至背叛自己民族的行为。[72]

在日本大众媒体上，支持日本发动战争的横滨华人中最引人注目的是出生于横滨的陈洞庭（1895—1966）。[73]陈洞庭毕业于大同学校，曾就读于日本的明治大学。成年后，他接手了家族的进出口生意，并且在 1933 年当选中华会馆和横滨华商会议所的理事。1937 年，他被选为中华会馆理事长，在这一领导岗位上，他帮助策划了中华会馆与中华民国总领事馆的决裂。[74]当领事批评横滨华侨没有表现出爱国主义时，陈洞庭反驳道，国际形势和地方形势是不可类比的，他们有自己的爱国主义精神。[75]在华人的爱国主义被"中日亲善"这一目标转化为"合作主义"时，陈洞庭走在了最前面，他还在横滨的报纸上发表文章，阐述自己的看法和主张。

通过这种方式，陈洞庭重新定义了一种与"合作主义"协调的地方化华人身份认同。1940 年 9 月 6 日，他在《横滨贸易新报》的采访中说："我们这些住在横滨的华侨是真正的华侨，我们与日本的关系就好像近亲一样。这是因为我们共同的历史太长久了，这里的很多人都娶了日本人为妻。"记者将陈洞庭描述为"联结中国和日本的坚强纽带"，是"纯粹的'滨之子'"。这是第一次用"滨之子"描述横滨华人的公开记录，意味着在一个"纯正的"地方身份认同中对民族差异的讽刺性接受。[76]

作为中华街的"老大",陈洞庭的活动为他赢得了日本当局的进一步赞赏。1939年7月7日战争爆发两周年之际,他邀请教授们来中华街,就"中日亲善"的重要性发表演讲。当月晚些时候,他还率领横滨华侨队伍参加反英游行。[77]作为"全日华侨总会"的副会长,他代表横滨华人社团参加各种全国性的会议。陈洞庭还推动了向各类日本政府机关、军方机构捐款的活动。这些款项来自各色在日华人:捐款较多的如鲍博公,捐了惊人的8万日元;捐款较少的如某个华人厨子,捐了50日元。[78]由于这些领导活动,1939年神奈川县盛赞陈洞庭是外国人和日本人的共同表率。[79]

陈洞庭为面向国际听众的宣传做出了贡献。1938年,横滨华人在东京放送局(JOAK)向全世界的华人社区进行了三次短波广播。[80]8月2日陈洞庭打头阵,以广东话致辞,介绍了华侨在日本安居乐业的情况。接下来在9月19日,中华会馆理事、大同学校毕业生鲍启康用英文向美国和东南亚华侨做了15分钟的英文广播。最后在11月24日,两名来自横滨中华学校的12岁学生汪近周(出生于1925年)和陈慧彩,用中文和日文向中国孩子们献上歌曲。[81]1940年,类似的信息被印在传单上播撒到中国。这些载有"留日华侨的和平生活与建设东亚新秩序的照片"的传单宣称,与美国、苏联结盟抗日是愚蠢的,并且高度评价了华侨在日本的"模范行为"。

华人"合作主义"的另一个表现是在"建国体操"运动中。该活动由前内务省警保局局长松本学发起,融合了传统武道中的15种"推、击、砍"动作,1937年末发展成为一种爱国主义形式的广播体操。松本的目的是增强日本人的体质和精神,以挺过长期的文化战争。[82]但横滨警察署署长坂元清刚热衷于将横滨华人纳入其中,这或许暗示着要建立的"国"不特指日本,而是一种族群式民族原则下的国家。实际上,在日本的傀儡政府伪满洲国也曾有类似的社会实践,以宣传伪满洲国的"民族主义"。

1938年12月15日,陈洞庭将"建国体操"引入横滨中华学校。[83]次月,陈洞庭和当时中华学校的德育主任吴伯康带领40名华人学生,公开表演"建国体操"。随后在1938年12月26日,吴伯康受中华会馆教育事务理事鲍博公之邀,参加了为表彰赞助"建国体操"的警察的庆功宴。我们可以想象,吴伯康在向囚禁过他的人打招呼并表达感谢时的那种惶恐不安;但《厚生时代》杂志上刊登的会面记录显示,吴伯康在祝酒时称这种体操是"促进中日亲善的最佳方式"。他还赞许地说,自己的小儿子、小女儿每天不惧清晨的寒冷,高高兴兴地以做操开始一天的生活。[84]

吴伯康对"建国体操"的赞美,应该从他之前的囚徒岁月和横滨华人的压抑氛围出发去理解。考虑到这些背景,我们甚至可以从他向坂元清刚和横滨警察的敬酒词中听到一些弦外之音;他宣称,"现在,我们必须通过教育两国的孩子来实现中日亲善",而且"如果这样做,我相信在二三十年后,我们将拥有真正的中日亲善"。[85]通过将"真正的中日亲善"推迟到几十年后,吴伯康既隐晦地质疑了在中国扶持傀儡政府的合法性,也暗示在横滨和别的地方支持日本发动战争而举行的庆祝活动可能不是出于真心的。

不论相信与否,"中日亲善"的口号本质上是具有表演性质的。反复地喊口号使这些华人得以留在横滨,不受警察的干扰。在中国的傀儡政府建立之后,这些华人被归类为与日本结盟的国家的国民，不受适用于美国、英国、加拿大或澳大利亚国民的严苛政策的限制。[86] 日本当局由于参与了这种话语的建构，也不得不兑现相关承诺。他们像神奈川县对陈洞庭一样，公开赞扬华侨的模范行为。在1939年1月发生的一起案件中，横滨警察抓到18个聚众打麻将的华人后，竟然以"中日亲善"为由对其从宽处理。鉴于中日关系"日益融洽"，执行抓捕的警察没有将犯人驱逐出境。他们只是传唤了陈洞庭和其他华人社区的代表，与犯人们一起聆听关于"中日合作"和做"日本最好的华侨"的讲座。[87] 相比之下，边远地区的华人不能总是依靠"中日团结"的说辞来获得邻居们的善待。战争期间，出生于福建的林同春（1925年生）在日本西部津山市的一所日本学校里，忍受着同学们的奚落和谩骂。他的父亲还遭到一个日本人的殴打，据说这个日本人的儿子是在中国遇害的。最不堪回首的是，在班级的竹枪演习中，老师逼林同春站在一排稻草人中间，让同学们看看"真正的支那人"长什么样。[88]

矛盾的隐藏面

"中日亲善"的公开记录淡化了日本政府的胁迫性力量，将华人合作描述为自愿且真诚的。但更私人化的记录——口述史、警方和外交记录，以及华人领袖和日本政府代表间两次秘密会谈的记录——显示，中日关系远没有那么和谐。这些材料从三个方面挑战了"中日亲善"的表象：第一，它们向我们揭示了日本人、华人都对"合作主义"的实际执行情况表示怀疑；第二，它们显示华人的动机有经济考量，是实用主义的；第三，它们记录了华人对身份认同的表述，使他们在"合作主义"中扮演的角色模糊不清。

首先，很难得出这样的结论，即华人是自愿在报纸上发表支持日本发动战争的言论的。现有证据显示，这类活动通常由横滨官方提议，并且往往通过傀儡政府或"全日华侨总会"发出指示。《神奈川县新闻》曾报道，1941年3月27日横滨的中华会馆庆祝汪伪政府成立一周年。日本外事警察的记录显示，命令社区组织纪念活动的正是汪伪政府任命的横滨办事处负责人冯攸。[89]通常情况下，命令由汪伪政府的办事处发出，通过"全日华侨总会"下达至地方华侨团体，"全日华侨总会"还要在地方社区和日本政府间进行沟通。[90]另外，日本陆军省撰写的一份文件显示，兴亚院资助并控制着"全日华侨总会"。兴亚院策划了1940年3月6日举行的"全日华侨总会"的成立大会，指示总会接待汪精卫的代表，并且早早安排好了总会在3月30号那天要发给汪精卫的贺电。[91]换句话说，"全日华侨总会"为支持"中日亲善"而发起的政治活动，都是因为来自外界的指示。

日本警察并不信任华人。虽然日本官方嘴上说得动听，但他们实际上把横滨华人视为潜在的威胁。神奈川的外事警察将华人隔离在中华街内，要求原本住在中华街外的华人全部搬至这一区域。[92]黄礼祥回忆，1943年警察强迫他放弃在本牧的房产和餐馆。[93]警察还限制华人外出的权利，叶肖麟回忆，她和家人去附近的华人公墓扫墓也要提前申请。[94]就连汪近周也不能免于嫌疑，他是曾在东京放送局做过宣传的学生之一。有一段时间他就读于圣约瑟夫学院（St. Joseph's Academy），这所教会学校坐落于山手，从那能俯瞰横滨港。结果特别高等警察（特高）好几次扣留他，尖锐地问他为什么既要学习敌方的英语，又要观察到港的船只。[95]

与别人相比，汪近周的经历是相对平淡的。郑华贵回忆，特高曾以涉嫌向敌机发信号为由搜查他家。[96]即使说中文也不能带来安全感。梁朝华（1915—2007）回忆说，很多华人害怕他们的日本邻居，后者是一个能听懂国语和广东话，并且经常向日本警察告密的人。[97]1945年春，一个叫周让杰的钢琴调音师，因为在父亲的钢琴厂里说了几句蒋介石的好话而被捕。日本警察以涉嫌间谍罪对周让杰进行了拷问和审讯，直到战争结束。[98]阅读其他回忆文章后还可以断言，战争结束前，日本警察还以类似的理由囚禁了至少十名横滨华人。[99]因此，警方的监视、镇压意味着一种可能性，即华人社区中的很多人继续保持着反日、亲国民党的立场。

在私底下，即使因领导华人走向"合作主义"而广受赞誉的华人领袖，也有可能偏离"中日亲善"的脚本。1938年11月到1939年3月，在日本外交协会的主持下，来自东京、横滨的华人代表与日本的中国问题专家会面，讨论华侨对日本战争的贡献。这些会谈的记录告诉我们华人如何理解他们与日本当局的关系，以及他们希望如何解释自己的动机。值得注意的是，日本外务省将两份文件列为绝密，将其讨论内容封锁在公众视野之外。第一次会议记录的序言警告说，要小心保管这份文件，防止发言者不加掩饰的言论意外泄露，招致误解。[100]第二次会议记录则指出，华侨代表自己提出不要把他们的直率意见传出去。[101]他们说的很多话也的确表明，华侨与日本的合作不过是逢场作戏。

在这两场会议上，好几个华人领袖承认，交换学生和普通华人没有完全接受两国"亲善团结"的呼吁。关于在日本的普通华侨，生于日本的张兆秀承认"很少有人相信冠冕堂皇的说辞，认为战争是正义的"，他们选择待在日本不过是以为战争会很快结束。另外，张兆秀还预测，如果战争继续下去，在日华侨可能会越来越多地怀疑亲日精神，陷入纯粹的机会主义陷阱。[102]

华人领袖表示，他们真诚地支持"中日亲善"的目标。但至少在目前，很多人对"真正的中日亲善"及其执行提出了自己的看法，显示出一种矛盾态度。陈洞庭建议，学校应从小学开始灌输"中日亲善"理念，这样"当孩子们进入大学的时候……两国就会真正地走向中日亲善"。[103]这些言论与吴伯康的意见相呼应，后者在《厚生时代》里同样将"真正的中日亲善"推到了遥远的未来。

已经77岁的温炳臣，对过去和当下日本的各项政策提出了更直率的批评。[104]温炳臣宣称，日本和中国一样，对目前的冲突负有责任，没有一方践行了东亚团结的原则。他认为，日本"自称是亚洲的领袖，但它的领导权虚弱至极……如果日本继续依赖德国、意大利的力量……那么，无论你们把中日亲善的口号重复多少遍，都没法让中国人心服口服"。[105]

其他华人代表则打着"真正的中日亲善"的名义，大倒苦水。在这方面，他们其实已经承认，自己的合作背后是有经济动机的，这也许是会议上的代表们要求自己的言论必须保密的原因之一。[106]东京华侨协会的委托人林金次呼吁给予华人在日经商、旅行的自由，因为这"攸关华侨生死"。日本政府的积极回应将是"走向真正的中日亲善的捷径"。[107]林金次还反映了1937年以来东京和横滨华侨在经济上遇到的巨大困难。张兆秀认为华侨是"经济上的勇士"，比日本拙劣的宣传更能有效地传达日本的声音。张兆秀说道："让［亚洲各地的华侨］看到，他们能比在西方人的手下赚得更多。我们在经济上的成功能［向他们］展示出日本的善意。所以尽管利用我们吧。经济上的成功将打破西方的宣传，就像雪迅速消融在阳光下。"[108]

在华人的各种"合作主义"活动中，经济层面的动机显而易见，因为他们经常提出这方面的要求。[109]1939年6月，东京和横滨的华侨组织联合向日本外务省提交请愿书。两位请愿领袖，即来自横滨的陈洞庭和来自东京的张则盛承诺，他们的社区将与日本政府合作，甚至可以派代表去中国占领区支持安抚工作。作为回报，他们要求日本放宽进出口限制，发放往来中国的通行证。这种经济实用主义反映了1944年大东亚省制定的秘密计划。然而，在战争初期，日本警察拒绝了这些要求，并且在记录中指出，应该对华侨组织进行更严密的监视，杜绝类似的请愿活动。[110]

此外，出席这两次秘密会议的在日华人并不都是"中日亲善"的理想代表，他们的身份认同比较复杂。1938年的那次会议上，东京的服装商人张纪来认为，"如果从日本、中国、'满洲国'合作的角度看，我们不希望被当作华人，而是希望被当成广义上的日本人。如果做不到这点，就没有真正的亲善"。[111] 陈洞庭也对华人和日本人之间的根本区别发起了挑战，他的发言与后来在1940年报纸上刊载的采访内容几乎完全相同。也许是为了讨好日本人，建立起横滨华人的忠诚印象，他不动声色地模糊了两者之间的界限：

> 很多像我们一样留守［日本］的人，感情和生活方式和日本兄弟们一样。我们中的大多数人是在日本出生的。

我的妻子是日本人，我的孩子也和日本孩子没什么区别，我们是不可能对日本产生恶意的。恰恰相反，我们对日本满怀感激……一想到可能不得不回中国，我们就会对能留在日本感到感激。[112]

鲍启康则辩称，他"不再认为自己是中国人"，因为他已经在横滨生活了31年。接下来，他用对横滨的个人认同挑战日本官方提出的各种"中日亲善"的政治和外交话语。对鲍启康而言，"真正的亲善"是地方性的，是平平常常的："如果我们在日常生活中真诚地与彼此交往，我们就能克服风俗习惯的差异，自然而然地调和彼此的感情，实现真正的中日亲善……这比从上边强加的中日亲善要好多了。"[113]

显然，陈洞庭、鲍启康无意否认横滨华人在"促进中日两国友好"中扮演的角色。但通过诉诸横滨认同，他们削弱了自己作为华人代表的角色。作为战时泛亚洲主义话语的一部分，友好话语依赖于中国、日本两个相异民族的统一性。对于横滨华人来说，他们的地方性和民族性认同既使他们成为日本政府的宣传工具，也削弱这种宣传工具的效力。作为一个"纯正的'滨之子'"，正如记者在1940年的那篇文章中称呼陈洞庭的那样，他们的利益与横滨社会联系在一起，也与日本的利益联系在一起，无论他们喜欢与否。然而，这种地方融合不但将他们与中国境内的中国人区分开来，也与世界其他地区的华侨区分开来。

小　结

1945年春，当盟军用燃烧弹对日本境内的平民进行轰炸时，横滨华人和他们的日本邻居遭遇了同样的命运。那些有日本亲戚的华人，主要是有跨国婚姻关系的，被允许疏散到乡下亲戚家。在横滨周边的轻井泽、箱根等地有华人亲戚的，也被允许疏散到那里。然而，尽管美国人投下的宣传单警告他们将遭到轰炸，但大多数华人选择留在市中心，听天由命。[114]

1945年5月29日上午，500多架B-29轰炸机掠过横滨上空，投下了总计2570吨燃烧弹，将整座城市烧成一片焦土。[115]很多人死在了防空洞里；剩下的人逃出火海，来到港口的水边。当炸弹坠落时，餐馆老板周潮松和邻居们一起逃出火海，跳进横滨港里求生。事后，他和其他居民一样，得到了邻里互助组织的帮助，并且得到了毛毯。[116]轰炸彻底摧毁了中华街，包括周让杰的钢琴厂、众多中餐馆和中华学校。吴伯康当时就住在学校，当炸弹击中校园时受了重伤，妻子、女儿、儿子全死在了倒塌的建筑物里。吴伯康的一生是横滨华人在战争时期经历三个不同阶段的缩影：先是被日本警察镇压，接着被迫接受"合作主义"，最后以1945年5月大轰炸中的个人悲剧告终。[117]

随着战争的结束和盟军对日本的占领，横滨华侨又重回中国的怀抱，成为太平洋战争的胜利方——反法西斯同盟的成员国的国民。中华民国外交部的文件显示，中华民国驻日代表团对在日中国国民行使管辖权，从起诉战后犯罪活动——如持有枪械、黑市交易——到逮捕战犯嫌疑人。[118]1946年8月，中华民国驻日代表团向同盟国占领军要求逮捕鲍启康，罪名是在汪伪政府的中央银行里工作。[119]尽管鲍启康曾在战时宣称自己不再是中国人，但中国政府并不这么认为。1947年4月，同盟国占领

第四章　中日战争、"中日亲善"与横滨人认同，1933~1945年 / 151

军将鲍启康引渡回上海受审。上海高级法院认为鲍启康犯有通敌罪，但也承认他在傀儡政府中的作用是次要的，不负领导责任；1947年8月19日，法院判处他较轻的六个月刑期并减去已服刑的时间。[120]其他与傀儡政府没有直接联系的华人领袖则完全逃过了起诉，战后重获中华民国国民身份，完全没有损失其影响力。

将横滨华人重新归类为同盟国国民，是10年里类似转折的又一次重演，显示出国家和人民之间不稳定、被建构的联系。然而，这种经验并没有否定中国民族身份认同的真实性；相反，它证实这种认同是不可消除也是无法回避的。如果没有普遍将民族性作为最重要的公共身份认同，那么这些政策就不会产生多大的效果。从20世纪20年代开始，中日两国政府共同构建了横滨华人的民族主体性。中华民国政府通过其侨务委员会，建起了一个民族代表网络；日本的研究者做了关于华侨的大量研究，推动了全球范围流散华人的想象。战时需求将民族性作为身份认同的首要方式。日方宣传人员希望华人成为日本战争使命的代言人，形成一种多元的、不以归化为目的的政策氛围。以各种形式参与"中日亲善"话语——体操、游行、宣传——的人，也参与了中华民族性的建构，虽然是通过支持日本战争合法性的方式。

这些华人容忍日本政府干预自己的社区，是因为他们也在社会层面融入了横滨。与被贪欲或政治投机主义驱使的典型战时合作者不同的是，横滨华人并没有期望从日本侵略中国和东南亚地区的行为中获得经济利益。1937年日本社会对他们的敌对行为爆发之后，华人在这座城市中的经济基础已经崩塌，唯一能基本维持的是餐饮业。他们的社区领袖向日本政府发出经济方面的呼吁，希望在和平恢复前，改善他们的困境。此外，在中国境内的日本占领区经常可见唯利是图的侵略者或边缘化的精英，而横滨华人领袖却与他们不同。[121] 实际上他们和战前领导社区组织的是同一批人——第二代在日华人陈洞庭、鲍博公和吴伯康。在日常生活中，他们经济拮据，节俭度日，参与地方防卫事务，在这些方面与当地其他居民没有什么区别。

因此，"合作主义"是一种调和横滨依恋、中国依恋的方式；换句话说，这是他们为了继续以横滨华人的身份生活下去的手段。然而，这是一个不完美的解决方案。他们没有能力彻底打破"中日亲善"的核心话语，更没有能力拒绝日本的战时意识形态。此外，作为一个横滨人活着，与他们作为模范性、代表性华人的地位不符。华人领袖使用的含混不清、自相矛盾的话语，显示出他们的国家认同和地方认同之间存在巨大的差异。当盟军在战争最后阶段以轰炸摧毁横滨时，他们最终为自己的地方依恋付出了代价。

"合作主义"对横滨华人的战后主体性产生了复杂影响，这可以被归纳为两个相反的方面。一方面，日本战时话语中对文化差异的接受和尊重，加强了华人身份认同的长期一致性。和在战时一样，战争结束后，华人欢迎以多元的方式接受他们的民族差异。很多人不觉得这是他们被日本社会**排挤**的表现，而是将其视为与一个压迫性国家机构保持距离的方式，日本政府曾试图通过抹杀来自朝鲜半岛和中国台湾地区的人的文化来归化他们。日本法律将归化程序弄得很烦琐，而且心理障碍也会阻止他们成为日本人。另一方面，与日本邻居的共同行动打开了地方融合的一扇门。华人在接受横滨为故乡时，并没有遇到类似的心理障碍。即使在战争期间，他们也不顾国家的要求，表现出这种地方性，同时也为横滨华人普遍接受横滨人身份做出了贡献。至于流散民族主义是如何与这种乡土文化、地方融合同步发展起来的，则是战后的故事。

注释

1. Itagaki, "Japan to Assist, Not Oppress, China," p. 164.
2. Boyle, *China and Japan at War*, p. 148.
3. 『横浜市史Ⅱ』、九三八頁。
4. Boyle, *China and Japan at War*, pp. 85–91.
5. 内務省「新政権と在留華僑」、二八頁。
6. Boyle, *China and Japan at War*, p. 238. 南京还建立过另一个傀儡政权，即"中华民国维新政府"。
7. Brook, *Collaboration*; Margherita Zanasi, "New Perspectives on Chinese Collaboration."
8. 『百年校史』、七八~九〇頁；中華會館・横浜開港資料館『横浜華僑の記憶』。
9. 『横浜市史Ⅱ』、第二卷、九四三~九四九頁。
10. 菊池『戦争と華僑』、四七九~四八〇頁。
11. Scott, *Domination and the Arts of Resistance*, pp. 2, 5, 18, 119, 183. 这种理论并不打算在虚假与真实、支配与自由之间进行清楚划分；正如斯科特提醒我们的那样，隐性的转录也是权力关系的社会产物。
12. 在横滨，"华侨"一词直到20世纪30年代才开始普及，比东南亚晚了将近20年。这个词的流行，主要是因为第二代华人的数量不断增长，他们试图把自己与父辈区分开来，后者只认为自己是中国人。但"华侨"这个词在这之前并不陌生，尽管它只是被零星地使用。最明显的一个例子就是它被用在孙中山的支持者1908年创办的横滨华侨学校上，此事已在第二章中有所讨论。

13. 南満州鉄道東亜経済調査局『華僑』、長野朗『華僑』、小林『華僑の研究』、小林『支那民族の海外発展』、通商局第二課『華僑ノ現勢』。
14. 林貞四郎『東亜共栄圏と華僑の動き』、一~二頁。
15. 小林『支那民族の海外発展』、三一九~三三七頁；南満州鉄道東亜経済調査局『華僑』、二一一~二一七頁。日本方面认为，人们参与这些抵制活动是因为国民党特工人员的野蛮胁迫，其中也有共产主义者和秘密组织的暴徒。
16. Fukuda and Oates, *With Sweat & Abacus*, p. 228.
17. 小林『華僑の研究』、一八一~一八二頁。
18. 『百年校史』、八四頁。1935年侨务委员会更换校名，以与其他海外社区一致，新校名为"横滨中华公立小学"。
19. 関東都督「排日教科書ニ関スル件」、1914、DRMFA、ref. B03030217500、JACAR；牧野伸顕「中日学院使用ノ教科書中排日事項取扱方」、1936、DRMFA、ref. Ref. B05015326500、JACAR；東亜経済調査局『支那国定排日読本』；内務省警保局『外事警察概況』、第二巻、四八~五〇頁；「また中華小学校で排日教科書」『読売新聞』、夜版、一九三六年十一月二十日、二頁。
20. 「中国留学生使用教科書及教育ニ関シ外務、文部、内務三省協議ノ件」、1936、DRMFA、ref. B05015408000、JACAR。
21. 内務省警保局『外事警察概況』、第二巻、四八~五〇頁。
22. 「新学期から訂正版、擯日教科書問題治まる」『横浜貿易新報』、一九三六年四月二日、二頁；「中華小学校読本再度発売を禁止」『横浜貿易新報』、一九三六年六月二十一日、二頁。
23. 内務省警保局「北支事変ニ関スル情報」、1937、RHM、ref. A06030016600、JACAR。
24. 内務省外事課「支那事変下ニ於ケル外事警察ノ一般情況」、1939、RHM、ref. A07040002700、JACAR；内務省警保局「北支事変ニ関スル情報」。
25. 中華会館・横浜開港資料館『横浜華僑の記憶』、五八頁；内務省警保局『外事警察概況』、第四巻、八三・二九〇~二九一頁。
26. 吴伯康：《忆横滨华侨学校》，第133页。
27. 葉明城「中国大同学校史」、八七~九〇頁；吴伯康：《忆横滨华侨学校》,第 133 页。
28. 菊池『戦争と華僑』、一〇八頁。
29. 「五色旗決議を総領事蹂躙」『読売新聞』、一九三八年一月十五日、夜版、七頁;「浜の五色旗異変」『読売新聞』、一九三八年一月十五日、夜版、二頁;内務省外事課「外事警察ノ一般情況」。
30. 福建联合会可能是想通过日本的外部支持,来对抗广东人在社区里的压倒性地位,但目前还无法确定他们的确切动机。何直次郎是个日本名字,也暗示他已经归化日本。
31. 中華会館・横浜開港資料館『横浜華僑の記憶』、一四五頁。
32. 「五色旗漫天色、沸き立つの南京町」『横浜貿易新報』、一九三八年一月十八日、夜版、二頁。
33. 内務省外事課「外事警察ノ一般情況」。
34. 菊池『戦争と華僑』、三二頁。
35. 内務省警保局『外事警察概況』、第五巻、一二頁;陈济成:《侨务工作》,第 11 页。1942 年兴亚院被并入新建立的大东亚省。
36. 内務省警保局『外事警察概況』、第五巻、一二~一三頁。
37. 陳焜旺『日本華僑・留学生運動史』。
38. Brook, *Collaboration*, pp. 2, 10.
39. Doak, "Concept of Ethnic Nationality," pp. 168, 172-78; Weiner, "Invention of Identity," pp. 99-100. 日本战争意识形态的这种转变是第一次世界大战以来泛亚洲主义话语转变的高潮,它从强调相同人种转变为将种族民族主义视为身份认同的首要原则。尽管第一眼看来,它似乎损害了作为日本殖民主义和领土扩张基础的地方主义想象,但在 20 世纪 20 年代和 30 年代,很多日本社会科学家、政治家通过主张建立一个以日本为首的亚洲民族等级制同盟,或建立一个由互补的亚洲民族组成的有机体,即东亚共同体,来调和亚洲团结和民族差异。
40. 这个词可以写作"日华亲善"、"日支亲善"或"日中亲善",完全取决于用什么词指代中国。
41. 『横浜市史 II』、第一巻、三六頁;M. Lin, "Overseas Chinese Merchants and Multiple Nationality," p. 992; Ching, *Becoming "Japanese"*。日本在朝鲜和中国台湾地区的殖民统治手段,从残

酷镇压独立运动到努力在日本人和被殖民者之间建立和谐关系等，不一而足。到1936年，战争的迫切需要使得日本的殖民政策转变为明显的同化，包括禁止使用本国语言、服饰，采用日本姓氏，以及强制遵循神道教信仰等。

42. Yang Murray, *Historical Memories of Japanese American Internment*, p.27.
43. 松本於菟男：《南洋华侨问题》，第11页；中華会館・横浜開港資料館『横浜華僑の記憶』、九四～九五頁。《华文大阪每日》是由大阪每日新闻株式会社发行的月刊，由日军提供大量补贴。该报聘请了8名中国作家和翻译，在伪满洲国和中国北方地区发行。
44. 大東亜省支那事務局総務課『日本華僑の活用面』。
45. 『横浜市史Ⅱ』、第一巻、三六頁。
46. 「在浜支那人群に総領事より引き上げ準備通牒」『横浜貿易新報』、一九三七年八月十五日、一頁；菊池『戦争と華僑』、一九～二〇頁。半岛东方邮轮公司是一家英国船运公司。
47. 内務省外事課「外事警察ノ一般情況」。
48. 「民国国民党解散」『横浜貿易新報』、一九三七年九月一日、五頁；「在留支那人三百人昨日の船で上海へ」『横浜貿易新報』、一九三七年八月三十一日、四頁。
49. 内務省警保局『外事警察概況』、第四巻、二三頁。
50. 内務省外事課「外事警察ノ一般情況」、三六頁；内務省警保局『外事警察概況』、第三巻、七七～七八頁。中国人和日本人之间的冲突在全国范围内发生。在东京，一个叫作小见山登的失业日本年轻人因为试图刺杀中国大使而于10月4日遭到逮捕。
51. 菅原『日本の華僑』、三一九頁。
52. 内務省外事課「外事警察ノ一般情況」。
53. 鲍关明等：《集体综合记事》，第230～231页。
54. 『横浜市史Ⅱ』、第二巻、九四〇頁；菊池『戦争と華僑』、一九～二〇頁。
55. 村上『横浜中華街的華僑伝』、一四〇頁；菊池『戦争と華僑』、一九頁。这种看法也得到了林荫堂和林光伟（出生于1904年）的证实。
56. 横浜市『横浜市統計書』、第二巻、三四頁；神奈川県「在留外国人名簿」、1945年8月25日、RHM、ref. A06030109400、JACAR。

1902 年华人男性数量多于女性，前者与后者的比例是 3∶1。到 1945 年 8 月战争结束时，神奈川县的这一比例是 1.5∶1。当时神奈川县华人家庭的平均人数是 3.65 人。这个数字虽然少于当时日本家庭平均 5 人的规模，但还是明显比外国家庭中人口规模排名第二的德国要高，后者每户平均有 2.42 人。一个比较极端的例子是鲍博公的八口之家，包括他的妻子、三个儿子、两个女儿，以及一个在他餐馆打工的 65 岁厨师。

57. 中華会館・横濱開港資料館『横浜華僑の記憶』、四一頁。
58. 曾峰英「旺」、七頁。
59. 菅原『日本の華僑』、二〇～二一頁。
60. 『横浜市史Ⅱ』、第二卷、九三八頁。
61. 《妇女会五十年史》，第 98 页。
62. 苗顺馨与作者的谈话，2005 年 9 月 10 日。
63. 李春佳「質素で堅実な小学校」、一四二頁；陈效荫「横浜中華公立小学校の思い出」、一四三頁。
64. 横浜中華街ホームページ「尊老敬老インタビュー：華僑一世の時代」、2007 年 9 月 26 日、http://www.chinatown.or.jp/lovechinatown/talk/respectolder.html。根据梁兆华（1905—2007）的回忆，警察经常来搜查他们的冰箱，一旦发现黑市买来的肉就没收。
65. 福島「昭和期中華街の盛衰」、一七頁；神奈川県『在留外国人名簿』。
66. 菊池『戦争と華僑』、一一二～一一三頁；入山「本邦における華僑の論ず」、一九六頁；Kagotani, "Chinese Merchant Community in Kobe," p. 50。
67. Kagotani, "Chinese Merchant Community in Kobe," pp. 67–69.
68. 鲁风：《全日本华侨总会》，第 23～35 页。鲁风观察到，在家里说本省方言的华人正在失去使用国语的能力，转而使用日语。
69. 我们可以认为，报道这些故事的日本报纸都是为了向广大日本读者证明，"中日亲善"存在于现实之中，同时提供这样的文件和图像证据，说明华人认同日本的战争目标。
70. 芳賀「蘇る記憶」、一三七頁。
71. 《留日华侨先锋宣言：协力建设更生新中国　贡献身心于兴亚大业》，《华文大阪每日》（第二卷），1939 年第 6 期，第 30～31 页。

72. Oguma, *Genealogy of "Japanese" Self-Images*, p. 43; Caprio, *Japanese Assimilation Policies in Colonial Korea*, p. 169. 这种对于中日跨国婚姻的看法，与在殖民统治下对朝鲜人和日本人之间通婚的鼓励类似。但主要的区别在于，日本人和朝鲜人通婚是为了消除两个民族之间的种族差异，并且使朝鲜不可逆转地融入日本。在这篇为华人撰写的文章中，没有任何此类动机的暗示；华人和日本人被描述为相互独立的类别，而且估计会永远维持这种状态。
73. 王良：《中华民国留日横滨华侨总会》；陈天玺「陳洞庭」、可児弘明・斯波義信・游仲勲編『華僑・華人事典』（東京、弘文堂、二〇〇二年）、七一七頁；神奈川県県庁「陳洞庭功績調書」、1939 年 11 月 10 日、ref. 1199405393、KPA。对于陈洞庭的出生地，中国和日本方面的材料有分歧。神奈川县的档案以及 1940 年 9 月 6 日《横滨贸易新报》的一篇报道称他出生于横滨，但最近中国作家们的著作称他出生于广东省中山市。
74. 内務省警保局「北支事変ニ関スル情報」。
75. 同上。
76. 在这篇报道和其他出版物中，横滨人的身份都很模糊，这表明它对当地社区的意义是含蓄的。它的主要依据是当地人对横滨作为国际化港口的自豪感，以及有意识地区别横滨与首都东京的文化意图。
77. 「陳洞庭功績調書」。
78. 内務省外事課「外事警察ノ一般情況」；「関心な支那人コック」『横浜貿易新報』、一九三九年一月三十一日、二頁；横浜市『横浜市統計書』、三三巻、一五頁。鲍博公的巨额捐款似乎是为了把华人的捐款总额（102180 日元）推到横滨其他外国居民的总额（102000 日元）之上。在当时，这笔钱可以买 1.3 英亩的优质水稻田，或者在中区买 32.5 英亩的贫瘠土地。（1.3 英亩相当于 5261 平方米，32.5 英亩相当于 131523 平方米。——译者注）
79. 「陳洞庭功績調書」。
80. 东京放送局是日本放送协会（NHK）的前身。
81. 内務省外事課「外事警察ノ一般情況」；「在留華僑再び放送」『読売新聞』、一九三八年九月八日、夜版、二頁；「この声を聞

け、支那人自動が祖国へ放送」『読売新聞』、一九三八年十一月二十五日、夜版、二頁。
82. 松本学「国民体育向上と建国体操」、一頁。
83. 「陳洞庭功績調書」。
84. 藤野『強制された健康』、五八～六一頁；呉伯康「宴会中一言申し上げます」、八頁。
85. 呉伯康「宴会中一言申し上げます」、八頁。
86. 『横浜市史Ⅱ』、第一巻、三七～三八頁；柴田「敵産処理と特殊財産」、四二六～四三四頁。1941年7月，日本政府禁止美国、英国、澳大利亚和加拿大公民的一切金融和商业活动。所有公司的资产、财产和留在港口的货物也被没收。山手外国人居留地里由西方人建立的传教士学校被转交给日本人校长，课程也转向了日本的爱国主义。最后，在美国、英国于1941年12月8日向日本宣战后，所有留在横滨的外国人都被按性别集中起来，关进集中营，等待遣返。
87. 内務省外事課「外事警察ノ一般情況」；「大乗的観点から加賀町署の朗かな裁き」『横浜貿易新報』、一九三九年一月十日、二頁。在一年前的4月，有30人因为相同的行为遭到遣返。
88. 林同春『橘渡る人』四二～四三・五六～五七頁。
89. 内務省警保局『外事警察概況』、第七巻、五四頁。
90. 菊池『戦争と華僑』、五五～五六頁。
91. 内務省警保局『外事警察概況』、第七巻、五四頁。
92. 陈常好：《回忆与期盼》，第276页；村上『横浜中華街的華僑伝』、一〇〇頁；『百年校史』、八七頁。此事得到了松本学（原名梁友荣）、陈常好的证实。
93. 中華会館・横浜開港資料館編『横浜華僑の記憶』、二九～三〇頁。
94. 同上、四〇頁。
95. 同上、一四六頁。
96. 村上『横浜中華街的華僑伝』、一三〇頁。
97. 中華会館・横浜開港資料館編『横浜華僑の記憶』、八九頁。
98. 菅原『日本の華僑』、八一～八二頁。
99. 《妇女会五十年史》，第98页。

100. 日本外交協会「本邦在留華僑の日支時局懇談（第一回）」、1938、DRMFA、ref. B02030924400、JACAR。
101. 日本外交協会「留日華僑の日支時局懇談（第二回）」、1939、ref. 4338、Tōyō Bunko。
102. 日本外交協会「日支時局懇談（第二回）」、四四~四五頁。
103. 日本外交協会「日支時局懇談（第一回）」、三三頁。
104. 小笠原『孫文を支えた横浜華僑』、二二・四二~四三頁。温炳臣之所以能畅所欲言，是因为他是亚洲主义的信徒，而且他在华人社区里德高望重。1898年，他在横滨庇护孙中山，担任孙中山的翻译兼保镖，而且正如第二章所述，1899年他在中华会馆里引发了斗殴。
105. 日本外交協会「日支時局懇談（第一回）」、五一~五二頁。
106. 内務省警保局『外事警察概況』、第四卷、二八頁。这种动机不纯的判断并非笔者的想法。据日本警方观察，华人有时会互相指责对方是为了自己的利益。溜须拍马之人在这一群体中显然不被容忍。
107. 日本外交協会「日支時局懇談（第一回）」、六二~六四頁。
108. 日本外交協会「日支時局懇談（第二回）」、四〇~四四頁。
109. 菊池『戦争と華僑』、六四頁。
110. 同上、一〇九頁。
111. 日本外交協会「日支時局懇談（第一回）」、一三~一六頁。
112. 同上、三一頁。
113. 同上、五九~六一頁。陈洞庭在1937年秋反驳中华民国领事馆的批评，并且为地方自治辩护。鲍启康也捍卫此观点。陈洞庭称，虽然横滨华人辜负了领事馆的期望，但他们有属于自己的、具有地方特色的爱国主义。
114. 横浜中華街ホームページ「華僑一世の時代」。
115. 『百年校史』、八八頁；『横浜市史Ⅱ』、第二卷、一〇二四~二六頁。从1943年6月底到日本正式投降，居住在神奈川县的华人数量从2964下降到1917。但从人口数量上很难判断有多少华人在轰炸中丧生，因为在横滨被毁前后，很多华人都疏散到了其他地区。
116. 菅原『日本の華僑』、六〇頁。

117. 『百年校史』、九〇頁。
118. 中华民国外交部:《我国驻日代表团法律处工作报告》,1947－1948,ref. 020－010121－0004,AH。
119. Otis Luckman to Commanding Officer, Sugamo Prison, APO 181, Apr. 17, 1947, box 125, folder 26, RG 554, NACP.
120. 中华民国外交部:《法律处工作报告》,第174~175页。
121. Brook, *Collaboration*, pp. 48－49, 75.

第五章 分裂之城：冷战时期的横滨中华街，1945~1972年

从太平洋战争结束，到1972年日本与中华人民共和国恢复邦交正常化的约30年间，横滨中华街经历了巨大的社会、文化和经济变迁。在这几十年里，他们的祖国和定居国从毁灭性的战争中走出，进入全球冷战的不稳定状态。地缘政治环境塑造了横滨中华街与中国的关系、华人在日本的法律地位，以及他们在当地经济中的作用。最明显的是，这个时代见证了横滨华人经济财富的增长，这可以从城市景观本身的变化中得到印证：从1945年春天盟军飞机轰炸后的一片废墟，到盟军占领期间由兵营和黑市组成的破败街区，再到20世纪50~60年代的劣质酒吧和歌舞厅区，最后在20世纪70年代成为日本游客的美食胜地（彩图14）。

最后一种转变，是长期且不断加速的商业趋势的产物。战争结束时，30多家中餐馆吸收了大部分劳动人口；到1976年，这一地区的中餐馆已超过95家。[1]

但在其他方面，横滨中华街社区没什么变化。战后横滨市的华人人口回升，但没有超过战前的规模。1960年12月，有5546名华人居住于神奈川县，以中华街以及附近的中区为主（3418人）。长期居民及其后裔占其中大部分：1962年7月的调查显示，63.8%的人出生在日本，89%的人是永久居民。另外，大多数人是广东人（55.1%），只有一小部分来自台湾地区

（10.4%）。台湾人不久前被取消了日本国籍，占在日华人人口一半以上，但他们在中华街定居的不多。[2]另外，华人在中华街的居民中并不占多数；它仍是杂居社区，在这里居住或经商的日本人占到了58.4%。[3]

持续的定居和民族融合，是促进华人从社会、经济层面融入广阔的横滨社区的重要因素。这种从19世纪开始的融合过程，渐渐赋予横滨华人以横滨人的自我意识。到20世纪70年代，横滨华人比以往任何时候都更认同横滨人身份，也更被认同为这座城市的居民（市民）。这种发展的一个迹象就是他们对《市民与文化》的贡献。这本杂志创刊于1979年，旨在向当地读者介绍横滨的社会和文化；该杂志刊登了关于华人定居史的文章，以及出生于横滨的黄成武的中华料理菜谱。这些文章和读者来信，显示出横滨社会对横滨华人的接受程度。[4]这类出版物也说明了美食对于这种共同地方文化的重要性：1976年的《横滨的味道》一书用了第三章的全部篇幅介绍中餐馆，接着是法国、意大利、墨西哥、美国的餐厅，最后才是日本餐馆。[5]在这几十年里，由于这种多元文化美食的流行，横滨华人与横滨市和神奈川县的官员一起，将中华街的餐馆作为市内的首要观光景点进行推广。

然而，这种地方主义产生于一个将民族国家普遍化视为个人终极身份认同的时代。1945年后伴随着去殖民地化的浪潮，民族身份认同兴起并重塑了国际秩序。[6]在输掉太平洋战争后，日本失去了多民族帝国地位，转而以单一民族决定国家认同。血统主义国籍法继续界定着正式的公民身份，日本人源自同一祖先的观念强化了社会的封闭性：无论在大众观念中还是在政府政策层面，日本人都自视为单一民族。[7]这种对日本民族的定义，同时得到了左派、右派两方的支持，这既是自由派和左派对多民族帝国的否定，也是保守派对日本文化的独特表述。[8]不仅如此，在战后经济高速发展的时代，日本人热衷于创作和阅读讨论日本民族特点（日本人论）的通俗作品，通过这种方式强化了民族和文化的统一感。[9]

通过剥夺前殖民地臣民的日本公民身份，日本政府的政策贯彻了这种对单一民族性的理解。1947年5月，日本的《外国人登记法》将来自中国台湾地区和朝鲜半岛的人定义为外籍居民。[10]但此举并非基于对民族差异的片面理解。在日本的统治下，朝鲜和中国台湾地区的独立运动推动者利用种族及民族主义话语来抵制殖民同化。随着日本帝国的覆灭，这些地区的领导人也接受了这种民族观念。1946年6月，中华民国政府宣布，台湾是中国领土的一部分，并且台湾人在民族上属于中国人，在海外居住的台湾人都是中国国民。那些不愿恢复中国国籍的人，必须在当年12月底之前向当地外交机构提出申请。[11]与此同时，东亚地区大规模的军人复员和平民遣返，则将民族身份认同和领土边界联系在一起。在战争结束后那几年，近700万日本人从前殖民地回到日本，另有150万人返回朝鲜半岛。[12]战时受日本各支部队、政府机关雇佣，在矿山和码头工作的32000余名中国劳工也几乎全部回国。[13]

对在日本的华人居民而言，这种历史性转变意味着他们在日本社会中地位的延续，即他们是在种族层面被标记出来但又被社会接受的外国人。在这方面，他们并不孤单。在战后日本，来自前殖民地朝鲜半岛的人的数量超过了华人。根据登记记录，1946年在日朝鲜人的数量是647006人。[14]"在日"这个词曾经意味着暂时住在日本；但它的含义渐渐地转变为在日本永久定居,并且与在朝鲜半岛的日本人和朝鲜人都有明显区别。[15]他们被日本归类为外国人,将面临与华人19世纪末以来所经历的民族排斥与地方包容相同的模式,并且形成相似的身份认同。

本章将研究在太平洋战争结束后的30年里,横滨中华街社区如何调和他们的民族和地方身份认同。他们首先得面对日本的单一民族意识形态,并且在中国出现两岸分离的情况时,共同努力维持横滨的华人爱国主义。当两岸的政治干预在20世纪50年代达到顶峰时,横滨华人社区分裂为亲大陆派与亲台湾派。这标志着横滨的华侨意识达到了高潮,在中华街的街道上,这个社区再现了祖国的政治分裂。然而,随后的几年里,横滨人的身份认同正是从这些条件中逐渐凸显出来。对横滨华人来说,社区内部的意识形态分裂损害了民族团结原则;与此同时,经济上的紧迫性进一步让他们融入当地社区,并且使他们作为真正的"市民"或"居民"的身份归属合法化。

华侨身份认同启示录

1945年8月15日,日本天皇宣读终战诏书,战时中国的傀儡政府宣布投降后,蒋介石领导的中华民国政府恢复了在日华人的代表权和管辖权;这一转变意味着他们现在已经是同盟国国民,享受其身份所赋予的所有裨益。此外,同盟国占领军并不干涉中华街的生活;在日本的观察者看来,这一地区恢复了事实上的治外法权状态。[16]

尽管中华民国的代表和同盟国占领军找到了鲍启康和其他曾与汪伪政府合作的华人,但诸如中华会馆这些民间团体的成员并没有受到影响。尽管曾公开支持战争,但战争结束后,这些

163 横滨华人社区的领袖东山再起，其影响力未有减损。1945 年 9 月，在原中华会馆的旧址上成立了临时的横滨华侨总会。其选举以民主方式进行，以市民大会的形式召开；华人齐聚新建的关帝庙聆听演讲，然后一一投票。[17]鲍博公当选为第一任主席，任期从 1946 年 3 月至 1947 年 3 月。陈洞庭在 1950 年 6 月当选为主席，任职至 1952 年 3 月。其地位的合法性似乎并没有因为与日本当局的合作而受损。考虑到他们共同的战时经历，当地社区很可能理解两人在战争期间做出令人不快的行为是迫不得已的。

1946 年 3 月，代表中华民国的驻日代表团正式成立横滨华侨总会，将其作为遍布世界的华侨协会网络中的一个官方节点。[18]在 1952 年日本与台湾当局正式确立"外交关系"之前，横滨华侨总会的注册证可以暂时代替护照的功能。[19]作为同盟国国民，华侨享有不少经济利益，包括物资的优先配给、免费乘坐火车等。根据 1947 年 2 月 28 日《经济新闻》上的文章，横滨华侨总会的注册制度还具备纪律惩戒功能，因为总会可以通过拒发物资配给券来惩罚不法行为。

这些优势使 1945～1952 年成了日本华侨经济的"黄金时代"，一个华侨企业和中日合资企业蓬勃发展的时代。设于东京、神户、大阪的华侨贸易公司利用中国同盟国的地位，以及自己与中国各地的联系，迅速发展壮大。由于占领军限制日本人与外国人来往，很多华侨也受雇于日本企业，从事对外贸易。[20]资本在华侨手中积累，再加上糖、其他食物、纸张配给的优先权，华侨经营的糖果店、餐馆、报社和杂志社在日本各地蓬勃发展。[21]

164 相比之下，横滨华侨没有恢复大规模的进出口业务，因为同盟国占领军已经占用了该市的大部分港口设施。但在那些美军征用地附近，横滨华侨通过白市及黑市贸易获利颇丰。他们将很多商品从占领军士兵个人手中买下并直接转手给华人，或从中国海峡两岸运来商品。关于横滨华商神秘采购能力的传说广为流传，他们可以供应一些其他地方无法想象的稀缺产品，比如大量的青霉素。[22]

华侨身份认同在强制登记与经济利益的刺激下，获得了新的具体含义。但这也产生了一种共识，即对华人和日本人而言，民族、领土和政治统一都是相互关联的条件。然而，这种共识却被中国的内战所打乱，这场内战将中国分裂为两个部分，海峡两岸都试图代表海外华人。

冷战与横滨华人

蒋介石输掉了中国的内战，败退到台湾后，他的冷战盟友包括日本在内，仍然视台湾当局为中国的"合法政府"。台湾当局的代理人继续控制着世界各地的海外华人社区，尽管他们的影响力日益受到大陆支持者的挑战。海峡两岸的关系，并不是以同样的方式在所有海外华人社区中表现出来的。对美国反共州、温哥华、巴拿马的唐人街研究显示，冷战刚开始时，国民党在这些地区有压倒性优势，经常公开打压支持大陆的华人团体。[23]相比之下，日本境内的亲大陆团体在当地获得了大量支持。这些团体持续性的影响力，既是日本太平洋战争的遗产，也与横滨当地的实际情况有关。

在日本，两个敌对派系通过出版和教育，宣传各自的华人身份认同观念，类似20世纪初革命派与改良派的斗争。1948年，日本有两份华侨办的报纸，发行量各达50万份，还至少有25种活跃的华侨杂志。规模最大的几种报刊背后有商业投资，以日文出版，面向日本读者。这些报刊的名字往往很笼统，如《国际新闻》或《政治经济新闻》之类，不怎么透露发行人的国籍。[24]但到1949年以后，与中国共产党或国民党有明显联系的报刊如雨后春笋般涌现；这类报刊通常在报刊名字中加入"华侨"一词，试图以此影响读者对于华人身份认同的理解。

1949年7月由华侨民主促进会创办的《华侨民报》，是一份亲共产党的报纸。作为机关刊物，该报在国共内战临近尾声时大力宣传中国共产党的事业。[25]该报和其他亲共报刊试图通过攻击其他华侨办报纸的商业化取向，来维护自己意识形态上的领导地位。[26]为台湾当局服务的报刊，例如1956年创办的《华侨》，同样积极动员其读者，确立华侨作为华人身份认同的主要形式。

通过鲍博公、吴伯康的努力，在台湾驻日代表团的主持下，1946年9月建起了一座新的横滨中华学校。学校规定全部采用国语授课，并且使用台湾教育主管部门选定的教科书，这在横滨是史无前例的。教科书的内容包括旨在培养中国认同的爱国主义课程，以及拥护台湾当局领导人的文章。[27]当时这所学校的小学、初中和夜校部总共招收了1000多人，占神奈川县华人人口的20%。[28]因此，这所学校在社区具有非同寻常的社会意义，而冷战在亚洲的展开，引发了一场争夺学校控制权的全面斗争。1950年6月朝鲜战争爆发，10月下旬中国人民志愿军进入朝鲜境内，与美军及韩国军队作战。在日本的华人，尤其是教育工作者的忠诚度，成为驻日代表团、同盟国占领军和日本政府非常关心的问题。横滨中华学校从东京聘请的华人教师中，大多数人是中华人民共和国政府的坚定支持者,并且组织关于新中国的读书会。这种对新中国的态度也影响到了学校的校长们,其中两名校长辞职回国,去建设新中国。[29]

这些年里,中国政府积极行动,利用华侨的乡愁,鼓励海外华人回到祖国。但这一政策让很多国家感到恐惧,担心中国共产党会把华侨变成它的第五纵队,于是很多非共产主义国家采取了镇压措施。[30]在美国,由参议员麦卡锡(Joseph McCarthy)发起的对共产主义支持者的调查,与打击中国非法移民的行动双管齐下。因为非法——即所谓的"契纸儿子"(paper son)——移民申请的案例在美国华人中非常普遍,所以联邦调查局、移民与归化局能够有选择性地以遣返回国来威胁左派人士。[31]

横滨左派华侨的活动也引起了日本政府和台湾当局的注意,他们认为这是共产党领导的渗透和颠覆活动的前兆。日本共产党与日本境内华人、朝韩激进分子的组织联系,让这种危险看起来相当真实。[32]同盟国占领军在1950年6月的红色大清洗中取缔了日本共产党的机关刊物《赤旗》,其作者和编辑继续在《华侨民报》的资助下出版。[33]然而,日本官方并不能利用移民法来进行遣返回国威胁;此外,中国共产党还得到了不少日本知名人士的支持,包括作家竹内好、日本社会党领袖浅沼稻次郎。[34]另一个支持中国共产党的组织是日中友好协会(1950年10月1日成立),该协会为日本和中国之间的基层外交提供了便利。[35]

台湾当局试图通过对华侨团体的主导权来抑制在日华人中的左翼倾向。1950年3月,国民党派遣一名军事代表到东京,以整顿驻日代表团、东京华侨总会的领导层。[36]1951年春,驻日代表团试图镇压普通华侨中支持大陆的人，威胁将以政治不忠诚为由，撤销他们的登记文件。这种忠诚条款，以及试图干涉当年5月东京华侨总会选举的拙劣举动，激怒了华人社区。当亲大陆的领袖被选举出来后，1951年8月驻日代表团另外成立了一个亲台的东京华侨总会。[37]

两个月后，当中美两国军队在朝鲜战场上僵持对峙时，台湾驻日代表团的代表来横滨中华学校视察。代表们对春夏之交东京的那场分裂斗争记忆犹新，当他们看到向1911年辛亥革命烈士致敬的横幅上写有"解放"字样时，不禁火冒三丈。对他们而言，这个词代表着共产主义革命，即将中国从资本主义和帝国主义的压迫中解放出来。驻日代表团当即开除校长，夺取学校董事会的控制权，并且无视家长和教师协会要求从该社区任命新校长的请愿。[38]

1952年8月1日，驻日代表团专横地任命从东京来的新校长王庆仁及其他20名新教师。当愤怒的家长、教师和毕业生来到学校操场，要求将这些新学校职员赶走时，驻日代表团叫来日本防暴警察，将人群驱散。所谓的"学校事件"就此爆发，导致横滨的华人团体分裂为两派。在整个8月，社区里大多数支持大陆或反对驻日代表团行径的人，召开了数次会议。他们强烈谴责驻日代表团对当地社区民主管理的干涉，谴责学校董事会允许这种情况发生。[39]台湾驻横滨机构的报告记载，亲台湾的观点认为，共产主义"匪帮"已篡夺学校的控制权，正在推行赤化教育。《每日新闻》和《读卖新闻》也将"学校事件"说成是一场反共斗争。[40]然而，这场反对运动期间保存下来的书信里却没有太多意识形态色彩。老师、学生和家长认为，他们反对新校长，是因为外部权力的干预（介入）。[41]当时在校生的回忆录也表明，他们支持自己的老师，反对他们眼中的外来暴政。总而言之，运动中地方自治的愿望是占主导地位的。[42]

正如1899年围绕大同学校的纷争一样，各派名义上由其领导人的政策决定，但构成各派基础的支持者则根据更具有地方性的考量聚在一起。在反对驻日代表团的运动中，参与者挨家挨户地敲门，宣传地方自决权和集体决策权。活动的参与具有民族包容性：同时用中文和日文发表宣言，并且其中一位领袖是华人居民的日本妻子江川鹰。[43]驻日代表团在当地社区的代表合法性已被削弱，一方面是因为国民党败退台湾，另一方面是因为驻日代表团依赖日本的防暴警察，这让人回想起战争期间日本警察对当地社区的压迫。[44]

9月1日，反对派在自己选出来的校长乌勒吉的主持下，另外举办了一场开学仪式。驻日代表团的回应是召集一支台湾水兵小分队，强制终止了仪式。当乌勒吉和老师们强行冲进教室时，日本的防暴警察过来驱散了他们，并且逮捕了乌勒吉及其他8人。[45]次日被释放时，他们因为反抗国民党和日本警方而受到了英雄般的欢迎。在1952年以来的很多回忆录和文章中，此事件为一个全新的横滨中华街社区的诞生提供了戏剧性的叙述。[46]当然，亲国民党派系的人对此有不一样的看法：台湾驻外机构向上级报告说，"匪帮"在朝鲜和日本共产党的指使下，暴力夺取学校的控制权。[47]

尽管有这样的观点，但横滨市的大部分华人还是团结在乌勒吉和原来的老师们周围。由于学校被警察下令封锁，反对派的家长们提供了14处私人住宅充当教室。在1953年新校舍在横滨的山手区建成以前，学生们都是这样分散上课的。1952年在原中华学校就读的近830名学生，有近600名转校到横滨山手中华学校，跟原来的老师上课，只有约 70 名学生继续在被国民党控制的中华学校就读，该校现在被称为横滨中华学院。[48]剩下的 160 个学生，主要是富裕家庭的孩子，选择了日本学校或美国人在山手开办的教会学校就读。正如当地人所说，"厨子们把孩子送到山手中华学校，大饭店老板们把孩子送去美国学校或日本学校"。[49]

反对驻日代表团的独立斗争提供了一个很有说服力的故事，但反对运动发生在一个被地缘政治决定的地方。他们的斗争将他们与大陆的官方机构联系在一起，因为他们持续性地获得东京华侨总会等机构的资助。这种依附性导致他们和日本警方的对立关系，后者与台湾当局代表一起调查中国共产党组织的集会，并且施压让他们的子女改上国民党控制的学校。[50]亲大陆派的华人也受到了横滨社会的歧视。当学校的组织者第一次试图在横滨双叶区购买土地时，土地所有者拒绝了他们，因为他听说新学校将在这里进行"赤化"教育。[51]即使在山手的校舍建好以后，台湾驻外机构还是通过其影响力，阻止神奈川县根据日本 1947 年颁布的《学校教育法》批准其办学。1953~1957 年，台湾驻外机构多次向神奈川县知事内山岩太郎施压，拖延或阻碍学校的申请手续。直到 1957 年日本共产党人出面干预，并且知事无法再阻挠相关委员会审查和批准申请为止。[52]

横滨华人的这种分裂，将华人与冷战阵营的选择联系在一起，催生了两套社区机构的产生。"学校事件"发生后的家长会逐渐演变成 1953 年的横滨华侨妇女会。[53]为与之抗衡，台湾驻外机构在 1955 年建立了横滨自由华侨妇女会。至于横滨华侨总会，在 1953 年 5 月的选举中，亲大陆派本来赢得了控制权，但投票后台湾驻外机构宣布选举无效。[54]三个月后,台湾驻外机构策划了另一场对自己的铁杆支持者有利的选举。亲大陆派遂于1960年7月另建横滨华侨联谊会,以复制横滨华侨总会的功能。[55]

若不在双方的斗争中选边站,那么任何人都几乎没法继续在华侨社会里待下去,这种情况有可能使所有的集体活动都变成政治斗争。战后不久,华侨青年总会积极组织体育活动,带领社区居民参加横滨市一年一度的港区节。但在"学校事件"发生后,华侨青年总会减少了活动;正如李福泉(1926—2009)所说,因该组织的成员在前期主要是亲共产党人士,所以加入它的人也会逐渐有此倾向。[56]国旗问题尤为敏感,很容易引发争议。[57]由于国旗问题,华人差点没法参加1958年的横滨开港一百周年庆典活动,该活动由横滨商工会议所组织。李福泉当时在横滨中华街发展会工作,该组织成立于1956年,旨在促进华人企业和日本企业的经济合作。中华街发展会收到商工会议所的建议,要他们派舞龙队、舞狮队参加庆典活动。但李福泉发现,要说服两个派系一同参加谈何容易:即使把他们分在不同的舞龙队、舞狮队,双方还是不允许对方挥舞具有政治象征意义的国旗。正如李福泉所言:

> 那个时候,我最担心的是国旗问题。他们有"青天白日",我们有"五星红旗",这该怎么办?我告诉他们,这是横滨市民的节日,我们又不是全国性的代表。我们不需要国旗。他们却回答,这是国际性游行,其他国家的人包括韩国人都会有国旗,所以他们也应该有。我告诉他们,作为横滨中华街发展会的成员,我们只想做生意。为什么我们不能分成中华街A队和中华街B队呢?

李福泉的劝说最终奏效，当天的游行也很成功。此外，他的解决方案还指向了一种以经济需求为基础的社区融合与横滨身份认同，而非华侨身份认同。这一套逻辑在随后几十年里的影响越来越大。但在当时，这并不是应对更广泛政治分裂的突破口。当《朝日新闻》刊登了一篇文章介绍横滨的亲国民党、亲共产党华人的这种合作后，一个来自亲台湾派的人警告李福泉，他的参与可能会让台湾当局不高兴，导致日后他很难去台湾。[58]

冷战同样阻碍了横滨华人的艺术活动和节日庆祝活动。粤剧演出曾是每年关帝节上的活动之一，这一节日是为纪念著名历史人物关羽，春节期间也会举办类似活动。但现在，内部的冲突导致表演团体难以为继，很多公共庆祝活动也在20世纪50年代中期走到了尽头。[59]纪念活动和表演，不仅是社区凝聚力的指标，而且有助于界定并维持这个社区。伍荣仲在分析温哥华唐人街时指出，庆祝的功能是"生动的非文字'剧本'，塑造出一个想象的共同体"。[60]失去它是社区的损失，尤其是对那些不那么有影响力的成员而言，他们失去了一个表达华人身份认同的场所。

这种内部的冲突严重阻碍了民族团结。学校的孩子们尤其为这种矛盾而苦恼，一方面是民族自豪感的意识形态，另一方面是社区分裂的现实。卢杰良当时是亲台湾学校第七届毕业班的学生，他被亲大陆派学生扰乱课堂秩序的行为吓坏了，日本母亲差点把他转到日本人的中学去。[61]江川鹰的儿子吕行雄在"学校事件"后转学到亲大陆的学校，但这个少年心中留下了"一个民族的人却没法好好相处"的巨大创伤。[62]社区里的年长者也四分五裂，即使在他们回国之后仍然如此。吴伯康支持亲大陆派，并且于1955年回到祖国。[63]相反，陈洞庭到1958年退休前一直留在亲台湾的华侨总会里，甚至在1953年2月2日遭到亲共报纸《中华学校新闻》（『中華学校ニュース』）的谴责。[64]1952年，鲍博公最后一次担任华侨总会监督员的任期结束，直到1958年他去世时，人们仍难以确定他究竟站在哪一边。[65]亲大陆派、亲台湾派的冲突严重阻碍了华侨的文化和政治团结，同年横滨中华街爆发的经济危机使情况更趋恶化。

华侨经济的崩溃与中华街的兴起

在日本全境，当1952年5月《旧金山条约》生效，盟军对日本的占领结束后，华侨身份就变成了一种经济上的负担。在日本恢复政治和经济主权的同时，在日华人也失去了作为同盟国国民的特殊优势。来自日本企业的竞争日益激烈，国际贸易中间商地位的丧失，加上对外国公民金融和货币兑换的限制，导致在日华人的经济形势不可阻挡地每况愈下。20世纪50年代，日本企业和个人有能力回购战争刚结束那几年落到华人手里的大部分股票。[66]1949年日本政府出台《外国人财产取得政令》，限制外国人持有日本企业的资产，进一步加速了这种趋势。[67]

曾经积极雇佣华人帮他们拓展海外贸易的企业，现在纷纷解雇华人员工。总体而言，此后日本企业不愿意雇佣非日本人，结果是很少有华人进入大学，因为他们清楚接受高等教育并不能改善他们的职业前景。[68]在1970~1974年日立公司就业歧视案件之后，这种情况开始有了一些改善，在该案中，一个名叫朴钟硕的韩国人控告日立公司在得知他不是日本人后取消了和他签订的劳动合同。[69]在横滨地方法院具有里程碑意义的判决中，朴钟硕的劳动合同得以恢复，同时法院判定日立公司在雇佣过程中存在歧视行为。[70]尽管如此，直到20世纪80年代贸易自由化后，日本与中国的接触增多，日本企业才开始雇佣更多中国人。

华人和其他外国人也很难从日本商业银行获得贷款。为了应对这些经济障碍，华商自己创办了几家小型贷款银行和信用社。1952年12月，横滨华人创办了名为"信用组合横滨华银"的华人商业银行。[71]超过2.12亿日元的注册资本，使之成为日本最大的华人金融机构，但仍小于日本大型商业银行的规模。[72]总体而言，华人企业的资金投入难以与日本企业相提并论，这导致20世纪50年代横滨市的商业更新率、扩张率都较低。这种金融环境给华人在日本的传统行业，即俗称"三把刀"的理发师、裁缝、厨师带来了特殊的问题。华人理发店没有资金升级业务，跟不上日本企业的脚步，而裁缝则面临香港进口服装的有力竞争。[73]资本雄厚的日本企业向华人餐饮业者发起挑战，他们建起更大的餐馆，并且挖走了华人厨师。[74]

20世纪50年代带来了政治分裂，也带来了经济危机。1953年7月朝鲜战争结束后日本经济萧条期间，经济危机更加严重。[75]失业和贫困成为严重的问题，那些年华人团体最主要的任务就是提供经济救助。[76]正如过去的危机中那样，横滨华人转投餐饮业以求生存，事实证明这是中华街经济中最有活力的行业。在这方面，横滨中华街对餐饮业的依赖程度，远远超过日本其他华人社区。根据1959年4月的调查，在横滨市工作的华人中，有40.9%从事餐饮业，而在神户这一数据是17.8%，神户华人职业分布更均匀，包括出口业（17.9%）和零售业（19.5%）。[77]这项调查指出，在中华街的黑市关闭后，"如果再关闭中餐馆,那这里根本不会有什么繁荣"。[78] 不过对这些餐馆来说,战后的形势比以往任何时期都更有利。一些日本分析家称,战后中餐馆扩张到了日本内地,并且永久地改变日本人的饮食习惯。[79] 另一个相关因素是几百万日本士兵和定居者从中国大陆回国,这些人早已习惯了中国饮食,这也是战后日本中餐馆消费额不断增长的原因。[80] 另外,历史学家乔治·绍尔特(George Solt)认为,战后日本从美国进口大量面粉以缓解饥馑,导致更多日本人以中式拉面取代传统的米饭。

烧卖也是日本不断壮大的大众媒体促进中式食品消费的一个典范。这种面点最早是在20世纪初由鲍棠的博雅亭引进的,但日资企业崎阳轩从1928年开始售卖烧卖,为它在战后的流行埋下了伏笔。20世纪20年代,野并茂吉(1888—1965)社长试图寻找一种横滨名物,以吸引经过横滨火车站的乘客购买便当。然而,横滨到东京的行程很短一直是个难题。他在中华街找到了答案,从那里聘请了广东厨师吴遇孙(1888—?)来做烧卖,以此作为店里的招牌菜。这道菜卖得不温不火,直到战争结束之后。1950年,茂吉萌生了让身穿红色制服的女孩在横滨站的月台卖烧卖的想法。小说家狮子文六在《每日新闻》上连载名为《喧闹》(『やっさもっさ』)的故事后,所谓的"烧卖女郎"引起了全国性的关注。这篇小说以战后复兴中的横滨为背景,描写了一个烧卖女郎和一个坐火车经过横滨站的棒球选手之间的爱情故事。当时正是日本电影的黄金时代,1953年涩谷导演的电影《烧卖女郎》上映,让影院的观众们也爱上了烧卖女郎。[81] 不久之后,烧卖开始出现在日本各地的菜单和商店货架上。

随着中华料理的日益普及,中华街的餐饮业为该区的华人和日本人提供了经济活力。1962年的一项上门调查发现,华人和日本人比邻而居:这一地区总共有95户华人家庭和108户日本家庭,以及204家华人企业和312家日本人企业。[82]华商占主导地位的是中餐馆(61∶3)、酒吧和歌舞厅(81∶22)。日本人经营的业务主要是食品(65∶8)和贸易公司(70∶16)。[83]这些模式揭示了双方是如何联系在一起的:日本的蔬菜、肉类、禽类批发商提供各类食材,供中餐馆使用。[84]

横滨市的市政规划强化了这一经济模式。从20世纪50年代起,市政府官员和本地企业主达成共识,认为可将中华街发展成为连接山下公园的景点——包括海洋塔、"冰川丸"蒸汽船——与元町、伊势佐木町地区的购物娱乐区之间的重要节点,尽管是辅助性的。[85]横滨市和横滨商工会议所认为,通过拓宽街道、恢复特色景点、宣传著名餐馆等方式,可以使中华街恢复活力。[86]1955年,一群来自中华街和附近元町的华商与日本商人,在中华街入口处立起一座色彩斑斓的中式牌坊,上书"中华街"三个大字。[87]

此后"中华街"取代了原来的"南京町",变得广为人知。改名是当地居民和企业主有意为之,这可以消除公众长期以来对中华街污秽、危险的印象。第二年,中华街的60户中日商户联合起来,成立了前文提到的横滨中华街发展会,并且中华街的改变很快就让游客耳目一新。1963~1966年,狮子文六在《读卖新闻》上发表的文章记录了一些巨大变化。[88]1966年,他写道:"最近,我在时隔很久后去了一趟中华街。我被它现在的整洁所震惊了!……原来的南京町有一股特殊的臭味。现在那里已经变得很卫生,到处都是现代化的建筑和漂亮的餐馆,和〔东京〕银座没什么区别。"[89]20世纪50年代,中华街——无论华人居民还是日本居民——都采用了以中餐和旅游为核心的经济发展模式,这一举措在20世纪60年代收到了具体的成效。

中日邦交正常化与"熊猫热"

通过华人和日本人的共同努力,中华街对于餐饮业的过度依赖从短板变成了典范式的发展战略,该战略依赖于横滨华人的地方与民族双重身份认同。在1972年日本与中华人民共和国邦交正常化以后,相关进程进一步加快。

1972年美国总统尼克松(Richard Nixon)访华后,日本首相田中角荣(1918—1993)于当年9月签署《中日联合声明》,宣布与中华人民共和国重建外交关系,断绝了与台湾当局的官方联系。这一事件重建了横滨华侨与日本社会的关系,因为日本政府对中华人民共和国的承认,给了亲大陆的组织以合法性。此事件同时激发了日本对于中国事务的极大兴趣,报纸称这一现象为"中国热"或"熊猫热"——这要归功于中国赠送给东京上野公园的一对熊猫。这一事件导致了两个矛盾的结果:从短期来看,关于横滨华侨机构的争论卷土重来;从长期来看,将中华街发展成为旅游目的地的包容性努力将发挥作用。

对日本民众来说,邦交正常化最主要的影响是促进了两国间的文化交流,这一点体现在他们对中国文化产品的渴求上。[90]另外,"熊猫热"发生在日本经济近20年高速增长的末期。宏观经济的变化促进了日本中产阶级消费意识的发展;到20世纪70年代,有70%的日本人认为自己是中产阶级。[91]

日本消费者购买力的提升,加上"熊猫热"的作用,扩大了来中华街消费的群体。日本人的回忆录显示,在20世纪70年代以前,很多当地居民只在一些重要的庆祝活动时才去中华街就餐，如毕业会、周年纪念、节日等。演员渡哲也在横滨拍戏时，习惯性地在那里与员工聚餐；歌手由纪纱织回忆，从小到大，家人的生日和纪念日都是在中华街的餐馆里过的。[92]很多其他横滨居民都认为，在中华街的豪华餐厅吃饭太奢侈，消费不起。堀田祐介回忆，他1958年刚来横滨时，根本吃不起中华街的东西，直到后来找到了一份高薪的家教工作。即便如此，他每月也只能在那里吃一两次饭。[93]日本经济高速增长的时代改变了这一切。中华街的销售额从1976年的61亿日元上涨到1982年的125亿日元，远超附近的对手元町商圈。[94]游客数据显示，同时期中华街的消费吸引力从周边市县扩大到全日本。1972年，63.7%的游客来自横滨市内；到1982年这一比例下降至36.5%。[95]

邦交正常化也引发了在日华人对其自身法律地位的极大忧虑，出现了一波入籍潮。基于"一个中国"的原则，日本承认中华人民共和国后，不能再承认台湾当局。因此，1972年12月28日台湾当局永久关闭了其驻日本机构。有谣言称，海外华人的财产很快会被中国政府没收。[96]一些来自台湾地区的人甚至主张成为无国籍人士，以此作为对即将被废止的台湾护照的抗议。[97]尽管在情感上不想当日本人，但那几年入籍成为日本公民的华人数量从1971年的249人猛增到1972年的1303人，后又增加到1973年的7338人。从1972年到1980年，入籍总数达20368人，占20世纪70年代初在日中国籍人口的40%。相比之下，1952~1971年的近20年间，只有不到5000名中国人选择加入日本国籍。[98]

台湾当局的政策变化也让入籍变得容易。[99]台湾当局原本继承了1909年清政府的法律，坚持有批准或否决国民放弃中国国籍的特权，而放弃原国籍是一些国家入籍的先决条件。申请放

第五章　分裂之城：冷战时期的横滨中华街，1945～1972 年／181

弃国籍时必须提供个人简历，并且说明放弃的理由。尽管台湾当局对外事务主管部门之前似乎接受了各种理由的申请，但直到中日邦交正常化以前，它都不会对放弃国籍这件事掉以轻心，尤其不愿意让男性加入别国国籍，如果这样做可以使男性逃避义务兵役的话。[100]另外，台湾当局对外事务主管部门执行"国籍法实施条例"中的第6条规定，宣称"放弃国籍的声明，必须在当地的两份报纸上公布"。[101]因此在1972年以前，加入日本国籍意味着当事人公开宣布与原来的华人社区彻底断绝关系，这可能吓退了很多想申请的人。[102]但在1972年以后，台湾当局不再强制执行第6条规定，很多在日华人迈出了放弃中国国籍的关键一步，而这是中国认同的法律支柱。

邦交正常化再度激起了华人两派的暴力冲突。《中日联合声明》签订的当晚，一伙青年袭击了王庆仁，即1952年"学校事件"中处于斗争中心的那位前校长。接着在1974年，（亲大陆派的）横滨华侨联谊会试图占用（亲台湾派的）横滨华侨总会的名称，以解决合法性问题，但未获成功。[103]1976年，亲大陆派试图侵占横滨华侨总会的不动产，包括学校和寺庙等，两派再度发生暴力冲突。5月22日，他们攻入华侨总会大楼，要求接管该会，并且最终引发了严重斗殴。日本警察到场后逮捕了19名闯入者。7月，亲大陆派华侨和他们的日本支持者不甘示弱，提起诉讼，要求将亲台湾派从楼里赶出去。[104]这场官司不是他们第一次试图取得相关设施的控制权了。1952年"学校事件"发生后，亲大陆派的成员就提起诉讼，逼迫王庆仁和新老师们离开中华学校。[105]当时神奈川县级法院裁定，该财产为台湾当局租借，因此归驻日代表团控制。但现在日本不再承认台湾当局，亲大陆派的人认为财产应该转归他们控制。日本法院再度驳回诉讼，亲大陆派最终在1994年2月撤诉。[106]时至今日，该地区仍有两个同名的横滨华侨总会。

总而言之，中日邦交正常化后发生的事件表明，两派之间的敌对关系并未改变。两个华侨总会都不具备政治中立性，因此筑波大学教授山下清海在1979年得出结论，没有任何一个机构能团结起中华街里的所有华人。[107]由政治界定的华侨社区同样受到海峡两岸政治的影响。

但与此同时，经济合作的发展使不同的社区概念合法化，能够包容政治和民族差异。横滨中华街发展会具有代表这一地方社区的特殊地位。[108]1971年该组织的成员包括71名华人企业主和43名日本企业主，但到1977年时，缴纳会费的会员增加到203个。正如前文所述，日本人、华人占据了中华街的不同行业，华人主要经营餐馆，日本人为他们提供农畜产品。实际上，新的横滨中华街发展会的首任理事长是高桥柢祐，他是一家大型肉类批发公司的日本老板。[109]20世纪70年代，这些企业主又一起修建了几道中式风格的大门，还有供游客停车的停车场。

参加横滨中华街发展会还可以与更多行政单位，尤其是横滨市、神奈川县政府建立密切的互动关系，改善基础设施。高桥柢祐和华人理事隋振彪在1973年宣布，横滨中华街发展会未来的目标包括沿着中华街南面的元町方向进一步开发，以及准备今后主干道只允许行人步行。[110]横滨市长飞鸟田一雄愿意配合这些工作，承诺建造一个新的电车站，为中华街服务。[111]1975年，神奈川县制定了"山元石再开发计划"，准备将山下町、元町、石川町连接起来，形成一条商业中心带。该计划主要通过代表这些地区企业主的四大主要购物街协会来执行，横滨中华街发展会是其中规模最大的。[112]

最让人惊讶的是，加贺町警察署也为横滨中华街发展会的计划提供了支持。尽管该警察署与华人社区间曾存在对抗关系，但警察署署长铃木富三在一次杂志访谈中愉快地表示，同事们羡慕自己被调到中华街工作，因为他每天都能吃到中华料理。在政策方面，铃木承诺将支持横滨中华街发展会划定步行街区的计划，为游客提供更多的安全与便利。[113]虽然在这一时期，很多华人始终不信任警察，但警方与横滨中华街发展会显然保持着建设性合作关系。[114]

20世纪70年代以来，横滨中华街发展会在社区中越来越多地发挥领导作用，这与其英文口号"We Are China Town"（我们就是中华街）相称。经济务实取向也使它在两个政治派别间找到了平衡点——与李福泉在20世纪50年代提出的策略如出一辙。横滨中华街发展会青出于蓝而胜于蓝，它在1986年提出，要复兴一年一度的农历新年庆祝活动。[115]这一方案由林兼正策划，林兼正是在横滨出生的华人，后加入日本国籍。[116]他回忆道，日本警方强烈建议他放弃这一计划，因为有可能会引发暴力冲突。[117]但通过仔细规划游行队伍、禁止出现任何国旗的方式，庆祝活动最终得以和平举行。[118]两派间的这次成功和解，虽然只有一天时间，也有非常重要的意义，因为一个月前有人——可能是亲大陆派的支持者——放火烧毁了亲台湾派的华侨总会附近的关帝庙。[119]

通过这些成就，横滨中华街的经济发展和地方融合成为日本其他华人社区的典范。仍被称为南京町的神户唐人街于1977年模仿横滨的做法，由当地的华人和日本企业主共同成立了"南京町商店街振兴组合"。该组织致力于重新改造该地区的基础设施，扩建道路，修建公共浴室。尽管该地区在历史上并非华人聚居地，只是华人和日本人共用的市场，但1987年第一次公开庆祝中国农历新年的时候，该地区就开始以"美食共和国"（グルメの共和国）的身份进行宣传。正如横滨10年前所做的那样，市政府、企业界和华人团体联合起来，利用国际化留下的遗产来宣传神户的这一地区。[120] 1983年，长崎市新地中华街启动了类似的开发计划。但由于长崎市的华人人口不断减少，领导层往往来自当地政府而非华人社区。1987年当地华人居民恢复了元宵节灯会，同时长崎市于1994年将其作为正式的市级节庆活动，并且提供了大量的资金支持。[121]

从侨民到少数族裔

在这些经济和制度的发展过程中，横滨华人身份认同的含义再次转变。从20世纪50年代到70年代，横滨华人对政治斗争的参与，证明了祖国问题对他们社区的重要性。日本在1966年对华侨进行的一项全国性调查证实，绝大多数人（93%）都非常关心祖国，81%的人回答他们对海峡两岸的现状都关注。[122]虽然这项研究只抽取了那些选择参加华人团体或与祖国保持经济关系的人作为样本，因而研究结果存在偏差，但它说明对大部分华人来说，流散的从属关系是华人身份认同的重要组成部分。[123]

然而20世纪60年代的另一项调查表明，华人身份认同中的流散倾向正渐渐被另一倾向取代，这一倾向最准确地来说是作为少数族裔的倾向。无论国籍如何，横滨华人普遍的文化适应意味着，他们的中华民族性并不是由与祖国人民共通的文化特征定义的，而是由与日本人相异的特征定义的。1967年，一项针对亲台湾派学校毕业生的调查显示，61.7%的家庭在家中主要说日语，只有18.3%和14.5%的家庭说普通话或广东话。大部分华人也采用日式葬仪，以此取代了比较奢侈的中国传统仪式。另外，绝大多数的人（72.9%）表示他们在家中主要吃中餐，只有13.9%的家庭主要吃日本料理。调查还显示，只有10%的受访者表示会选择日本人作为结婚对象。[124] 除了这种婚姻态度，华人在横滨的日常生活中显然没有遇到什么社会障碍：一个受访者很满意当地社会对他的待遇，因为他的家人"生活在这里并没有觉得自己是外国人，而且有很多日本朋友"。[125]

冷战时期与大陆故乡的直接联系被削弱，加上政治上持续的分裂和归化，削弱了流散倾向。与之相反，通过与日本邻居经济上的相互依存，以及与城市规划者、管理者的合作，他们与日本社会的关系日益紧密。在这一过程中，横滨中华街在当地的历史意识中占据了重要地位。20世纪50年代后期开始，《乡土横滨》（『郷土横浜』）杂志和后来的《市民与文化》（『市民と文化』）杂志一样，以20世纪30年代及以前对中华街的回忆为主要内容。[126] 将横滨华人纳入地方史，代表着他们在地方文化和身份认同中的作用逐渐得到承认。[127]

因此，横滨华人社区的完整性与其说来自他们与生俱来的中华民族性，不如说来自他们在日本社会中的身份地位的差异性。[128] 从这个意义上说，横滨华人的民族划分方法接近于美国华人的做法，既是由边缘性、他者性，又是由民族意识定义的。现在横滨中华街与旧金山、纽约的唐人街越来越像，那里的学者注意到，华人少数族裔的身份认同，更多的是由外来的种族歧视决定的，而不是由事实上的文化统一或经济团结决定的。[129] 有趣的是，1967年关于华人学校毕业生的调查显示，华人最重要的特征并非语言、仪式或社交距离。衣着和外貌同样无法作为区分标准。华人对中餐的偏好，才是有别于日本人的最明显标志之一。少数族裔的地位从根本上说也是不稳定的，因为这种身份认同是以商品化为经济卖点，并依赖于日本人消费的。商业上的成功，将破坏这种美食选择的独特性。但更重要的是，这种地位完全是本土化的。地方社会的驱动让华人更愿意认同横滨人的身份；但这种认同并不意味着属于日本民族，因为许多人仍然保留着中国国籍。

与此同时，近年来以民族为前提的日本公民身份的僵化观念，在日本各地受到了挑战，这体现在以在日韩国人（朝鲜人）为首的行动主义与身份认同问题的大讨论中。1970年，在日韩国人（朝鲜人）是日本第一大外国人群体，人数为614202人，而华人只有51481人。[130]朝鲜半岛也因冷战分裂为两个国家，并且在日本形成两个相互对抗的派系：亲韩国的"在日本大韩民国民团"（成立于1946年，简称"民团"）和亲朝鲜的"在日本朝鲜人总联合会"（成立于1955年，简称"总联"）。[131]两个组织努力通过流散民族主义来维持社区凝聚力，这种民族主义不鼓励入籍，并且否认了作为一种少数族裔生活的可能性。但到了20世纪70年代，一些在日韩国人（朝鲜人）开始主张超越流散人口身份认同，拒绝接受祖国的政治指示，争取在日本永住，并且要求与日本大多数人一样享有更多的权利与平等。[132]这些活动的一个重大突破是前文提到的日立雇佣歧视案。在那起案件中，朴钟硕的支持者主要是第二代、第三代韩国人或朝鲜人活动家和他们的日本盟友，他们组成了一个名为"民族差别斗争联络协议会"（民族差別と闘う連絡協議会，简称"民斗联"）的团体。20世纪70年代，该团体带头发起一场运动,要求保障在日本居住的外国人的权利,给予他们更好的待遇,并且利用当地公民身份的概念来保障这些权利。到70年代末,金东明提出在侨民和入籍之间的"第三条道路",即"以韩国人(朝鲜人)身份生活的同时,又以日本公民的身份生活",这种强有力的表述引发了争议。[133]

在日韩国人(朝鲜人)的"第三条道路",从内容和效果上看都与横滨华人身份认同的表述有所区别。在日韩国人(朝鲜人)的行动主义具有全国性的影响力,引发了全国关于日本永居外国人地位的讨论,特别是前殖民地国家国民的身份问题。相比之下,横滨华人特别认同他们所在城市的地方社区。他们在一个有利可图的经济环境中,找到了一个既能体现华人身份认同又能表达他们的横滨身份认同的点,这与在日韩国人(朝鲜人)是没有可比性的。但是,对于民斗联以地方公民权利为基础呼吁平等的做法,横滨华人会十分熟悉:它以民族差异和地方融合的模式为前提,横滨华人从19世纪以来就经历过了。

小　结

1945年到1972年间,华侨政治认同在横滨华人中的重要性达到了顶峰,随后又有所下降。起初,他们因与日本邻居存在区别而具有某些优势。在盟军占领期间,凭华侨身份能得到更好的待遇,也能在爱国主义的号召下被动员起来支持中国。在中华街这个"自由世界"里,亲大陆派更有活力,因为他们作为永居的外国人被保护起来;但这种自主权的代价是被排斥在日本民族社区之外。但是,两派间持续的政治分裂破坏了民族团结的意识形态,迫使许多人放弃中国国籍。同时,经济上的需要促使华人对融入横滨社会持开放态度,这一地区对中餐馆的推广成为一种商业策略，使华人和日本居民都从中受益。在那几十年里，中华料理有双重功能：一是作为华人和日本人共享的商业资本；二是作为界定中华民族性的重要民族标志。横滨中华街发展会的成立，体现了上述经济上和社会上的包容性举措。

因此，中华民族性的重构不是通过与祖国实质性的政治、文化或血缘关系进行的，而是在作为一种少数族裔与占多数的日本民族的关系中被定义的。华人不再因对祖国的政治忠诚而统一，也不再是一个有界限的社会或语言群体。血缘关系也被削弱，因为很多横滨华人是中日跨国婚姻的后代。[134]在血统主义的背景下维持中国国民身份，曾是长期以来中国人与日本人在法律上的区别，但1972年后大规模的入籍运动让这一点也发生变化。取得日本国籍并不一定会减少横滨华人身为中国人的主观认同感；很多亲台湾派的华侨总会的领袖虽已入籍，但他们既有印着中国名字的名片，又有印着日本名字的名片，视具体场合使用。[135]因此随着时间推移，华人拥有中华民族性的客观决定性因素，与日本社会的诸多背景和主观联系相比，已经越来越少了。

从这种意义上说，经济因素可以像民族主义意识形态或血统主义国籍法一样，解释华人社区在横滨的持续存在。在1945年后的几十年里，中国文化的商业化使之适应并融入横滨，同时也推动了中华料理在市场上的扩张。横滨中华街是一个例子，说明中国文化如何从国家角度被建构为一种带有异域风情的文化，同时又融入横滨这个国际大都市的地方身份认同。

此外，横滨的地方主义也是通过中央权力和地方自治之间的辩证关系确定的。与许多其他县府城市以其文化独特性为基础推动城市振兴时一样,横滨的独特性也被纳入政策制定的考量。[136] 和民族身份认同一样,地方身份认同总是具有关联性。在这几十年间,民族意识和全球竞争推动关于日本人论的作品大量出现,国内竞争也扩大了地方之间的差异性。在横滨的例子中,基于通商口岸时代市场化的地方性国际都市主义,使其长期以来与东京及日本其他城市有所不同。

这种地方身份认同不仅仅是一种经济手段,也包含了社会、文化、政治等维度。横滨华人已经成为横滨社会内部的少数族裔,尽管在日本全国范围内还不是这样。虽然战后日本出现了单一民族神话,但《市民与文化》杂志还是将华人纳入"市民"范畴,这表明横滨华人已被接纳为地方社会的成员。与此类似的还有"居民"这一概念,这种归属感赋予非日本人寻求地方政治权利的行为以合法性。结论部分将对这些相互重叠的身份认同的政治工具,以及这种经常被提到的"全球视野中的地方"(the local in the global)进行深入探讨。

注释

1. 菅原『中華街』、一四九頁。
2. 永野武『在日中国人』、二〇九頁。1946 年,日本国内有 14921 名来自中国大陆的人和 15906 名来自中国台湾地区的人。
3. 山室・河村「横浜在留華僑」、三・七・一一・一六・二六頁。这一人口数据没有将战争末期被遣送回国的几千人计算在内。
4. 龍「棺船」、三〇~三一頁;黄成武「黄先生がつくる」、四八~四九頁;藤澤「横浜生まれ」、三九頁。
5. 白神『横浜の味』。
6. Morris-Suzuki, *Re-inventing Japan*, p. 172.

7. 同上，p. 190; Doak, *History of Nationalism in Modern Japan*, p. 250。更简明地说，在战后日本迫于美国的压力而制定的宪法中，日本人是根据不同的术语定义的。根据该宪法，政治共同体的成员被定义为在民族国家中自然享有权利的国民，而不再是由天皇赋予权利的帝国臣民。然而，"国民"一词通常意味着通过公民参与而非根据民族归属来定义的民族。这一措辞的选择，很可能是因为美国人经常将民族与种族（race）混为一谈。

8. Doak, *History of Nationalism in Modern Japan*, 252; Doak, "What Is a Nation?," p. 300; Oguma, *Genealogy of "Japanese" Self-Images*, p. 298.

9. Befu, *Hegemony of Homogeneity*, pp. 139 – 40; Lie, *Multiethnic Japan*, pp. 150 – 51; Yoshino, "Rethinking Theories of Nationalism," pp. 9, 17, 23.

10. C. Lee, "Legal Status of Koreans in Japan," pp. 138, 151 – 52; Herzog, "Minorities," p. 554.

11. 永野武『在日中国人』、一八四頁。因为被归类为同盟国国民在经济上有不少好处，大多数台湾人都欣然接受了这一国籍转变。

12. Gordon, *Modern History of Japan*, pp. 229, 261.

13. 野添宪治『花岡事件』、一四頁；永野武『在日中国人』、二〇七～二〇九頁。野添宪治证明，有 38935 名中国劳工（包括战俘）从 1943 年至战争结束期间被带到了日本，其中有 7000 人死于虐待和恶劣的工作环境。

14. 永野武『在日中国人』、二〇八～二〇九頁。

15. Chapman, *Zainichi Korean Identity and Ethnicity*, pp. 4 – 5.

16. 中华民国外交部：《我国驻日代表团法律处工作报告》，1947 - 1948, ref. 020 - 010121 - 0004, AH, 第 1～27 页。

17. 菅原『日本の華僑』、六一頁；王良：《横滨华侨总会》，第 101～108 页。

18. 在这一过程中，它被重新命名为"中华民国留日横滨华侨联合会"。虽历经了多次官方更名，其建筑上方的英文标识仍为"Chinese Association"（华侨总会）。为统一起见，笔者将这样称呼它。

19. Memorandum from John B. Cooley to Imperial Japanese Government, APO 500, Feb. 25, 1947, box 3429, folder 27, RG 331, NACP.

20. 長田・田仲「留日華僑経済の動向（3）」、三七頁。
21. 長田・田仲「留日華僑経済の動向（1）」、五五頁；陈萼芳「在日華僑言論出版会」、一六～一七頁。截至1948年，大约有19家报纸是由日本华侨创办的，这和战前一家都没有的情况形成了鲜明对比。
22. 中区制50周年記念事業実行委員会『横浜・中区史』、三四四頁；菅原『日本の華僑』、一一五頁。
23. Nee and de Bary Nee, *Longtime Californ'*; Kwong, *New Chinatown*; Ng, *Chinese in Vancouver*; Siu, *Memories of a Future Home*.
24. 陈萼芳「在日華僑言論出版会」、一七～一九頁；Statistics Bureau, *Registered Aliens by Nationality*。其发行量表明存在日本人的读者群，因为在1948年，包括来自台湾地区的人在内，在日本登记的中国人只有36932人。
25. 陳焜旺『日本華僑・留学生運動史』、二七二～二七三頁。由于与中国共产党联系紧密，该报纸遭到同盟国占领军的严密监视。
26. 同上、二七四～二七五頁。《华侨民报》指责《中华日报》（创办于1945年10月）解雇了所有编辑和作者，将其在纸张配给制下的份额出售给《读卖新闻》。通过曝光这起挪用配给份额的做法，《华侨民报》谴责《中华日报》背叛了整个华侨群体。
27. 国立编译馆：《高级小学国语课本》，第四卷，第1～11页。1947年的这本国语课本以"可爱的中华"开篇。另一篇课文描述了蒋介石在日本做交换生时的英雄气概，他甚至因为中国受到侮辱而与日本教授对峙。
28. 『百年校史』、九九頁。
29. 『百年校史』、一〇一・一〇七頁。校长王瀛和几位老师离开横滨回国，希望能为祖国的发展做贡献。下一任校长李锡经也于1951年7月回到祖国。
30. Fitzgerald, *China and the Overseas Chinese*, pp. 69, 102-3, 142. 最初，中国为了吸引投资和技术专家人才，并树立声望，以优厚的安置条件欢迎华侨归国。其结果就是1949～1966年有接近50万名海外华人回国定居。1957年后，中国的政策转变，不承认双重国籍，并且开始提倡华侨入籍，以减轻外国对共产主义渗透的怀疑。

31. Ngai, "Legacies of Exclusion," pp. 3, 21; Nee and de Bary Nee, *Longtime Californ'*, pp. 211 - 12. 从 1957 年到 1965 年，美国移民与归化局出台了"华人忏悔计划"，允许中国移民坦白他们以"契纸儿子"的身份，即冒充美国华人的亲属进入美国的普遍做法。这一计划表面上的理由，是为了揭露当时美国约 25% 的华人移民使用的假亲属关系，并且给予那些合作者适当的居留权和公民身份。然而，联邦调查局利用这些信息的目的则截然不同。

32. "Report from Chinese Group of the Japan Communist Party to the Party Temporary Central Guidance Body," Mar. 8, 1952, box 2275GG, folder 61, RG 331, NACP; C. Lee, "Organizational Division and Conflict," p. 111. 日本共产党并不要求参加者具有日本国籍。1948 年，在日本共产党的领导下，朝韩左翼人士参与了大量的暴力活动。1952 年，8 位在横滨的华裔日本共产党成员通过一家贸易公司为该政党提供资助。

33. "Monthly Trend of the Chinese in Japan (November)," Dec. 1, 1951, box 2275GG, folder 60, RG 331, NACP. 这个例子只是华人参与日本左派组织的冰山一角。同盟国占领军认为学生组织"留日学生同学总会"的领导人是共产党间谍，并且认为位于东京的"中华学友会馆"是"与中国共产党的走私活动有关的情报活动基地"。("On Wireless Equipments of Pro-Communistic Chinese Merchants in Japan," May 22, 1951, box 2275 GG, folder 64, RG 331, NACP.)

34. 日本帝国主义在太平洋战争中战败后，亲大陆派的立场看上去是很有原则性的，也符合日本人反思战争责任的愿望。

35. Seraphim, *War Memory and Social Politics*, 108 - 34. 该组织的宗旨是通过中日关系而不是美日同盟，为战后和平奠定基础。它的发起人包括前南满洲铁道株式会社调查科的伊藤武雄、大山郁夫、松本治一郎，以及横滨市市长等日本社会党政要。

36. "Clean-up operations of the Chinese National Government Mission in Japan," Apr. 14, 1950, box 2275 GG, folder 62, RG 331, NACP.

37. "Trouble Caused by the Reelection of Officers of Tokyo Kakyo Sokai (Chinese General Association in Tokyo)," July 6, 1951, box 2275GG, folder 71, RG 331, NACP; 陳焜旺『日本華僑・留学生運動史』、二八七～二九一頁。新成立的东京华侨总会没有自己

的办公室，其成员在 1951 年 9 月 11 日试图占领旧东京华侨总会的大楼。他们没能进入大楼，但这一事件预示了次年在横滨发生的事件。

38. 『百年校史』、一〇七。这一极端反应是有原因的，因为驻日代表团已经指控学校进行赤化教育，并且把那些回到大陆的校长视为叛徒。

39. 『百年校史』、一〇七～一〇九頁。

40. "台湾驻横滨领事馆"：《驻横滨领事馆副官后辖区华侨历年重大事件报告》，1952～1958，ref. 020000001993A，AH，第 47～49 页；「中華子、赤い教育」『読売新聞』、一九五二年八月三十一日、朝版、三頁；「二つの中国の悩み、乱闘騒ぎの中華街」『毎日新聞』、一九五二年九月二日。

41. 菅原『日本の華僑』、二四九頁。

42. 符逊和（塾寺子屋的创始人）和曾德深（新光贸易株式会社社长）与作者的谈话；小沼新・陳正雄「日本の華僑学校（2）」、四一頁。

43. 菅原『日本の華僑』、一九一頁；『百年校史』、一一〇頁。

44. 小沼新・陳正雄「日本の華僑学校（2）」、四一頁。对于华人群体中的大多数人来说，思乡之情仍然强烈，甚至比国家忠诚还要强烈。台湾当局没有控制着他们出生的广东、江苏、浙江等省份，所以与这些情感纽带的关系越来越不相干。

45. 这帮水手来自台湾的海军军舰，当时正停泊在横滨港。

46. 『百年校史』、一一〇～一一一頁。与亲大陆立场方面的大量回忆录、口述史对比，亲台湾立场方面关于"学校事件"的叙述寥寥无几。

47. "台湾驻横滨领事馆"：《历年重大事件报告》，第 47～49 页。

48. 『百年校史』、一一二～一一三頁。

49. 小沼新・陳正雄「日本の華僑学校（2）」、四一頁。

50. 菅原『中華街』、一五三頁；《妇女会五十年史》，第 112 页。

51. 小沼新・陳正雄「日本の華僑学校（2）」、四一頁。

52. "台湾驻横滨领事馆"：《历年重大事件报告》，第 78～97 页。

53. 《妇女会五十年史》，第 34～36 页。

54. "台湾驻横滨领事馆"：《历年重大事件报告》，第 50～56 页。

55. 曾德深「横浜山手中華学校歴史年表」、七〇五頁；山下清海「横浜中華街在留中国人」、四五頁。
56. 中華会館・横浜開港資料館『横浜華僑の記憶』、五〇頁。
57. 日本中国友好協会全国本部『日中友好運動史』、九六～九七頁。1958年10月1日的《读卖新闻》报道了在一家餐馆举办的庆祝中华人民共和国国庆节的宴会上中国国旗被盗事件。同年，在长崎的一家百货公司举办的中国产品展销会上，发生了一起比较引人注目的案件。展销会上，两个年轻男子扯下中国国旗，引起了日本的亲大陆派、中日友好协会和一个日本贸易代表团的抗议。
58. 中華会館・横浜開港資料館編『横浜華僑の記憶』、五二頁。
59. 王維『日本華僑における伝統の再編とエスニシティ』、二五六～二五七頁；王維『素顔の中華街』、一七〇頁。亲台湾派在1966年自己组织了一个小规模的舞狮团，但亲大陆派直到20世纪80年代才成立了类似的队伍。
60. Ng, "Collective Ritual and the Resilience of Traditional Organizations," p. 198.
61. 中华学院：《百周年院庆纪念特刊》，第253页。
62. 広田『華僑のいま』、二三四頁。
63. 『百年校史』、九〇頁。
64. 王良：《"中华民国"留日横滨华侨总会》，第106～108页。
65. 符迅和「鮑博公」、可児弘明・斯波義信・游仲勲編『華僑・華人事典』（東京、弘文堂、二〇〇二年）、七一七頁。
66. 長田・田仲「留日華僑経済の動向（3）」、三六～三七頁；長田・田仲「留日華僑経済の動向（1）」、五五～五七頁。
67. 中国研究所『外国人財産取得政令』、八～九頁。
68. 早瀬「華僑社会研究の諸問題（3）」、五・六～十頁；広田『華僑のいま』、二三八～二三九頁。很多较为富裕的华人有能力将子女送到日本的私立学校，然而这并不一定会带来更好的工作前景。
69. 朴钟硕以"新井钟司"的日本名字生活，他的申请表也用了这个名字。
70. Chapman, *Zainichi Korean Identity and Ethnicity*, pp. 33–36; Chung, *Immigration and Citizenship in Japan*, p. 127.
71. 信用組合横浜華銀『定款』。银行的章程规定，只有在横滨市内居住、工作或经商的华人才能开银行账户。
72. 長田·田仲「留日華僑経済の動向（3）」、三六頁。相比之下，总部设于东京的日本华侨经济合作舍（日本華僑経済合作舍）注册资本仅2500万日元。
73. 長田·田仲「留日華僑経済の動向（1）」、五四頁。
74. 山口「横浜中華街の生態の研究（3）」、二七～二八頁；長田·田仲「留日華僑経済の動向（1）」、五五～五七頁；長田·田仲「留日華僑経済の動向（3）」、三六～三七頁。在横滨，大多数华商战后仍在原建筑物里经营。相比之下，日本企业在迁入该地区后，纷纷建造了更新、更现代化的设施。
75. 山口「横浜中華街の生態研究（1）」、二頁。
76. 長田·田仲「留日華僑経済の動向（1）」、五七～五八頁。
77. 早瀬「華僑社会研究の諸問題（3）」、三頁。
78. 山口「横浜中華街の生態の研究（3）」。
79. 長田·田仲「留日華僑経済の動向（1）」、五五頁。
80. 位于横滨市中心的"万里"饺子店店主称，他的父亲最早开这家店是为了招待那些曾驻扎在中国的复员军人，他们怀念中国的食物。
81. 野並「横浜の終戦は昭和30年」、一四七～一四八頁。
82. 山口「横浜中華街の生態の研究（3）」、一一～一二頁；山室·河村「横浜在留華僑」、八頁。中华街里华人与日本人的家庭、商店的比例值得注意，这与当时新加坡唐人街的华裔占94%以上的比例形成鲜明对比。
83. 山口「横浜中華街の生態研究（3）」、一一～一二頁。
84. 中国研究所編『外国人財産取得政令』、一～二頁；山口「横浜中華街の生態研究（2）」、八頁。
85. 山口「横浜中華街の生態研究（1）」、一頁。
86. 在1953年，横滨市长率代表团考察旧金山唐人街，以制定本市的发展政策。
87. 《读卖新闻》1955年2月1日的文章称，这个牌坊耗资130万日元，是由"亲中国的城市居民"捐赠的。
88. 王維『素顔の中華街』、五六～五七頁；「横浜今昔」『読売新聞』、一九六三年一月十七日、夜版、五頁。

89. 「中華街」『読売新聞』、一九六六年二月五日、夜版、二頁。
90. Ijiri, "Sino-Japanese Controversy," pp. 62–63.《中日联合声明》紧跟在前一年尼克松访华签署的文件之后。有学者认为，当时的日本决策者没有充分认识到公报的意义。另外，日本报纸《读卖新闻》在9月、10月、11月分别刊载了44篇、31篇、15篇关于中日邦交正常化的社会影响的文章，大部分文章都提到了上野动物园的那对熊猫。
91. 在"熊猫热"的年代，首相池田勇人1960年提出的国民收入倍增计划达成了目标，越来越多的日本人有能力购买汽车、电视、洗衣机等奢侈品，并且经常出门旅游。这一计划旨在通过扩大投资、生产和出口，使个人收入和国民生产总值翻一番。
92. 渡哲等「私の中華街」、八～九頁。
93. 堀田「美学の街」。
94. 菅原『中華街』、一六六頁。
95. 同上、一六二頁。城市规划和基础设施的改善使这一增长成为可能，包括1964年日本铁道根岸线的延长，使东京居民可以更方便地前往横滨中华街。
96. 永野武『在日中国人』、二二〇頁；朱慧鈴『華僑社会の変貌』、三四頁。
97. 金美齢「決意としての『無国籍』宣言」、九六～一〇三頁；Chen Tien-shi, "Stateless Overseas Chinese," pp. 53–70。虽然不清楚有多少华人选择成为无国籍人士，但日本法务省指出，日本的无国籍人士从1971年的930人激增到1974年的9200人。关于无国籍人士的回忆录，可参考陈天玺的《无国籍》。
98. 永野武『在日中国人』、二二〇頁；朱慧鈴『華僑社会の変貌』、二九・四五～四六頁。
99. 林同春『橘渡る人』、二三〇頁。
100. 台湾当局对外事务主管部门：《驻日"大使馆"受理华侨丧失国籍》，1970～1972，file 020000013282A，AH，第15～16页。台湾当局对外事务主管部门批准了与日本男子结婚的中国妇女、在日本出生并寻求更便利法律地位的中国人、希望改善其商业机会的中国人，以及希望在日本获得财产的中国人的申请。还有一些成功的申请案例是那些在嫁给中国人后获得中国国籍，但后来又想恢复自己日本国籍的日本女性。
101. 台湾当局对外事务主管部门：《驻日"大使馆"》，第 11 页。
102. 台湾当局对外事务主管部门：《旅日本侨民申请丧失"我国国籍"》，卷 3，1979.11.27—1980.4.1，ref. 020000013258A，AH；「日中国交回復のかげに：北京か台湾か選択を迫られる」『朝日新聞』、一九七二年十月十二日、二〇～二二頁。
103. 読売新聞社『横浜中華街物語』、二一六～二二五頁。
104. 横浜華僑総会正常化弾圧事件裁判資料集刊行委員会編『横浜華僑総会正常化弾圧事件』、五頁。
105. 《横滨中华学校管理委员会发表关于中华学校裁判经过报告》，《华侨文化》，1952 年第 47 期。
106. 「華僑総会、協調の時代へ」『朝日新聞』、一九九四年二月十五日、神奈川版。
107. 山下清海「横浜中華街在留中国人」、四五頁。
108. 王維『素顔の中華街』、五七頁。在 1971 年，横滨中华发展会在神奈川县政府进行了改组，并且注册了一个稍有不同的名字"横滨中华街发展会协同组合"。
109. 神奈川県商工指導センター「再開発巡回総合指導の実施について（伺い）」、1973 年 3 月、ref. 1200400086、KPA；山下『横浜中華街在留中国人』、四五頁。
110. 高橋「近況報告」；隋振彪「横浜中華街の世界のチャイナタウンに」。
111. 飛鳥「中華街と私」。
112. 神奈川県商工指導センター「YMI 開発連絡協議会の再開発巡回総合指導」、一九七五年二月、ref. 1199707393、KPA。在这个规划中，中华街不一定占据主导地位。元町商店街发展会只有 168 个会员，横滨中华街发展会有 180 个，但是元町的贸易总额在当时更高。事实上，元町商店街发展会最初就已经提出要将横滨中华街发展会纳入其中。
113. 鈴木「中華街と私」。
114. 筑波大学教授山下清海说，他自己在 20 世纪 70 年代末着手研究横滨中华街的时候，很多当地居民怀疑他是便衣警察。
115. 王維『素顔の中華街』、二〇三頁。因为政治分裂，过农历春节的习俗于20世纪50年代被废止。为恢复这一节日，横滨中华街发展会总共耗资1000万日元。
116. 林兼正是他入籍时使用的日本名字，这种做法在1985年之前得到了日本法务省的大力支持。截至本书撰写之时，林兼正同时担任横滨中华街发展会的理事长和亲大陆的华侨总会的代表。
117. 这种派系矛盾存在于几乎所有海外华人社区中。王颖1982年的电影《寻人》（*Chan Is Missing*）就讲述了旧金山亲大陆派和亲台湾派之间类似的冲突。
118. 王維『日本華僑における伝統の再編とエスニシティ』、二五七～二五八頁。
119. 「横浜中華街の関帝廟が全焼」『朝日新聞』、一九八六年一月三日、二三頁。
120. 王維『素顔の中華街』、三七・七四頁；Tsu, "From Ethnic Ghetto to 'Gourmet Republic,'" pp. 18–19。
121. 王維『素顔の中華街』、二九・一七八・一八五頁。由于华人减少到只有几百人，长崎的华人团体严重萎缩。1988年3月23日《长崎新闻》的文章报道，在那年春天最后两名学生毕业后，长崎中华学校就关闭了。
122. Tull Chu, *Political Attitudes of the Overseas Chinese in Japan*, p. 31.
123. 同上，pp. v–vi。
124. 山下清海「横浜中華街在留中国人」、四三・四六～四八頁；菅原『日本の華僑』、一九一頁；『百年校史』一一〇頁。尽管如此，坊间传闻显示中日跨国家庭在横滨非常普遍。
125. 早瀬「華僑社会研究の諸問題（3）」、六～十頁。这位匿名华侨来自浙江省，娶了一个日本女人，同时是亲台湾的华侨总会、山下町町内会的成员。他最亲近的人中有一个住在大阪的华人叔叔，还有五个住在东京和横滨地区的日本朋友。
126. 平松「横浜名物」、荒畑「明治三十年代の横浜を語る」、加山「南京町を描く」。
127. 木村礎「郷土史・地方史・地域史」、一二頁。正如木村礎认为的那样，"乡土"一词被用来描述和天皇中心论民族主义相连的地方历史，并且试图将日本的民族传统定义为源于真实的地方文化。因此，承认华侨对横滨乡土史的贡献就有一点讽刺意味，但这也意味着华侨参与构建了对当地空间的一种重要的情感依恋。

128. Sollors, "Theories of American Ethnicity," p. xi; Crossley, "Thinking about Ethnicity in Early Modern China," p. 13.

129. Kwong, *New Chinatown*; Nee and de Bary Nee, *Longtime Californ'*.

130. 過放『在日華僑』、四九頁。

131. C. Lee, "Organizational Division and Conflict," pp. 112, 123.

132. Ryang, *North Koreans in Japan*, pp. 196-99; Lie, *Zainichi*, pp. 95-96, 118. 在日韩国人（朝鲜人）后来的发展，以及这一地方公民身份的更多表述，将在结论部分进行讨论。

133. Chung, *Immigration and Citizenship in Japan*, pp. 99-100, 127; Chapman, *Zainichi Korean Identity and Ethnicity*, p. 48.

134. C. B. Tan, "People of Chinese Descent"; L. Pan, *Sons of the Yellow Emperor*, pp. 168-69. 这种情况并不特殊。在与其他社会群体交往时继续维持中华民族性的现象，也能在马来西亚看到，在那里的"峇峇华人"（Baba Chinese），又被称为"峇峇娘惹"（Peranakan）或"海峡华人"（Straits Chinese），他们尽管已经不再使用汉语，但仍然保持着民族身份意识。他们的文化已被本土化，是福建籍华人和爪哇人的混合。

135. 在1985年前，日本法务省强烈敦促入籍申请人起一个日本名字，这并不是硬性规定，但在现实中，几乎所有入籍者都改成了日本名字。

136. Knight, "Rural Revitalization in Japan." 比如，位于九州岛南部的大分县就在20世纪70年代末提出"一村一品"计划，把每个村子都与一种特产联系起来，比如橘子、番茄等，以建立品牌意识。

结论　单一民族国家中的少数族裔及日常生活中的微观政治

从19世纪末到20世纪末，横滨华人如何维持自己社区的故事可以看出，在表面的延续性之下，其集体身份认同已发生了翻天覆地的变化。总体而言，地方社会的互动和地缘政治的发展，使统一的中华民族意识得以形成，同时这些华人也形成了强烈的横滨本土意识。本书结论部分将讨论在最近几年里，横滨华人如何理解他们与中国、日本和横滨的关系，以及横滨华人身份认同的意义。结论的第一部分，将讨论横滨华人身份认同的历史发展过程，探讨这一身份认同如何挑战同为排他性民族认同的中华民族认同和日本民族认同，以及它对中日两国人民和谐相处的重要意义。第二部分将这些集体身份认同与寻求从根本上改变日本公民身份意义的社会运动联系起来，讨论社区在塑造未来日本社会的轮廓中所发挥的作用。

历史视野中的横滨华人身份认同

在整个20世纪，中华街的地理空间保持着惊人的延续性。尽管在1923年和1945年几乎被夷为平地，其轮廓和布局都没有发生太大变化，中华街的大街小巷，仍然相对于周围的城市景观保持着独特的倾斜方向（彩图15~16）。与此同时，历史的发展已经改变了华人在横滨的社会地位。19世纪之前，来自中国的移民主要归属于他们的家乡，而不是统治中国的王朝。

当没有新鲜血液补充进来时，这些华人移民就会渐渐被日本社会同化。现代民族国家在世界范围内的崛起改变了这一局面。在中国新生的民族国家意识形态及其相关制度，从19世纪90年代后期开始影响横滨中华街，并且在1912年中华民国成立后，成功地促进了流散华侨身份认同的产生。同样是在那几年，以同族观念、中日两国基于血统主义的国籍法的诞生为标志，华人身份认同在几代移民心目中扎下了根。此后，中日两国间不断加剧的冲突激发华人居民在政治上支持自己的祖国。1937～1945年毁灭性的太平洋战争，以及此后同盟国军队对日本的占领，最终完成了这一流散民族构建过程，使横滨的所有华人都拥有了华侨身份，即便是在冷战期间华人群体发生分裂时仍然如此。

但在随后几十年，横滨华人越来越多地以横滨人或"滨之子"这样包容性的词语来说明他们已在社会和经济上融入了横滨。在和平时期，华人和日本人向各自国家宣誓效忠的必要性降低，而日常生活中的地方团结变得更为重要。在这个过程中，中华街本身的社会经济角色也发生了变化。随着日本主流社会中工作机会的增加，这块民族"飞地"的凝聚性已经失去了部分吸引力。这一转变更多来自经济力量，而不是社会和法律的发展，比如像日立雇佣歧视案。从20世纪70年代以来，日本企业越来越愿意雇佣华人，尤其是那些与中国各地有贸易往来的企业。[1]同时，由于在中华街的传统家族企业之外有了更多的工作机会，很多中华街的老店也相继消亡。其中最让人惋惜的是博雅亭——横滨烧卖的起源地——在20世纪初关门。[2]这家店最后的店主是鲍棠之孙的妻子麦暗玉，她的两个儿子都考上了医学院，当了医生，女儿也相继出嫁搬走，遂后继无人。[3]

现在中华街已不再是一块民族"飞地",而是横滨市文化特色的支柱。近期的发展清楚地表明,横滨中华街不再只为华人而存在,如果说它曾经是的话。在横滨市的官方宣传资料中,无论是该市的旅游导览还是网站,中华街都占据着显著位置。它的身影还出现在当地的大众交通基础设施中。尽管之前说好的中华街站没有在横滨市营地铁系统中出现,但在2004年2月,港未来线(みなとみらい線)开通了元町、中华街站。华人在塑造当地文化上的贡献也得到了更多的认可。根据神奈川县2001年所做的调查,该县100项"值得永久保存的财富"中,横滨中华街名列第一。[4]正如本书引言所述,横滨中华街现在每年能吸引接近1860万人次的游客,是仅次于东京迪士尼乐园的日本第二大旅游目的地。[5]

横滨的中华学校也是华人经过几代人的努力,融入当地生活的一个指标。自从19世纪下半叶初建以来,横滨的华文教育主要是为灌输和保持对中国文化的认同感,保持流散爱国情怀。但到今天,两所中华学校都招收大量的日本学生,正如2003年12月29日的 Aera 杂志所说,由于两所学校的学生越来越多样化,课程设置也不得不做相应调整。

2010年,日本人在这两所学校中都占多数——在亲台湾的横滨中华学院中占73.3%(共381人),在亲大陆的山手中华学校中占67.6%(共526人)。与20世纪80年代末和90年代初相比,这已是巨大的变化,当时两所学校的学生中超过75%的人拥有中国国籍。另外值得一提的是,今天两所学校里的日本学生中大部分或有中国血统,或是中日混血,但还是有相当多的学生——分别占到横滨中华学院的29.8%,以及山手中华学校的5.3%——是没有任何中国血统的日本人。[6]这些学生的多元民族和文化背景，既反映出通婚以及华人加入日本国籍的大趋势，也反映出这一地区更广泛的国际化。

目前两所学校学籍全满，考虑到日本的少子化，这是不小的成就。更何况山手中华学校最近还在扩建。2010年4月，学校搬出山手区，迁入横滨市中心日本铁路（JR）车站石川町旁边一栋宽敞的现代建筑里，仍保留原来的校名。尽管有了更多的招生名额，日本学生①的总体比例还是较低，因为学校优先招收毕业生的子女，并且照顾新来的中国人。尽管学校在日本的教育体系中受到明显的制度层面限制，但日本人的潜在入学需求还是相当高的。日本文部科学省并没有将这两所学校定位为初中或高中。文部省只将它们归类为"各种学校"，与职业学校、语言学校、驾校以及在日韩国人（朝鲜人）学校并列。其结果就是学生从这两所学校毕业后，没有资格参加大部分学校的入学考试，可以报考的高中和大学的范围相当有限。[7]尽管如此，两所学校提供的独一无二的课程仍然有足够的吸引力，它们的教室在可预见的未来里都将坐满学生。

两所学校的校长表示，虽然汉语和中国文化传统仍然是课程的基石，但学校的目标其实是国际化教育，即面向未来的文化多元的日本社会。第一位出生于日本的横滨山手中华学校校长潘民生指出，自1993年起，学校不再将中文作为母语教学，而是将其作为第二语言，这更适合在日本出生和成长的学生。潘民生引用了一句具有历史意义的话，表示学校的宗旨是"培养能为中日友好做贡献的人才"。[8]横滨中华学院的李慈满则表示，为了在继承中国传统的同时传递"国际意识"，他们的学

---

① 指没有任何华人血统的日本学生。

校采用三语教学，同时使用台湾的教科书和日本文部省授权的日语教科书。学校并不是要机械地复制中国人的身份认同，正如李慈满所说，"身份认同是由个人决定的"。[9]这两所学校提供的教育都非常强调中国文化，同时也承认学生的民族多样性，以及他们长期定居横滨或日本其他地区的事实。

总体来看，这些经济和教育方面的发展表明，华人和日本人之间的相互融合有助于在这个地方空间里构建一个多民族社会，一个有自己的合法性话语和制度的社会。通过展示自己的横滨人身份认同，横滨华人承认他们在保持华侨身份的同时，也对当地社会有归属感。这并不是一种随意的自我归属，因为这种身份认同得到了日本邻居的广泛认同并以强化。正如在太平洋战争期间那样，这种形式的外部肯定也在战后日本发挥了作用。可以回想一下1940年，陈洞庭在一次报纸访谈中称自己为"纯正的'滨之子'"。近些年来，江川鹰之子吕行雄就用"纯正的'滨之子'"一词来表述他对日本和中国两方面的认同。1990~1999年，吕行雄经营着一家粤菜馆，同时担任亲大陆的华侨总会的主席；同时，他还在日本横滨调频广播台的节目董事会、横滨故乡历史财团咨询委员会中任职。[10]这些例子显示，纯正的横滨特性已经被建构为一种民族融合特征和国际特色。[11]

获得日本国籍与保持混血意识并不冲突，对于横滨华人来说，入籍往往是法律上的权宜之计。比如入籍后的横滨中华街发展会理事长林兼正曾写道："广东省高明区是我的'父亲'，而横滨是我的'母亲'。"认同中国或日本任何一方都是不够的，而同时认同两者——从强大的民族意识概念出发——仍被认为自相矛盾。[12]出于同样的限制，居住在日本其他城市的华人也采用了类似的地方认同表述：神户居民是"神户之子"（神戸っ子），鹿儿岛居民是"萨摩的人"（薩摩の人）。[13]目前还不存在被广泛接受的在日华人身份认同。

横滨华人的本土身份认同话语的影响力越来越大，这也与他们对祖国的心理认同感减弱有关。1991～1992年对长居日本的华人进行的一项调查证实，他们的中华民族认同感越来越弱。调查样本仅限于1972年以前来到日本的移民及其后代；当被问及认同哪个国家的时候，55岁以上的人中有81%回答中国，但30岁以下的人中只有43%回答中国。相反，后者中有11%自称日本人，38%自称介于中国人和日本人之间，还有6%的人回答不知道自己该被称为哪国人。[14]这种心理上的疏远，也在国际体育比赛中体现了出来。2004年有一项针对山手中华学校的调查，受访者被问及在国际赛事中支持谁。结果发现，有46%的人支持中国，14%的人支持日本。但当中国台北和日本比赛时，有54%的人支持日本，只有18%的人支持中国台北。[15]我们可以估计，亲台湾的华人学校也会有相似的回答。在日华人对日本的情感依恋，似乎已超越了原有的民族团结。

社会学家过放证实了这种民族意识的淡化，她的研究表明，年轻一代华人的"跨国身份认同"与他们祖辈的"民族身份认同"和他们父辈的"国家身份认同"皆有所不同。很多年轻一代的华人认为，中华民族只是他们的身份认同之一，他们还有与日本、与世界的联系。[16]他们的"跨国身份认同"并非来自同质的全球化，而是在地方登记者中某种或许可以被称为"文化拼贴"的东西：一种现有身份认同的混合、特殊化和碎片化。[17]中国文化在横滨中华街的商业化，可能会挑战这种文化拼贴论，按其逻辑，此过程会强化华人和日本人之间的区别并使之制度化。然而，横滨华人的生活不仅仅是向日本消费者出售烧卖。在过去的一个世纪里，横滨人无论是华人还是日本人，都通过参与共同的社区这一方式，促进了彼此间的团结。

此外，从20世纪80年代开始，大量来自中国的新移民也削弱了华人对祖国的认同感，形成了一种新的以地方—国家为轴的分化。由于中国放开境外旅行的限制，加上日本欢迎外国学生和技工的签证政策，在那10年里来日中国人的数量达到了一个小高峰。[18]1980年日本总共有52896名华人，1989年这个数字增长到150339人。截至2007年，在日华人数量达到606889人，终于超越了来自朝韩两国的593489的人数。[19]从表面上看，他们是老一辈华侨的同胞，但这些新华侨在主观、客观方面都有明显不同。首先，他们的首选落脚地不再是横滨、神户、长崎的旧中华街社区。正如引言所述，2011年包括中华街在内的中区登记在册的华人只有9085人。这与1980年前的数字相比有了明显飞跃，但与华人人口的整体增长不成正比。从1980年到1989年，中区的华人数量增长了大约35%，从2882人增加到3892人；但在这10年里，在日华人总数增长了3倍。[20]

已经入籍的横滨华人的身份认同，可以理解为来源于他们与新移民的区别。在这一点上，前文提到过的2004年针对山手中华学校毕业生的调查发现，有36.4%的受访者表示，当他们看到刚从祖国大陆来的中国人时，发现自己没有那么像中国人；而与此同时，只有5.7%的受访者表示与新来的中国人相处融洽，仅11%的受访者认为当自己见到新来的中国人时，更加确信自己的中国人身份。[21]

另外，新移民与日本社会的关系没有那么和谐，不如老华人社区。安德烈亚·瓦西斯（Andrea Vasishth）将20世纪90年代在日本的华人社区称为"模范少数族裔"时，强调的是传统的华侨社区。[22]其他学者以及日本媒体却不会这样描述中国新移民。最近几年，许多著作都在回顾19世纪末以来对华人劳工和杂居的焦虑感，将焦点对准中国非法移民，包括他们的犯罪行为，人贩子怎么帮助他们偷渡进来，还有与之相关的各种身份伪造及欺诈手段。[23]中国新移民给日本人留下的负面印象，使传统华人社区对新移民的认同感大打折扣，即使这些新移民并不只是甚至不主要是没有技能的劳工移民。虽然媒体报道得很少，但从人口统计学上可以看出，很多新移民其实是从中国回到日本的战争遗孤、日本人的配偶、学生以及跨国企业家。

尽管新移民没有形成一个独立的社区，但从总数上看，他们已接近旧中华街社区人口的10倍。然而，后者对新移民而言仍有参考价值，因为他们在日本的早期经历，预示着新移民未来潜在的社会地位。用于描述新移民的词语本身并不新鲜。"新华侨"原指在太平洋战争结束后重新拥有中国国籍的原殖民地区的人；但当中国新移民到来后，所有在中日邦交正常化前来日本的人一概被称为"老华侨"。[24]换句话说，这些新移民的数量之多是前所未有的，但他们与现有华人社区和日本社会的关系并不一定能超越前人。

历史的纵深视角也将帮助我们理解新移民的跨国生活。在最近一项关于中国新移民的研究中，格拉西亚·刘-法勒（Gracia Liu-Farrer）认为他们的生活选择"维持了一个紧密相连的跨国社会空间，并且保留了他们在祖国的社会和文化根基"。她注意到跨国养育子女的重要性，他们对日本与祖国间日益增长的经贸联系的依赖，以及对获得日本国籍、永居权的实用性追求。[25]但华人在日本的这些生活面貌，与19世纪末形成的模式密切相关，体现了历史上华人群体的典型特征。正如1893年9月22日《每日新闻》所报道的那样，在日华人经常把自己的子女，甚至是中日混血子女送回中国老家，由那里的家人抚养，在那里接受一段时间的教育。本书第二章提到过的作家、艺术家苏曼殊就是典型例子，他5岁时被送回中国老家，14岁才回到横滨。[26]为了实用需求选择入籍，也是早期旅日华人的重要特点。[27]在1899年实施的日本国籍法下，1950年6月以前加入日本国籍的303名外国人中华人占一半以上。[28]还有很多人为了更容易地拿到日本公民身份，选择先去中国台湾地区居留。1930年，成功完成入籍手续，获得在中国的治外法权、免税权的福建人达到1318名。[29]但这些前中国国民不会断绝与中国的联系，他们追求日本国籍只是为了入境方便，同时也为了方便去其他国家。[30]

双边贸易对在日华人生活的影响，也不是没有先例。正如前文所述，最早定居在日本通商口岸的是华商和华人买办。尽管最近几十年，中日贸易额经历了爆炸性的增长，但战前中日之间的贸易额和投资额也是相当可观的。[31]20世纪20年代，日本是中国最重要的贸易伙伴。在日华人控制了其中的大部分贸易，这也促进了各个华人社区的繁荣兴旺。[32]

迄今为止，中国新移民只在表面上融入了日本的学校、职场和社区。这种情况让中国记者、在东京住了20年的莫邦富抱怨，中国人作为东京本地人，在社会上的接受度和认可度都很低。[33]但这种结果既不是不可避免的，也不是一成不变的。考虑到与早期华人移民潮在社会、法律和经济上的历史延续性，新移民群体确实可能会以与横滨中华街相似的方式进行融合。然而，要建立包容性的地方认同，通常要等到移民第二代，比如鲍博公、陈洞庭和吴伯康诞生时才会出现，在此之后，还要经历协调民族认同与地方认同的艰苦挣扎。

从世界范围看，华人追求自我定位的努力或许是跨国或全球化社区的典型，但放在中日关系中看，它却有耐人寻味的含义。横滨的相互融合使原本被认为是硬性的中华民族、日本民族的界限得到了柔化。当他们远离单向度的归属时，横滨华人也在颠覆着民族差异化进程本身。正如本书第四章所述，横滨人的身份认同消解了"合作主义"话语的效用，因为这削弱了他们作为中华民族代表的地位。战后的情况与之类似，横滨人的身份认同，意味着从属于一个游离于构成国家的各个亚族群网络之外的社区。以华侨和横滨人的身份生活，也就隐晦地拒绝了横滨与日本、华侨与中国的从属关系。通过与地方政府的合作，横滨华人参与各种文化实践，削弱了国家作为个人终极归属的特性。

这一段地方层面相互合作、互动的历史也表明，中日关系的宿命并不一定是冲突和分离。共同的横滨地方身份认同，不仅使不同的华人政治派别之间能够进行商业合作，而且使华人与日本邻居们间的商业合作也成为可能。但它也可能产生更广泛的影响。由于横滨华人没有完全否认他们内在的中华民族性，他们跨越种族和民族的边界、寻求与日本邻居团结起来的努力，意味着一种不同民族和谐共处的进程。这种努力与英联邦秘书处2007年提出的解决冲突的范式不谋而合。这篇《联邦委员会论尊重和理解的报告》认为，当单向度的身份认同——如中国或日本——被认为是绝对且必要的时候，就很难解决长期性的对立。该报告的作者认为，这种处理身份认同的方式将适得其反，因为它不利于与他人的通感、同情与团结。他们得出的其中一个给人带来最大希望的结论是，个人可以在他们的多重认同中，认识到与他们曾经的敌人存在共同点，这有助于促成和解。[34]

但是，如果只在横滨中华街的历史中看到它对中日友好做出的持续性贡献，那么至少从国家层面来看就过于乐观了。孙中山、犬养毅、大隈重信等人倡导的泛亚洲主义和中日合作，反倒说明这种理念容易被强势的国家利益所左右。同样，在太平洋战争期间，"中日亲善"之类的说辞也不过是日本侵略中国的借口罢了。上述例子告诉我们，对于**国家友谊**的呼唤往往是讽刺性、工具性的，容易遭到背叛、妥协甚至遗弃。与此相反，本书讨论的是**地方**层面的社会交流，提出了另一个版本的、超越民族问题的现代中日关系史。华人和日本人在横滨的友谊是真实的、地方化且个人化的；尽管自19世纪末以来，两国之间的敌意明显，而且近年来又出现了类似的趋势，但这种中日友谊继续向前发展。本书的叙事希望传达的是，"中日亲善"并不仅仅是掩盖通敌的台面话，而的确有一段时间，华人和日本人一起打棒球，两度从废墟中携手重建家园，一起将中华街打造成日本悬疑小说家斋藤荣笔下的"世界上最好的中华街"。[35]

比较视野中的横滨华人身份认同

横滨华人的身份认同问题，最近激起了关于日本公民身份和外国人社会地位问题的讨论。横滨中华街可以作为一个突出的例子，来说明"作为当地公民的外国人"（外国人市民）概念。自20世纪70年代以来，这一概念为外国人在日本获得政治权利提供了工具。这些举措是建立在坚实的法律基础上的。根据战后日本宪法，日本的政治共同体被定位为日本国民，而地方政府法规却保障包括华人及其他外国人在内的权利。[36]但为外国人寻求地方公民权,却可能导致更深层次的变化:如果遵循其逻辑,可能导致对日本作为单一民族政治共同体的重新评估,以及挑战中央政府在这个共同体中决定包容或排斥的专属权力。

在日韩国人(朝鲜人)的行动主义和身份认同,提供了非常重要的比较案例;太平洋战争结束后的近半个世纪里,来自朝韩两国的人一直是日本境内数量最多的外国人群体。和在日华人一样,在日韩国人(朝鲜人)也为日本地方社会的国际化做出了巨大贡献。在这方面,在日韩国人(朝鲜人)组织拥有相当大的政治影响力。20世纪70年代以来,在日韩国人(朝鲜人)领袖和知识分子发起了不少讨论,包括移民入籍、多元文化主义、外国居民的权利等问题。他们特别积极地阐述地方身份认同,并且领导了为外国人争取公民权的运动。[37]

在日韩国人(朝鲜人)在很多方面经历了和横滨华人一样的身份认同转变,只不过集中在一个更短的时间范围内。正如第五章所述,太平洋战争刚结束时,日本政府就剥夺了朝鲜人的日本帝国公民身份。直到20世纪70年代,在日韩国人(朝鲜人)身份认同的凝聚力都建立在这种被排除在日本社会之外的法律地位,以及随时准备回国的暂居者身份上。来自日本社会的歧视十分严重,正如李约翰(John Lie)所言:在被殖民时期,朝鲜半岛的人民经历了"歧视与同情";但在1945年解放后,他们又经历了公开的仇恨与中伤。日本人将朝韩两国的人与黑市、工人斗争联系在一起,导致大众对他们留下了"狡猾、粗鲁、贫穷、可悲、野蛮"的普遍印象。[38]这也是他们与战后华人的不同之处。正如李约翰所说,日本人觉得相对而言更容易接受华人，因为"日本打败了朝鲜并在那里殖民，却没有征服中国"，日本人对中国文化的评价更高也是原因之一。[39]

然而，1945年后留在日本的近60万朝鲜人并不反对他们的日本国籍被取消。朝鲜人和华人一样，都认为获得日本国籍就意味着完全被日本同化，是对其根本身份认同的否定。根据种族民族主义的假设，在日韩国人（朝鲜人）代表团体"民团"和"总联"虽然宣扬不同版本的韩国或朝鲜民族主义，但双方的共识是拒绝日本官方的干涉。面对来自日本人的强烈歧视，这些团体通过金融服务、教育、福利和文化自豪感等方式，从不同社会阶层吸引支持者。[40]

这些民族团体并不寻求扩大在日本的选举权，而是孕育了一种拒绝彻底融入日本社会的意识形态。但从20世纪70年代开始，当他们的社区从第一代移民向第二代流散人口过渡时，一些韩国人（朝鲜人）开始关注他们在日本国内的权利问题。移民的代际差异主要存在于他们与祖国和日本的关系上。与第一代移民不同的是，第二代流散人口接受了自己将定居于日本的现实，尽管仍继续保持着对一个基本不熟悉的故乡的稳定认同感。李约翰认为，这种流散形式的身份认同，起源于在"日本人的歧视始终存在"的情况下，"韩国人（朝鲜人）的血统与日本人生活方式"的结合。[41]

然而到20世纪70年代，韩国人（朝鲜人）已经变成了在当地社区定居的少数族裔，虽然大多数人保留着外国国籍。当时，超过3/4的在日韩国人（朝鲜人）出生于日本，他们中超过一半的人与日本人结婚。和在日华人一样，语言不再是区别不同民族的要素。也没有一种明确的方法，将韩国人（朝鲜人）与日本人区分开来：在日韩国人（朝鲜人）说日语，不带口音；日本人经常吃朝韩两国的特色料理，比如泡菜和烤肉。和横滨华人一样，在日韩国人（朝鲜人）也开始公开地表现出自己既是本地居民又是外国人的双重身份。在这种情况下，由在日韩国人（朝鲜人）领袖所领导的团体兴起，开始处理有关外国人的歧视和公平问题。其中一个是在第五章已经讨论过的组织"民斗联"。还有一系列的机构致力于帮助在日韩国人（朝鲜人）融入当地社区，其中包括非营利组织"川崎交流会馆"（川崎ふれあい会館，简称"交流会馆"），该会馆是日本人与川崎市的韩国或朝鲜居民进行文化交流的场所。但上述努力和类似的"第三条道路"倡议仍然拒绝将入籍作为合法选项。上述非公民的民权运动，反映出大部分韩国人或朝鲜人、日本人、华人所接受的种族民族主义假设。[42]

然而，"第三条道路"不仅仅是重申种族民族主义，正如华人身份认同的碎片化和拼贴化，它所引发的争论也为身份认同话语的进一步阐释开辟了空间。[43]在这些争论过后，常被归类为"跨国"、"后在日"或"后流散"人口的第三、四代韩国人或朝鲜人群体，更愿意摒弃他们先辈的种族民族主义。从20世纪90年代开始，两种发展趋势——在日韩国人（朝鲜人）逐渐入籍，日本提倡多元文化共存——导致新一代的人呼吁朝韩－日本并存的身份认同，这种倾向在在日华人中还没有出现过。这些社会活动家视之为"第四条道路"，即在加入日本国籍的同时，公开保留原来的名字和身份认同。[44]如果被广泛接受的话，这种选择将使民族性与日本国籍脱钩，并且从根本上改变日本社会的归属性质。然而，它的前提是加入日本国籍这一行为的社会意义的转变：从一种被理解为文化顺从、政治被动、给予外国人"特权"并抹消传统的行为，转变为以平等和承认族群差异为前提的、获得公民身份的积极手段。[45]

社会活动家关于在日韩国人（朝鲜人）身份认同问题的争论，不应被理解为社会变革的直接证据。可以肯定的是，最近几年加入日本国籍的朝韩两国的人从20世纪五六十年代的每年两三千人，增加到现在的每年一万多人。年轻一代显然开始将入籍视为个人选择，不太关心它对集体身份认同或民族忠诚的影响。[46]但韩国人（朝鲜人）社区里的很多人，特别是几十年来为维持社区凝聚力及文化特征奋斗过的老一辈人，仍然强烈反对加入日本国籍。另外，几乎没有证据表明，日本人对于其身份认同的种族或血缘基础的整体态度发生了很大变化。[47]遭受歧视的现实，以及成为日本人的两难处境显示，朝韩两国的人入籍后可能会获得二等公民的地位，但离被日本社会完全接纳还差得很远。[48]只要这种情况持续下去，"第四条道路"就只是一种知识分子的立场，而非现实中可能的选项。

在日韩国人（朝鲜人）关于"第三条道路""第四条道路"的争论，也说明在日本，朝韩两国人与华人在参与政治运动的积极性上存在巨大差异。在太平洋战争期间，横滨的华侨领袖曾向日本官员表示，他们希望得到"广义上的日本人"的待遇，或者他们的子女"实际上和日本人一样了"。但他们并没有自称日本人，因此也没有直接挑战现有的日本人观念。恰恰相反，他们私底下试图拉近与日本领导人的关系，表现出自己是值得信赖的。同样地，战后横滨华人虽有对地方社区的忠诚，但并没有表现出对日本民族性有更广泛和更包容的理解。他们没有对朝韩两国人主导的讨论或在国家层面为争取外国人权利的运动做出重大贡献，如日立雇佣歧视案和20世纪80年代的反指纹运动。[49]

这种差异可以有几种解释，包括人口结构、移民环境、移民后的经历，等等。中华街作为文化和经济纽带的地位也至关重要。华人为何相对而言缺乏知识分子的领导和行动主义，最明显的一个解释是人口规模。从太平洋战争结束到2007年，在日韩国人（朝鲜人）是日本最大的外国人群体，他们有更多的社会活动家，更愿意对流散团体、日本政府的意识形态及政策提出异议。但这两个少数族裔群体间也存在明显的态度差异。其中一个指标是愿意以日本名字（通名）生活的华人与朝韩两国人的比例差距。1986年的一项调查显示，只有17.4%的华人拥有日本名字，朝韩两国人的比例达到91.3%。[50]这种差异能支持李约翰的结论，即相对而言，华人在日本受到的歧视较少。

另一个主要因素当然是神奈川县的华人集中在相对封闭的中华街，在这里中国文化已被包装过，提供给日本消费者。这种展示自己文化传统的自由是华人的一个经济优势，这在朝韩两国人以及日本其他少数族裔中是找不到的。实际上，中国文化传统的展示最容易在中华街的商业活动中被接受，而不是在华人新移民聚集的东京及其他大城市市中心的工薪阶层居住区。日本人对中华料理的巨大需求，也是朝韩两国人无法望其项背的：2007年的一项调查发现，当日本人听到"中华"这两个字时，最容易联想到的东西就是中华料理，将近61.6%的受访者都这么回答。[51]近年来日本人对韩国电影、电视剧、流行音乐的追捧，会不会演变成类似的商机，还有待观察。从前期的观察来看，这种消费热潮改变的是韩国这个国家在日本的形象，而不是在日韩国人（朝鲜人）的形象，目前在日韩国人（朝鲜人）工人阶级社区仍然遭受着各种歧视。

最后，移民和定居过程中的不同经历，也可能导致对融合的不同心理倾向。横滨华人社区的历史是一部自愿迁徙的历史，与此相反，在日韩国人（朝鲜人）大部分是在殖民时期被当作劳工强行带到日本的。这种强制移民使在日韩国人（朝鲜人）社区的起源有很强的政治色彩，成为国与国之间的重要问题。在1965年韩国与日本签订的邦交正常化条约中，就包括保障在日韩国人权利的条款。[52]但中国与日本签订的外交协定中从未出现过类似规定：华侨的地位被视为个人私事，要根据个人意愿处理，并且在日本政府的管辖范围内。正因为如此，韩国的新移民与早期从朝鲜半岛来日的所谓"老移民"之间也出现了类似的态度差异，正如一位"老移民"社会活动家朴永浩（Pak Yong Ho）所说，"新移民都是自愿过来的，和我们这些被强制弄到日本来的人没有什么关系"，"老移民"得忍受日本强制性的同化政策。新移民从没有过这些经历，对民族身份认同这一政治问题也没兴趣，而是"追求经济上的成功"。[53]类似的描述也适用于横滨华人。

这样看来，横滨华人似乎并没有很深入地参与在日韩国人（朝鲜人）领导的与日本主流社会的"概念斗争"，以此改变日本公民身份的性质。但是，他们融入当地社会的方式，却在更广泛的社会进程中实质性地改变着日本。虽然缺乏杰出知识分子的领导，华人使用的话语仍然试图调和流散身份认同与地方归属感。这段历史说明了文化学者洪美恩（Ien Ang）所说的"日常生活中的微观政治"（micropolitics of everyday life）的变革潜力。洪美恩曾写过关于全球化"身份忧郁"（identity blues）的文章，她认为，尽管全球化引入了一个超越地方和国家边界的社会和经济网络，但也导致了原教旨主义（fundamentalisms）的兴起，侵蚀了地方归属的确定性。为了解决这种矛盾，洪美恩提倡一种社会实践：和邻居们生活在一起、相互交流，"形成一种共通感，求同存异"。这既帮助移民安居下来，也能改变当地社会的文化。[54]华人社区正是通过这种方式，产生了对横滨的认同感。他们通过日常的接触，弥合了民族差异和相互冲突的归属感，以横滨人的身份获得了广泛的接纳。横滨华人通过非精英化的微观政治，为在日韩国人（朝鲜人）社会活动家所说的"第四条道路"成为可能创造了文化条件。

横滨华人的横滨人身份认同在历史上的出现，预示着过去30年来关于地方公民身份的论述已经得到重视。公民身份，无论在地方还是在国家层面，都是一个复杂的概念。笔者采纳凯瑟琳·特格特迈尔·帕克（Katherine Tegtmeyer Pak）对其四个维度的分析：第一，法律维度，指正式的法律地位；第二，实质维度，指国家规定的权利和义务；第三，文化维度，指个人的社会和文化归属感；第四，参与维度，指积极地参与社区生活。[55]据此分析，华人居民的横滨人身份认同，就是对地方文化中公民身份的诉求。

如今，面对迅速增长的外国人人口，地方公民身份的概念正影响着当地市政府的应对方式。不包括大量的非法移民在内，日本登记在册的外国人人数从1989年的98.4万人增加到2009年的210万人。[56]这些移民中有大量的非技术或半熟练劳工，通过"研修生"签证这一"侧门"或其他特殊签证进入日本。他们被日本的劳动力需求吸引过来：因为少子化及老龄化，日本需要大量的劳工移民，以维持经济规模。不过在公开场合，日本严禁非技术外国劳工移民到日本。[57]此外，中央政府在很大程度上将处理社区全球化的责任推给了地方政府。结果就是20世纪70年代以来，地方政府赋予了外国居民获得教育、公共住房、儿童看护及国民健康保险等实质性的公民权利。[58]横滨、神户、大阪、京都、札幌、名古屋等外国人口较多的城市，也接受了地方市民身份的说法，制定了更多的政策、提供更多的服务以适应外国市民的需要，包括"语言班、翻译服务、信息手册、咨询服务、公共住房、公民健康保险、紧急医疗保障，以及有限的政治代表权等"。[59]

在上述举措中，外国人参与地方政府可能是最富挑战性和易受争议的。其基础是20世纪60年代和70年代个别进步的地方政府努力促进所谓的"民生外交"，即发挥市民社会在国际性的政策制定中的作用。[60]川崎是神奈川县一个朝韩两国人口较多的城市，它在1996年建立了外国人议会。[61]1998年，神奈川县也设立了神奈川县外国人议会。这些议会没有决策权，而是作为咨询性或调查性的议事会发挥作用。然而，这些议会的合法性是由一个共同体的理想所决定的，即所有的居民或市民都应该在决策中拥有发言权。[62]

日本对于地方市民身份的接受，创造了向外国居民提供更多政治权利的可能性，尤其是面向所谓的"住民"（denizens），即没有公民身份的永久居民。也有人认为，市政府承认地方市民身份的政策赋予其实质性的公民身份，这导致权利义务与法律上的公民身份脱钩的趋势。[63]对于横滨华人等社区表现出来的地方身份认同与民族身份认同的矛盾，这种趋势似乎是一种合理的解决办法。但目前来看，其局限性也显而易见。在日本，国家公民身份的文化和民族内涵仍然很明显。作为一种常识，日本的单一民族神话经过了各种有力驳斥后依然屹立不倒，也符合大多数日本公民的日常观念。允许外国人参与地方政治能被各方接受的原因，恰好是因为这样能避免与民族国家对民族的定义产生矛盾。以地方为基础、提供给外国人的各项社会福利，实际上可能有助于**维护**国家层面的排他性政策，因为这样做的话就没有必要修改现有国籍法，或挑战既有的日本人身份认同概念。[64]

赋予外国人地方选举权是实现地方市民权利的主要方式。但目前关于这个问题的政治讨论也表明，当与民族身份认同、国家主权相抵触时，从道德、经济理由出发要求赋予外国人权利的提议会失去吸引力。1990年前后，在日韩国人（朝鲜人）与在日英国人开始提出地方选举中的投票权问题。他们援引欧洲国家的先例，宣称投票权是人权的一部分，并且认为这将帮助外国人扎根于当地社区。1994年10月福井地方法院裁定，赋予外国人地方选举权不违反日本宪法，1995年最高法院也支持这项裁决。[65]此后，日本的许多市镇给予外国居民地方选举权，2002年，滋贺县原米原町决定允许外国人在市镇合并公投中投票。很多日本地方市政府纷纷赋予外国居民投票权。截至2005年，约200个市、町、村允许外国人在地方选举中投票。[66]

但截至本书写作时，日本还没有制定关于外国人在地方上享有选举权的国家政策。从20世纪90年代末以来，公明党、日本民主党、日本共产党等多次提出在地方选举中给予外国人投票权的议案。到2000年，政治气氛似乎相当有利。2000年11月，《朝日新闻》的一项调查显示，80%的都道府县政府知事和12名市长支持地方选举权法案。一个月前，横滨市长高秀秀信表示，从人权角度看，日本应该允许这种形式的有限选举权。[67]

2009年民主党上台后，将赋予外国人地方选举权列为其政纲的一部分。2009年11月5日，民主党首相鸠山由纪夫公开表示，只要不违反宪法，日本政府就可以给予这项权利。然而，这个问题却成为保守派的自由民主党反对民主党政府的导火索。

2010年初，14个都道府县议会通过了反对赋予外国人地方选举权的决议，其中7个都道府县议会推翻了先前支持这一法案的决策。[68]鸠山首相大怒，并在2009年4月表态支持这一法案时说道："日本列岛不仅仅是属于日本人的。"鸠山的直言不讳，让人觉得他似乎以一种牺牲国家主权为代价、偏向非日本人权利的方式来定义这个问题，这种交换在国家政治中是不可容忍的。由于诉诸日本人、非日本人的简单区分，鸠山提前终结了对日本公民身份的持续性及根本性的讨论，即怎么样才能算日本人，日本人是否可以被定义为一种公民化、非种族形式的身份认同。

在反对民主党法案的过程中，日本的保守势力为捍卫国家主权团结起来。反对派在示威游行过程中，打出了诸如"我们强烈反对把对马岛、与那国岛、冲绳岛卖给朝鲜、韩国或中国"等明显夸张的标语。另一些人则回忆起中国移民大量涌入带来的古老恐惧，担心华人永久居民获得政治权力后，情况会更糟。日本右翼团体"一水会"的代表木村三浩则提出了更冷静的意见，他表示，从情感层面，他理解给予在日本长期居住的外国人选举权的愿望，但担心"一旦有事"，这些人是否会忠于日本。[69]最终，民主党于2010年7月将外国人享有地方选举权的提案从立法议程中删除。[70]尽管全球化的趋势使流动性和跨民族社区成为一种常态，但在政治领域，国家仍被认为是个人的终极归宿。

以上政治争议显示，地方公民权的举措受到了一些硬性限制。从目前的政治形势来看，很多人似乎同意保守的前东京都知事石原慎太郎①的观点，他断言"选举权是在该国拥有国籍

---

① 石原慎太郎（1932—），日本著名的右翼保守政治人物，小说家，画家。他在1999年当选东京都知事并三度连任，2012年辞职。他一直否认日本在军国主义时代犯下的各种罪行。

的人的专属权利；将地方视为与国家完全分离的地方是不合逻辑的"。[71]民族国家的特权及其假定的超越地方空间的优先权目前仍然存在。至少在可预见的未来，日本的公民权利不可能因地方选举权运动而扩大。

但正如本书试图阐明的那样，定义真正的民族共同体，本身就是一个历史过程，而民族排他性也不应该被视为日本人的固有特征。石原慎太郎说地方空间和国家空间是相通的，这一点非常正确，但其逻辑应该是双向的。地方文化市民身份的表述，有可能通过转换对日本人身份认同的基本理解来重新定义国家公民身份。横滨中华街作为一个全球化的地方社区，是这方面的重要案例：它通过展示多民族社区在一个假定的单一民族国家中的生存能力，颠覆了国家空间优先于地方空间的假设。解决这种地方包容性和民族排他性之间的矛盾，可能预示着日本社会将发生更深刻的变革。诚如引言所指出的那样，随着越来越多的国际移民流向日本其他地方，现在更难将横滨作为例外加以否定，其结果就是，假以时日，日本人身份认同的民族基础可能会被颠覆。这种变化可以从政治时事辩论、媒体话语中看出一些端倪，而在这漫长的历史趋势中，本书已将横滨华人儿女们所扮演的角色载入史册。[72]

注释

1. 広田『華僑のいま』、二三九頁。
2. 尽管原来的餐馆已经关门，但2011年这一品牌以邮购烧卖的方式复兴。参见「博雅公式サイト」、2013年5月6日、http://hakuga.net。

3. 菅原「チャイナタウン」、一〇二~一〇七頁。麦暗玉已经加入日本国籍，起了日本名字"堀玉子"，尽管她说日语比说中文流利，但还是更喜欢用中文名字。
4. 「あなたが選んだ神奈川未来遺産100」、神奈川県、2007年11月6日、http://www.pref.kanagawa.jp/osirase/tosiseibi/machi/keikan/50sen_100sen/mirai100。
5. 横浜中華街街づくり団体連合協議会『グランドデザイン』、七~八頁。
6. 陳天璽「華人とは誰か」、四六~四七頁；朱慧鈴『華僑社会の変貌』、三一頁。
7. 潘民生「横浜山手中華街の過去、現在、未来」、五八頁。横浜市的两所中华学校，其毕业生获准参加神奈川县内的公立和私立学校的入学考试。但在大部分情况下，毕业生必须先参加同等学力考试。东京的政策则更为严格，禁止在中华学校就读的日本人参加东京地区的入学考试。这一政策基于这样的理念，即这些学生逃避了日本法律规定的义务教育。由于两所中华学校在学校分类体系中的劣势，学校的学生们也处于不利地位，他们只得到政府对每个学生的常规补助，而且没有资格获得政府的教科书和保险补助。
8. 同上、五七~五九頁。
9. 李慈満「百年の華僑学校の見証」、六二・六九頁。
10. 広田『華僑のいま』、二三〇・二三六・二三八~二四〇頁。
11. 在这一点上，笔者遵循David Hollinger的观点，认为世界主义的重要意义在于"促进多重身份认同，强调许多群体的动态和变化的特性，以及对创造新文化融合的潜力做出反应"（Hollinger, *Postethnic America*, pp. 3-4）。
12. 譚璐美・劉傑『新華僑老華僑』、一四四頁。
13. 林正成「神戸華僑の心を伝える」。萨摩是今天日本鹿儿岛县西部的历史旧称。
14. 朱慧鈴『華僑社会の変貌』、六一・六五頁。那些声称自己是日本人的人不一定有日本国籍。在30岁及以下的华人中，只有8.1%的人入籍。
15. 『百年校史』、四九六頁。

16. 過放『在日華僑』、一七一～一七三・一八三頁。1945年前来到日本的华人的"民族认同"首先依附于他们的乡土情结；中年华人的"国家认同"则是由1945~1972年的政治联系培养出来的。
17. Dijkstra, Geuijen, and de Ruijter, "Multiculturalism and Social Integration in Europe," pp. 60 – 62. 这一现象也可以用尴尬的新名词"全球本土化"（glocalization）来表述。
18. Liu-Farrer, "Creating a Transnational Community," pp. 119 – 21; 過放『在日華僑』、四九頁；朱慧鈴『華僑社会の変貌』、二九頁；小田『日本に在留する中国人』、三九頁。1979年，中国和日本开始正式开展教育交流项目。1984年中国人开始大量赴日交流，当时中国开始实行自费出国留学政策。日本政府通过1981年的"非日本人产业培训计划"设立了"研修生"这一类别，允许日本企业赞助和培训来自发展中国家的工人。此后，该计划在很大程度上起到了低工资、半熟练劳工移民到日本的"侧门"作用。
19. Statistics Bureau, *Registered Aliens by Nationality*.
20. 横浜市編『統計書』、第六〇巻、三二二頁；第六九巻、三六頁。
21. 『百年校史』、四九六頁。
22. Vasishth, "Model Minority."
23. Friman, "Evading the Divine Wind through the Side Door," pp. 9 – 34; Friman, "Immigrants, Smuggling, and Threats to Social Order in Japan," pp. 294 – 317; Zha, "Chinese Migrant Workers in Japan." 这些研究报告对这一趋势进行了批判，并且举例说明了这一趋势。
24. 過放『在日華僑』、九頁；永野武『在日中国人』、一八四頁；朱慧鈴『華僑社会の変貌』、五六頁。
25. Liu-Farrer, "Creating a Transnational Community," pp. 116, 129. 这建立在Linda Basch、Nina Glick Schiller和Cristina Szanton Blanc对跨国主义的探索基础上，他们将跨国主义定义为"移民形成和维持多重社会关系的过程，这些关系将其出生地的社会和定居地的社会联系在一起"（Basch, Glick Schiller, and Szanton Blanc, *Nations Unbound*, p. 7）。
26. Liu Wuji, Su Man-shu, pp. 17, 20.
27. Liu-Farrer, "Creating a Transnational Community," p. 129. 很多华

人认为获得永居权要好于获得日本国籍；虽然取得永居权比较困难，但可以在不放弃中国国籍的情况下，在两个社会中享受到相应的福利。

28. 過放『在日華僑』、七五頁。
29. M. Lin, "Overseas Chinese Merchants and Multiple Nationality," pp. 992, 995, 1006. 其中一个特殊例子是郭春秧，他在获得日本国籍后，仍然为中国、各种泛亚洲主义活动和1923年关东大地震后的赈灾捐款。
30. 举个例子，长崎的福建商人陈世望曾经在1906年用英文给日本外务大臣写信，表达自己加入日本国籍的愿望："出于生意需要，我必须经常出差，而且由于我打算开始从事进口和委托业务，必须往返日本、中国和欧洲。"（陳世望致日本外務省「内外省帰化関係雑件」第一卷、1906年10月、3：8：7：5、JMFA、一～二頁。）
31. Wan, *Sino-Japanese Relations*, p. 47. 在1994~2003年，日本是中国最重要的贸易伙伴，之后被欧盟和美国超越。相反，2004年日本与中国的贸易额仅次于美国。
32. Iriye, *China and Japan in the Global Setting*, pp. 56–57. 美国是这10年间日本最重要的贸易伙伴，但对美贸易和对中贸易之间的差距在不断缩小。
33. 莫邦富「新東京人いつ誕生？」『朝日新聞』、二〇〇八年二月二日、B三頁。莫邦富认为，与纽约、上海、新加坡、香港等更开放的城市相比，东京对中国居民的接待，显示出这个社会仍然以"传统的日本式排他性"为其特征。
34. Commonwealth Commission on Respect and Understanding, *Civil Paths to Peace*, pp. 10, 29.
35. 斎藤『中華街殺人事件』、二一頁。
36. Tegtmeyer Pak, "Foreigners Are Local Citizens Too," p. 252.
37. Chung, *Immigration and Citizenship in Japan*, pp. 25, 121–23.
38. Lie, *Zainichi*, pp. 9, 147. 李约翰引用了1939年和1949年的调查以证明日本公众态度的变化。在1939年，当日本人被问及喜欢哪国人时，朝鲜人在15个国家的人中排名第5位；在1949年，来自朝鲜半岛的人在15个国家的人中排名第15位。
39. 同上，p. 24。这一印象最适合描述1945年后的情况。日本社会在其他时期对中国人进行了公开、激烈的贬低，尤其是第一章所说的 1894~1895 年甲午中日战争期间。

40. Ryang, *North Koreans in Japan*, p. 121; Chapman, *Zainichi Korean Identity and Ethnicity*, p. 25; Lie, *Zainichi*, pp. 41 – 43.
41. Lie, *Zainichi*, p. 128.
42. 同上，pp. 18，32，84，118; Chung, *Immigration and Citizenship in Japan*, pp. 96，127。在 1974 年，大阪 3/4 的韩国人或朝鲜人反对加入日本国籍。这一选择被普遍认为是一种逃避，而不是在日本社会中获得正式和平等成员资格的途径。
43. Chapman, *Zainichi Korean Identity and Ethnicity*, p. 56; Hester, "Datsu Zainichi-ron," p. 139.
44. Lie, *Zainichi*, p. 167; Hester, "Datsu Zainichi-ron," pp. 145 – 46. 这些韩国或朝鲜社会活动家用了"韩国系日本人"或"朝鲜日本人"等术语。
45. Chapman, *Zainichi Korean Identity and Ethnicity*, pp. 131 – 35; Chung, *Immigration and Citizenship in Japan*, pp. 140 – 43.
46. Lie, *Zainichi*, pp. 144 – 46; Ryang, *North Koreans in Japan*, pp. 196 – 200.
47. Ryang, "Visible and Vulnerable," p. 62; Hester, "Datsu Zainichi-ron," p. 148.
48. Chapman, *Zainichi Korean Identity and Ethnicity*, p. 135.
49. 同上，pp. 73 – 74。日立雇佣歧视案已经在第五章讨论过了。反指纹运动是由在日韩国人（朝鲜人）社区于 20 世纪 80 年代发起的。它反对的是日本 1955 年提出的全体外国人采集指纹的要求。在在日韩国人（朝鲜人）的领导下，到 1985 年超过 1 万名外国居民拒绝被采集指纹，以抗议这项规定。其结果是日本在 1999 年结束了对永居者的指纹采集。
50. 神奈川県内在住外国人実態調査委員会『日本のなかの韓国・朝鮮人、中国人』、一七五~一七八頁。
51. Genron NPO, *Japan-China Joint Opinion Polls*.
52. Ryang, *North Koreans in Japan*, p. 124.
53. Chung, *Immigration and Citizenship in Japan*, p. 131.
54. Ang, "Identity Blues," p. 11.

55. Tegtmeyer Pak,"Cities and Local Citizenship in Japan," pp. 81 – 83.
56. Statistics Bureau, *Registered Aliens by Nationality*.
57. Tsuda,"Localities and the Struggle for Immigrant Rights," pp. 12 – 15, 20 – 21. Takeyuki Tsuda 在 2006 年的著作中推断，有 80 万名获批和未获批的移民以非技术或半熟练劳工的身份参与日本的经济活动。除了"研修生"身份外，这些劳工还凭借"艺人"（通常从事酒吧招待和风俗业）签证、"修学生"（语言学校学生）签证，以及针对日本裔拉美人的特殊签证等入境。
58. Chung, *Immigration and Citizenship in Japan*, pp. 101 – 103, 164 – 165. 其中的很多服务在日本签署了一些国际公约后推广到全国，这些国际公约包括：1979 年签署的《经济、社会及文化权利国际公约》《公民权利和政治权利国际公约》，以及 1982 年签署的《关于难民地位的公约》。
59. Tegtmeyer Pak,"Cities and Local Citizenship in Japan," pp. 80 – 81. Tegtmeyer Pak 同样指出，这些趋势在全球先进民主国家的城市中都能看到。
60. Avenell,"Regional Egoismas the Public Good"；Tegtmeyer Pak,"Foreigners Are Local Citizens Too," p. 261.
61. Komai, *Foreign Migrants in Contemporary Japan*, pp. 121 – 22.
62. 这一战略的基础是："以**地域**为**基础**的地方社区将其边界内**所有**居民都包括在内，形成一种强有力的形象，衬托出以**族裔为基础**的社区概念。"（Han,"From the Communitarian Ideal to the Public Sphere," pp. 43 – 45.）
63. Tegtmeyer Pak,"Cities and Local Citizenship in Japan," pp. 80 – 81.
64. 同上，pp. 88 – 89；Burgess,"The'Illusion'of Homogeneous Japan and National Character."
65. 谷口「選挙は誰がするものなのでしょうか」、七〇～七一頁；Tegtmeyer Pak,"Cities and Local Citizenship in Japan," p. 79. 争论不仅涉及赋予外国人选举权是否可行、是否符合宪法，也涉及它的具体执行形式。对此有各种各样的先例可供参考。瑞典将地方投票权赋予所有外国居民，而法国、德国有对等的制度，承认某些欧盟国家国民的权利。韩国向取得永久居留权后满三年的人赋予地方选举权。

66. Green,"Local Foreign Suffrage in Kawasaki City."
67. 「外国人参政権知事らアンケート：『付与』住民、反対一人、八割は『国会見守る』」『朝日新聞』、二〇〇〇年十一月十二日、朝版、三八頁；「外国人参政権『国が結論を』：高久、横浜市長」『朝日新聞』、二〇〇〇年十月三日、朝版、三五頁。
68. 「外国人地方参政権、夫婦別称：首相議論見守る考え」『朝日新聞』、二〇〇九年十一月六日、朝版、四頁；「外国人参政権に14県『反対』」『朝日新聞』二〇一〇年一月八日、朝版、一頁；福井『永住外国人地方参政権問題』、三五頁。民主党的法案将给予约90万名永居者地方选举权。
69. 福井『永住外国人地方参政権問題』、三五頁。
70. Green,"Local Foreign Suffrage in Kawasaki City."
71. 「外国人参政権知事らアンケート」『朝日新聞』、二〇〇〇年十一月十二日、朝版、三八頁。
72. Morris-Suzuki,"'Welcome to Our Family'"; Lie, *Zainichi*, p. 152.

附 录

鲍博公《白菜扒鸡》菜谱

材料：

鸡一只

大葱两根

生姜两片

香菇两个

老酒少许

高汤（提前备好，最好是鸡汤）

白菜叶四五片

盐、黑胡椒

酱油

土豆淀粉少许

金华火腿一片

步骤：

鸡去头，从背部切开。用酱油浸泡，烧热猪油，大火煎至变色。捞出鸡，用清水洗净去油，放入碗中，将大葱切成长15厘米左右的片，放在鸡肉两边；然后加入两片生姜、两个香菇、老酒，再加入足够的高汤（或水），没过食材。放入蒸锅中蒸两个小时。蒸好后，小心地将鸡肉去骨，尽量保留鸡的形状。

香菇放入大碗中，将鸡放在上面。白菜叶焯一下，切成大块，放在上面。倒扣在碟子上，重新蒸一次。用之前煮鸡肉剩下的原汤和盐、老酒、黑胡椒粉、酱油、土豆淀粉调成酱汁。将酱汁随意浇在鸡肉上，最后在盘子里铺上薄薄的火腿片即可。[1]

注释

1. 鮑博公「冬においしい支那料理」、二四～二五頁。

缩写说明

AH	台北"国史馆"
BX	《百年校史》
CAC	中华体育会
CKK	中华街
DDK	神奈川外交公文
DPJ	日本民主党
DRMFA	外务省外交史料
FNWS	《妇女会五十年史》
GMD	国民党
JACAR	亚洲历史资料中心
JCP	日本共产党
JMFA	日本外务省
JOAK	东京放送局
JWM	《日本周报》
KPA	神奈川县立公文书馆
LDP	自由民主党
MEXT	文部科学省
NACP	马里兰大学帕克分校国家档案馆
OCAC	侨务委员会
RHM	前内务省档案
TNNS	《东京日日新闻》

YBS	《横滨贸易新报》
YDA	横滨中华街发展会
YKS	横滨开港资料馆
YSSII	《横滨市史Ⅱ》

参考文献

档案

台北"国史馆"

外務省外交史料館、東京

アジア歴史資料センター、東京

外務省外交史料館

内務省資料

神奈川県立公文書館、横浜

東京文庫、東京

National Archives and Record Administration, College Park, MD (nacp)

RG 59: General Records of the Department of State, Consular Despatches, Record Group 59

RG 331: Records of Allied Operational and Occupation Headquarters, World War II, Record Group 331

RG 554: Records of General Headquarters, Far East Command, Supreme Com-mander Allied Powers, and United Nations Command, 1945–60, Record Group 554

报刊

『アサヒ芸能』、東京

『朝日新聞』、東京

《华文大阪每日》,大阪

Japan Weekly Mail, Yokohama

『時事新報』、東京

『神奈川新聞』、横浜

Kobe Weekly Chronicle

『毎日新聞』、東京

『長崎新聞』

『日本』、東京

『大阪毎日』

《时务报》，上海

『東京日日新聞』

『横浜貿易新聞/新報』

『横浜毎日新聞』

『読売新聞』、東京

『萬朝報』、東京

《浙江潮》，东京

专著及论文

鲍关明、鲍慧娥、鲍慧球、鲍慧香、陈肖群：《集体综合记事》，载中华学院编《横滨中华学院百周年院庆纪念特刊》，横滨：中华学院，2000。

陈常好：《回忆与期盼：一位老华侨的心声》，载《回国五十年》编写组编《回国五十年》，北京：台海出版社，2003，第276~285页。

陈济成：《侨务工作之进展现状及计划》，《华文大阪每日》第七卷第10号，1941年，第11~13页。

陈少白：《兴中会革命史料》，南京：建国月刊社，1935。

陈天玺：《无国籍华侨：日本华侨的国籍与身份认同》，载张启雄编《时代变局与海外华人的祖国认同》，台北：海外华人研究学会，2005。

冯锦龙编《大同同学录》，横滨：大桥印刷所，1909。

冯自由：《革命逸史》六集，重庆：商务印书馆，1939~1948；再版，北京：中华书局，1981。

国立编译馆：《高级小学国语课本》四卷，东京：中华民国留日华侨教育会，1947。

横滨华侨妇女会五十年史编辑委员会编《横滨华侨妇女会五十年史》，横滨：横滨华侨妇女会，2004。

《横滨中华学校管理委员会发表关于中华学校裁判经过报告》，《华侨文化》第47号，1952，第10页。

《梁扶初》，载梁友德编《棒球运动》，北京，1986。

梁友文：《忆先父》，载梁友德编《棒球运动》，北京，1986，第22~29页。

林慧儒编《小学新读本》，六卷，横滨：致生号，1903。

刘毅：《记先辈梁扶初先生的棒垒球生涯》，载梁友德编《棒球运动》，北京，1986，第8~16页。

鲁风：《全日本华侨总会：第二届大会参加记》，《华文大阪每日》第六卷第12号，1941，第23~25页。

松本於菟男：《南洋华侨问题与在日华侨的使命》，《华文大阪每日》第8卷第8号，1942，第11页。

侨务委员会编《侨务五十年》，台北：侨务委员会，1982。

《清议报》12册（1898~1901年），台北：成文出版社影印本，1967。

孙士杰：《横滨大震灾中之华侨状况》，横滨：中华民国领事馆，1924。

王良编《留日横滨华侨总会迈向六十年纪念特刊》，横滨：留日横滨华侨总会，2002。

张枢：《横滨中华学院前期校史稿》，横滨：横滨中华学院，1989。

张学璟：《大同学校略史》，载冯锦龙编《大同同学录》，横滨：大桥印刷所，1909。

中华民国留日领事馆：《日本震灾残杀华侨案》，横滨：中华民国总领事馆，1925。

中华学院编《横滨中华学院百周年院庆纪念特刊》，横滨：中华学院，2000。

周聿峨：《日本华侨教育略况》，《华侨教育》1983 年第 1 期，第 179～187 页。

朱敬先编《华侨教育》，台北：台湾中华书局，1973。

荒畑寒村「明治三十年代の横浜を語る」『郷土横浜』第四巻第二号、一九五九年、七～十四頁。

朝尾直弘・網野善彦・石井進・鹿野政直・早川庄八・安丸良夫編『岩波講座日本通史』二十一巻、別巻四、東京、岩波書店、一九九三～一九九六年。

飛鳥田一雄「中華街と私」『月刊中華街』第二号、一九七三年、第八頁。

鮑博公「冬においしい支那料理のいろいろ」『栄養と料理』第二巻第二号、一九三六年二月、二三～二六頁。

曾峰英「中華街でニーハオ！旺」『豆彩』第九號、一九九八年、七頁。

曾峰英「中華街でニーハオ！縁」）『豆彩』第六號、一九九七年、七頁。

陳蓴芳「在日華僑言論出版会の現状」『中国公論』第一号、一九四八年、十六～二十頁。

陳焜旺『日本華僑・留学生運動史』、東京、日本僑報社、二〇〇四年。

陳天璽「華人とは誰か：教育とアイデンティティ」『華僑華人研究』第八号、二〇一一年、四三～四八頁。

陳天璽『無国籍』、東京、新潮社、二〇〇五年。

陈效荫「横浜中華公立小学校の思い出」、横浜山手中華学校百年校志編輯委員会編『横浜山手中華学校百年校志』、横浜、横浜山手中華学園、二〇〇五年、一四三頁。

中国研究所編『在日華僑と「外国人財産取得政令」に関する意見書』、東京、中国研究所、一九四九年。

中華会館・横浜開港資料館編『横浜華僑の記憶：横浜華僑口述歴史記録集』、横浜、中華会館、二〇一〇年。

大東亜省支那事務局総務課『現時局下に於ける日本華僑の活用面』、東京、一九四四年。

馮瑞玉「横浜山手中華学校『百年校志』発刊に寄せて：横浜大同学校と馮鏡如」、横浜、横浜山手中華学校百年校志編輯委員会編『横浜山手中華学校百年校志』、横浜、横浜山手中華学園、二〇〇五年、三五～三八頁。

藤野豊『強制された健康：日本ファシズム化の生命と身体』、東京、吉川弘文館、二〇〇〇年。

藤澤フミ子「読者の声：横浜生まれ」『市民と文化』第九号、一九八二年、三九頁。

福井洋平「永住外国人地方参政権問題：元氣になった日本の保守」『Aera』第二二巻第五七号、二〇〇九年十一月三十日、三五頁。

福島優「中華街史実録5：昭和期中華街の盛衰」『月刊中華街』第六号、一九七三年、十六～十八頁。

過放『在日華僑のアイデンティティの変容』、東京、東信堂、一九九九年。

芳賀日出男「蘇る記憶：横浜中華公立小学校1942年」、横浜、横浜山手中華学校百年校志編輯委員会編『横浜山手中華学校百年校志』、横浜、横浜山手中華学園、二〇〇五年、一三七～一四十頁。

早瀬利雄「華僑社会研究の諸問題（3）：戦後本邦華僑の実態に関する調査のために」『経済と貿易』第八二号、一九六三年三月、一～十頁。

林正成「神戸華僑の心を伝える」『神戸華僑歴史博物館通信』第五号、二〇〇五年、一頁。

林貞四郎『東亜共栄圏と華僑の動き』、小樽、北海国民社、一九四二年。

樋口弘「長崎版画の起源」、樋口弘編『長崎浮世絵』、東京、味燈書屋、一九七一年、一～六頁。

樋口弘編『長崎浮世絵』、東京、味燈書屋、一九七一年。

平松紫香「明治二十年頃の横浜名物」『郷土横浜』第二巻第二号、一九五八年、二十頁。

広田寿子『華僑のいま：日中の文化のはざまで』、東京、新論社、二〇〇三年。

堀田祐介「私と中華街：あゝ、この『美学の町』」『月刊中華街』第十一号、一九七三年、四～六頁。

黄成武「黄先生がつくる『故郷の味』一品」『市民と文化』第六号、一九八一年、四八～四九頁。

井出徳太郎編『日本商工営業録』、東京、日本商工営業録発行所、一九〇二年。

入山太一「本邦における華僑の論ず」『彦根高商論叢』第三十号、一九四一年、一九五～二二五頁。

伊藤泉美「1920年代中頃の横浜華僑社会：諸団体の動向の中心に」『横浜華僑資料館紀要』第二四号、二〇〇六年、一～四四頁。

伊藤泉美「梁家：中国に野球の広める」、横浜開港資料館編『横浜中華街150年：落地生根の歳月』、横浜、横浜開港資料館、二〇〇九年。

伊藤泉美「横浜大震災中の華僑状況に見る関東大震災前後の横浜華僑社会」『横浜華僑資料館紀要』第二十号、二〇〇二年、一～四九頁。

伊藤泉美「横浜開港と中華街」、横浜商科大学『横浜中華街の世界：横浜商科大学中華街まちなかキャンパス』、横浜、横浜商科大学、二○一二年、十四~三十頁。

　伊藤泉美「横浜華僑社会の形成」『横浜華僑資料館紀要』第九号、一九九一年、一~二八頁。

　伊藤辰次郎『横浜貿易捷径』、横浜、横浜郷土研究会、一八九三年。

　岩壁義光「日清戦争と居留地清国人問題」『法政史学』第三六号、一九八四年、六一~七九頁。

　金美齢「決意としての『無国籍』宣言」『現代の眼』、一九七三年、九六~一○三頁。

　香川綾「創刊にあたって」『栄養と料理』第一号、一九三五年、二~四頁。

　神奈川県庁『神奈川県統計書：明治三十年』第一巻、横浜、神奈川県庁、一八九九年。

　神奈川県庁『我らの神奈川県』、横浜、大橋活版印刷所、一九二八年。

　神奈川県警察史編纂委員会編『神奈川県警察史』、横浜、神奈川県警察本部、一九四○年。

　神奈川県内在住外国人実態調査委員会『日本のなかの韓国・朝鮮人、中国人：神奈川県内在住外国人実態調査より』、東京、明石書店、一九八六年。

　可児弘明・斯波義信・游仲勲編『華僑・華人事典』、東京、弘文堂、二○○二年。

　鹿目省三『南京町』、東京、朝日、一九二四年。

　河原操子『カラチン王妃と私：モンゴル民族の心に生きた女性教師』、東京、芙蓉書房、一九六九年。

　加山可山「南京町を描く」『郷土横浜』第四十号、一九六四年、一七~二○頁。

　菊池一隆『戦争と華僑：日本・国民政府公館・傀儡政権・華僑間

の政治力学』、東京、汲古書院、二〇一一年。

木村礎「郷土史・地方史・地域史研究の歴史と課題」、朝尾直弘編『岩波講座日本通史　別巻二　地域史研究の現状と課題』、東京、岩波書店、一九九四年。

小林新作『華僑の研究』、東京、外務省通商局、一九二九年。

小林新作『支那民族の海外発展：華僑の研究』、東京、海外社、一九三一年。

小沼新・陳正雄「日本の華僑学校（2）：光華小学校（京都）と山手中華学校（横浜）」『宮崎大学教育学部紀要（社会学部）』第五七号、二七～四三頁。

小谷恭介『横浜中華街殺人事件』、東京、角川春樹事務所、二〇〇一年。

李慈満「百年の華僑学校の見証」『華僑華人研究』第八号、二〇一一年、六二～七〇頁。

李春佳「質素で堅実な小学校」、横浜、横浜山手中華学校百年校志編輯委員会編『横浜山手中華学校百年校志』、横浜、横浜山手中華学園、二〇〇五年、一四一～一四三頁。

林同春『橋渡る人：華僑波瀾万丈私史』、神戸、エビッコ、一九九七年。

松本学「国民体育向上と建国体操」『厚生時代』第一巻第二号、一九三九年、一頁。

南満州鉄道東亜経済調査局『華僑』、東京、南満州鉄道東亜経済調査局、一九二七年。

村上令一『横浜中華街的華僑伝』、東京、新風舎、一九九七年。

村岡敬三「行き交う弁発姿」、毎日新聞横浜支局編『横浜今昔』、横浜、毎日新聞横浜支局、一九五七年、六四～六五頁。

村山出『山上憶良の研究』、東京、桜楓社、一九七六年。

長野朗『華僑：支那民族の海外発展』、東京、支那問題研究所、一九二八年。

　　永野武『在日中国人：歴史とアイデンティティ』、東京、明石書店、一九九四年。

　　内務省「新政権と在留華僑」『週報』七六号、一九三八年、二六～二九頁。

　　内務省警保局編『外事警察概況』九巻、一九三五～一九四三年、東京、竜渓書舎、一九八〇年。

　　中区制50周年記念事業実行委員会編『横浜・中区史：人びとが語る激動の歴史』、横浜、中区制50周年記念事業実行委員会、一九八五年。

　　中村俊子『家庭で出来るおいしい支那料理』、東京、富文館、一九二七年。

　　日本中国友好協会全国本部編『日中友好運動史』、東京、青年出版社、一九八〇年。

　　仁木ふみ子『震災下の中国人虐殺』、東京、青木書店、一九九三年。

　　野並豊「横浜の終戦は昭和30年：シュウマイ小史」、奥村泰宏・常盤とよ子編『戦後50年　横浜再現：二人で写した敗戦ストーリー』、東京、平凡社、一九九六年、一四六～一四八頁。

　　野添憲治『花岡事件と中国人：大隊長耿諄の蜂起』、東京、三一書房、一九九七年。

　　小田和彦『日本に在留する中国人の歴史的変容』、大阪、風詠社、二〇一〇年。

　　小笠原謙三『孫文を支えた横浜華僑温炳臣・恵臣兄弟』、東京、八坂書店、二〇〇九年。

　　緒方邦男「華僑の新聞：『関西華僑報』を中心に」『神戸と外国文化』第十集、二〇〇四年、九二～一一八頁。

　　岡松和夫「中国人の墓地」『新潮』第八六巻十一号、一九八九年十一月、一五八～一五九頁。

岡松和夫『海の砦』、東京、新潮社、一九八八年。

長田五郎・田仲益見「留日華僑経済の動向（1）：『華僑経済年鑑』を中心として」『経済と貿易』七九号、一九六二年三月、五三～六一頁。

長田五郎・田仲益見「留日華僑経済の動向（3）」『経済と貿易』八一号、一九六三年二月、三四～四一頁。

大里浩秋「『横浜貿易新報』を通して見る在留中国人のあるよう」『人文研究』一一二号、一九九二年、一〇一～一二三頁。

大里浩秋「在日中国人労働者、行商人：戦前の警察資料に見る」、神奈川大学中国語学科編『中国民衆史への視座：新シノロジー』、東京、東方書店、一九九八年、二〇三～二三五頁。

乙部純子「横浜居留地における中国人集住地区の空間構造」『華僑華人研究』第二号、二〇〇五、七九～九二頁。

潘民生「横浜山手中華街の過去、現在、未来」『華僑華人研究』第八号、二〇一一年、五五～六一頁。

龍港崎「棺船：死は柳州にあり」『市民と文化』第六号、一九八一年、三〇～三一頁。

斎藤栄『横浜中華街殺人事件』、東京、弘文社、一九九三年。

関晃『古代の帰化人』、東京、吉川弘文館、一九九六年。

柴田善雅「敵産処理と特殊財産資金特別会計」、横浜近代史研究会・横浜開港資料館編『横浜の近代：都市の形成と展開』、東京、日本経済評論社、一九九七年、四二三～四四八頁。

信用組合横浜華銀『定款、業務の種類及方法章』、横浜、信用組合横浜華銀編集。

白神義夫『横浜の味』、大阪、保育社、一九七六年。

菅原幸助『China town：変貌する横浜中華街』、東京、洋泉社、一九八七年。

菅原幸助『日本の華僑』、東京、朝日新聞、一九九一年。

鈴木富三「中華街と私」『月刊中華街』十一号、一九七三年、一七頁。

高橋抵祐「今月一言ご挨拶、中華街人物誌1：近況報告」『月刊中華街』第一号、一九七三年、一四～一五頁。

譚璐美・劉傑『新華僑老華僑：変貌する日本の中国人社会』、東京、文芸春秋、二〇〇八年。

谷本束「One Word：外国人参政権」『Aera』十三巻四八号、二〇〇〇年十一月十三日、七〇～七一頁。

立脇和夫監修『幕末明治在日外国人・機関名鑑：ジャパン・ディレクトリー』、復刻版、東京、ゆまに書房、一九九六～一九九七年。

東亜経済調査局『支那国定排日読本』、東京、東亜経済調査局、一九二九年。

外山正一『ゝ山存稿』二巻、東京、丸善、一九〇九年。

通商局第二課『華僑ノ現勢』、東京、外務省通商局、一九三五年。

内田直作『日本華僑社会の研究』、東京、大空社、一九四九年。

植田捷雄「日本における中国人の法律的地位：幕末より今次大戦至る」『アジア研究』第三号、一九五五年、一～一九頁。

王維『日本華僑における伝統の再編とエスニシティ：祭祀と芸能を中心に著』、東京、風響社、二〇〇一年。

王維『素顔の中華街』、東京、洋泉社、二〇〇三年。

渡辺隆広「1920年代の『支那料理』（1）、山田政平の著作から」『食生活研究』第二八巻第六号、二〇〇八年、二一～三一頁。

渡辺隆広「雑誌『榮養と料理』に山田政平が記したもの：1935年から1940年の「支那料理」」『食生活研究』第三〇巻第四号、二〇一〇、一一～二三頁。

渡哲也・由紀さおり・五木ひろし・田中真理・藤原審爾・榊ひろみ・園井啓介・左幸子・菅原謙二・滝田裕介「私の中華街」『月刊中華

街』第一号、一九七三年、八〜一二頁。

呉伯康「宴会中一言申し上げます」『厚生時代』第一巻第二号、一九三九、八頁。

呉伯康「憶横浜華僑学校」、横浜山手中華学校百年校志編輯委員会編『横浜山手中華学校百年校志』、横浜、横浜山手中華学園、二〇〇五年、一三三〜一三五頁。

許淑真「留日華僑総会の成立に就いて（1945〜1952）」、山田信夫編『日本華僑と文化摩擦』、東京、巌南堂書店、一九八三年、一一九〜一八七頁。

山田政平「焼売と支那蕎麦の作り方」『栄養と料理』第二巻十二号、一九三六年十二月、二二〜二五頁。

山口辰男「横浜中華街の生態研究（1）：横浜における観光商店街としての特殊性」『経済と貿易』七九号、一九六二年三月、一〜三二頁。

山口辰男「横浜中華街の生態研究（2）」『経済と貿易』八〇号、一九六二年八月、八〜三五頁。

山口辰男「横浜中華街の生態研究（3）」『経済と貿易』八一号、一九六三年二月、九〜三三頁。

山室周平・河村十寸穂「横浜在留華僑の特質に関する若干の考察（その1）」『横浜国立大学人文紀要 第一類 哲学・社会科学』第九号、一九六三年、一〜四〇頁。

山下清海「横浜中華街在留中国人の生活様式」『人文地理』第四号、一九七九年、三三〜五〇頁。

安井三吉・陳来幸・過放編『阪神大震災と華僑』、神戸、共同調査報告書、一九九六年。

葉明城「中国大同学校史」、横浜山手中華学校百年校志編輯委員会編『横浜山手中華学校百年校志』、横浜、横浜山手中華学園、二〇〇五年、五〇五〜六五六頁。

横浜中華街発展会共同組合『横浜中華街街づくり基本構想』、横浜、横浜中華街発展会共同組合、一九九二年。

横浜中華街街づくり団体連合協議会『横浜中華街のグランドデザイン』、横浜、横浜中華街街づくり団体連合協議会、二〇〇五年。

横浜開港資料館編『横浜中華街、開港から震災まで』、横浜、横浜開港資料館、一九九四年。

横浜開港資料館編『市政施行と横浜の人々：明治二十年代の横浜』、横浜、横浜開港資料館、一九八八年。

横浜開港資料館編『横浜中華街150年：落地生根の歳月』、横浜、横浜開港資料館、二〇〇九年。

横浜華僑総会正常化弾圧事件裁判資料集刊行委員会編『横浜華僑総会正常化弾圧事件裁判資料集』、横浜、横浜華僑総会正常化弾圧事件裁判資料集刊行委員会、一九七七年。

横浜市編『横浜市史』二一巻、横浜、横浜市、一九五八～一九八二年。

横浜市編『横浜市統計書』、横浜、横浜市、一九〇三年～。

横浜市中央図書館開館記念式編集委員会編『横浜の本と文化：横浜市中央図書館開館記念式』第一巻、横浜、横浜中央図書館、一九九四年。

横浜市総務局市史編集室編『横浜市史Ⅱ』第一巻、横浜、横浜市、一九九六年。

横浜市統計情報課『地域国籍別外国人登録人口』、二〇一三年五月八日、http：//www.city.yokohama.lg.jp/ex/stat。

横浜市統計情報課『大都市比較統計年表（平成二二年）』、二〇一三年五月八日、http：//www.city.yokohama.lg.jp/ex/stat。

横浜新報社『横浜繁盛記』、横浜、横浜新報社、一九〇三年。

横浜市役所編『横浜市史稿』、複製本、京都、臨川書店、一九八五年。

横浜市役所編『横浜市史稿　教育編』、複製本、京都、臨川書店、一九八五年。

横浜市役所市史編纂係編『横浜市震災史』五巻、横浜、横浜市役所市史編纂係、一九二六年。

横浜山手中華学校百年校史編纂委員会「百年校史」、横浜山手中華学校百年校史編纂委員会『横浜山手中華学校百年校史』、横浜、横浜山手中華学校、二〇〇五年、四一～一三〇頁。

読売新聞社編『横浜中華街物語』、東京、アドア出版、一九九八年。

鷲尾義直『犬養木堂伝』第二巻、東京、東洋経済新報社、一九三九年。

曾徳深「横浜山手中華学校歴史年表」、横浜山手中華学校百年校史編纂委員会『横浜山手中華学校百年校史』、横浜、横浜山手中華学校、二〇〇五年、六八七～七二四頁。

朱慧鈴『華僑社会の変貌とその将来』、東京、日本僑報社、一九九九年。

隋振彪「今月一言ご挨拶、中華街人物誌2：横浜中華街の世界のチャイナタウンに」『月刊中華街』第二号、一九七三年、一四～一五頁。

Abrams, Philip. "History, Sociology, Historical Sociology." *Past and Present* 87 (May 1980): 3-16.

Anderson, Benedict R. *Imagined Communities: Reflections on the Origin and Spread of Nationalism.* New York: Verso, 1991.

Anderson, Kay J. "The Idea of Chinatown: The Power of Place and Institutional Practice in the Making of a Racial Category." *Annals of the Association of American Geographers* 77, no. 4 (1987): 580-98.

Ang, Ien. "Identity Blues." In *Without Guarantees: In Honour of Stuart Hall*, edited by Paul Gilroy, Lawrence Grossberg, and Angela McRobbie, pp. 1-13. London: Verso, 2000.

Avenell, Simon. "Regional Egoism as the Public Good: Residents' Movements in Japan during the 1960s and 1970s." *Japan Forum* 18, no. 1 (2006): 89-113.

Balibar, Etienne. "The Nation Form: History and Ideology." In *Becoming National: A Reader*, edited by Geoff and Suny Eley and Ronald Gregot, pp. 132-49. New York: Oxford University Press, 1996.

Basch, Linda, Nina Glick Schiller, and Cristina Szanton Blanc. *Nations Unbound: Transnational Projects, Postcolonial Predicaments, and Deterritorialized Nation-States*. Basel: Gordon and Breach, 1994.

Befu, Harumi. *Hegemony of Homogeneity: An Anthropological Analysis of Nihonjinron*. Melbourne: Trans Pacific Press, 2001.

Berger, Louis J. W. *The Overseas Chinese in Seventeenth Century Nagasaki*. PhD diss., Harvard University, 2003.

Bourdieu, Pierre. "Systems of Education and Systems of Thought." In *Knowledge and Control*, edited by Michael F. D. Young, pp. 198-207. Sydney: Collier Macmillan, 1971.

Boyle, John Hunter. *China and Japan at War, 1937-1945: The Politics of Collaboration*. Stanford, CA: Stanford University Press, 1972.

Brook, Timothy. *Collaboration: Japanese Agents and Local Elites in Wartime China*. Cambridge: Harvard University Press, 2007.

Brubaker, Rogers. *Citizenship and Nationhood in France and Germany*. Cambridge, MA: Harvard University Press, 1992.

Burgess, Chris. "The 'Illusion' of Homogeneous Japan and National Character: Dis-course as a Tool to Transcend the 'Myth' vs. 'Reality' Binary." *Asia-Pacific Journal*, March 1, 2010. Accessed May 20, 2013. http://japanfocus.org/-chris-burgess/3310.

Caprio, Mark. *Japanese Assimilation Policies in Colonial Korea, 1910-1945*. Seattle: University of Washington Press, 2009.

Carter, Sean. "The Geopolitics of Diaspora." *Area* 37, no. 1 (Mar. 2005): 54-63.

Cassell, Pär. *Grounds of Judgment: Extraterritoriality and Imperial Power in Nineteenth-Century China and Japan*. New York: Oxford University Press, 2012.

Chapman, David. *Zainichi Korean Identity and Ethnicity*. New York: Routledge, 2008.

Ching, Leo. *Becoming "Japanese": Colonial Taiwan and the Politics of Identity Formation*. Berkeley: University of California Press, 2001.

Chu, Samuel C. "China's Attitudes toward Japan at the Time of the Sino-Japanese War." In *The Chinese and the Japanese: Essays in Political and Cultural Interactions*, edited by Akira Iriye. Princeton, NJ: Princeton University Press, 1980.

Chu, Tull. *Political Attitudes of the Overseas Chinese in Japan*. Hong Kong: Union Research Institute, 1967.

Chung, Erin Aeran. *Immigration and Citizenship in Japan*. New York: Cambridge, 2010.

Church Missionary Society. *Mission to Chinese Students and Merchants in Japan*. Church Missionary Society, n. d. [ca. 1916-23].

Clifford, James. *Routes: Travel and Translation in the Late Twentieth Century*. Cambridge, MA: Harvard University Press, 1997.

Commonwealth Commission on Respect and Understanding. *Civil Paths to Peace: Report of the Commonwealth Commission on Respect and Understanding*. London: Common-wealth Secretariat, 2007.

Creighton, Millie. "Soto Others and Uchi Others: Imaging Racial Diversity, Imagining Homogeneous Japan." In *Japan's Minorities: The Illusion of Homogeneity*, edited by Michael Weiner, pp. 211-38. New York: Routledge, 1997.

Crossley, Pamela Kyle. "Nationality and Difference in China: The Post-Imperial Di-lemma." In *The Teleology of the Modern Nation-State: Japan and*

China, edited by Joshua Fogel, pp. 138 – 58. Philadelphia: University of Pennsylvania Press, 2004.

———. "Thinking about Ethnicity in Early Modern China." *Late Imperial China* 11, no. 1 (June 1990): 1 –35.

Cwiertka, Katarzyna J. "Eating the World: Restaurant Culture in Early Twentieth Century Japan." *European Journal of East Asian Studies* 2, no. 1 (Mar. 2003): 89 –116.

———. *Modern Japanese Cuisine: Food, Power and National Identity*. London: Reaktion Books, 2006.

De Bary, William Theodore, and Richard John Lufrano. *Sources of Chinese Tradition: From 1600 through the Twentieth Century*. 2nd ed. Vol. 2. New York: Columbia University Press, 2000.

Devereux, George. "Ethnic Identity: Its Logical Foundations and Its Dysfunctions." In *Theories of Ethnicity: A Classical Reader*, edited by Werner Sollors, pp. 385 –414. New York: New York University Press, 1996.

Dijkstra, Steven, Karin Geuijen, and Arie de Ruijter. "Multiculturalism and Social Integration in Europe." *International Political Science Review* 22, no. 1 (2001): 55 –83.

Dikötter, Frank. *The Discourse of Race in Modern China*. London: C. Hurst, 1992.

Doak, Kevin M. "The Concept of Ethnic Nationality and Its Role in Pan-Asianism in Imperial Japan." In *Pan-Asianism in Modern Japanese History: Colonialism, Regionalism and Borders*, edited by Sven Saaler and J. Victor Koschmann, pp. 168 – 82. London: Routledge.

———. *A History of Nationalism in Modern Japan: Placing the People*. Boston: Brill, 2007.

———. "What Is a Nation and Who Belongs? National Narratives and the Ethnic Imagination in Twentieth-Century Japan." *American Historical Review* 102, no. 2 (1997): 283 –309.

Duara, Prasenjit. *Rescuing History from the Nation*. Chicago: University of Chicago Press, 1995.

——. *Sovereignty and Authenticity: Manchukuo and the East Asian Modern*. Lanham, MD: Rowman & Littlefield, 2003.

——. "Transnationalism and the Predicament of Sovereignty: China, 1900 –1945. " *American Historical Review* 102, no. 4 (1997): 1030 –51.

Farris, William Wayne. *Sacred Texts and Buried Treasures: Issues in the Historical Archaeology of Ancient Japan*. Honolulu: University of Hawai'i Press, 1998.

Fitzgerald, Stephen. *China and the Overseas Chinese: A Study of Peking's Changing Policy, 1949 –1970*. Cambridge: Cambridge University Press, 1972.

Fowler, Edward. "Minorities in a 'Homogeneous' State: Japan. " In *What's in a Rim: Critical Perspectives on the Pacific Region Idea*, edited by Arif Dirlik, pp. 211 –33. Boulder, CO: Westview Press, 1993.

Friman, H. Richard. "Evading the Divine Wind through the Side Door: The Transformation of Chinese Migration to Japan. " In *Globalizing Chinese Migration: Trends in Europe and Asia*, edited by Pál Nyíri and Igor Savaliev, pp. 9 –34. Burlington, VT: Ashgate, 2002.

——. "Immigrants, Smuggling, and Threats to Social Order in Japan. " In *Global Human Smuggling: Comparative Perspectives*, edited by David Kyle and Rey Koslowski, pp. 294 – 317. Baltimore, MD: Johns Hopkins University Press, 2001.

Fukuzawa Yukichi. "On De-Asianization by Fukuzawa Yukichi, March 16, 1885. " In *Meiji Japan through Contemporary Sources* 1: 129 – 33. Tokyo: Center for East Asian Cultural Studies, 1969.

Gellner, Ernest. *Nations and Nationalism*. Ithaca: Cornell University Press, 1983. Genron NPO. *Japan-China Joint Opinion Polls*. Tokyo: Genron NPO, 2007.

Gerth, Karl. *China Made: Consumer Culture and the Creation of the Nation*.

Cambridge: Harvard University Press, 2003.

Gill, Tom. "Review: *Multiethnic Japan.*" *Monumenta Nipponica* 56, no. 4 (Winter 2001): 574 -77.

Glazer, Nathan. "The Universalisation of Ethnicity: Peoples in the Boiling Pot." *Encounter* 44, no. 2 (1975): 8 -17.

Gluck, Carol. *Japan's Modern Myths: Ideology in the Late Meiji Period.* Princeton, NJ: Princeton University Press, 1985.

Goodman, Bryna. "New Culture, Old Habits: Native-Place Organization and the May Fourth Movement." In *Shanghai Sojourners*, edited by Frederic Wakeman Jr. and Wenhsin Yeh, pp. 76 -107. Berkeley: University of California Press, 1992.

Gordon, Andrew. *The Modern History of Japan: From Tokugawa Times to the Present.* New York: Oxford University Press, 2003.

Green, David. "Local Foreign Suffrage in Kawasaki City: The Changing State of Voting Rights in Japan." *Electronic Journal of Contemporary Japanese Studies* 13, no. 1 (2013). Accessed May 30, 2013. http://www.japanesestudies.org.uk/ejcjs/vol13/iss1/green.html.

Hammar, Tomas. *Democracy and the Nation State.* Brookfield, VT: Gower, 1990.

Han, Seung-Mi. "From the Communitarian Ideal to the Public Sphere: The Making of Foreigners' Assemblies in Kawasaki City and Kanagawa Prefecture." *Social Science Japan Journal* 7, no. 1 (2004): 41 -60.

Harrell, Paula. "The Meiji 'New Woman' and China." In *Late-Qing China and Meiji Japan: Political and Cultural Aspects*, edited by Joshua Fogel, pp. 109 -50. Norwalk, CT: EastBridge, 2004.

Hayashi, Takeshi. *The Japanese Experience in Technology: From Transfer to Self-Reliance.* Tokyo: United Nations University Press, 1990.

Herzog, Peter. "Minorities." In *The Making of Modern Japan: A Reader,* edited by Tim Megarry, pp. 552 – 72. Dartford, UK: Greenwich University Press, 1995.

Hester, Jeffry T. " *Datsu Zainichi-ron*: An Emerging Discourse of Belonging among Ethnic Koreans in Japan. " In *Multiculturalism in the New Japan: Crossing the Boundaries Within*, edited by Nelson H. H. Graburn, John Ertle, and R. Kenji Tierney, pp. 139 – 50. New York: Berghahn Books, 2008.

Hoare, James. *Japan's Treaty Ports and Foreign Settlements: The Uninvited Guests*, 1858 – 1899. Folkestone, Kent, UK: Japan Library, 1994.

Holcombe, Charles. *Genesis of East Asia*: 221 B. C. – A. D. 907. Honolulu: Association for Asian Studies and University of Hawai'i Press, 2001.

Hollinger, David A. *Postethnic America*: *Beyond Multiculturalism.* New York: Basic Books, 2000.

Ijiri, Hidenori. " Sino-Japanese Controversy since the 1972 Diplomatic Normalization. " In *China and Japan: History, Trends, and Prospects*, edited by Christopher Howe, pp. 60 – 82. New York: Oxford University Press, 1996.

Iriye, Akira. *China and Japan in the Global Setting.* Cambridge, MA: Harvard University Press, 1992.

Itagaki, Seishirō. " Supplement: Japan to Assist, Not Oppress, China. " In *China and Japan: Natural Friends, Unnatural Enemies*, edited by Liangli Tang, pp. 153 – 66. Shanghai: China United Press, 1941.

Jansen, Marius B. *China in the Tokugawa World.* Cambridge, MA: Harvard University Press, 1992.

——. *The Japanese and Sun Yat-sen.* Stanford, CA: Stanford University Press, 1970.

Judge, Joan. " Talent, Virtue, and the Nation: Chinese Nationalisms and Female Subjectivies in the Early Twentieth Century. " *American Historical Review* (June 2001): 765 – 803.

Kagotani, Naoto. "The Chinese Merchant Community in Kobe and the

Development of the Japanese Cotton Industry, 1890 -1941. " In *Japan, China, and the Growth of the Asian International Economy*, 1850 -1949, edited by Kaori Sugihara, 1: 49 -72. New York: Oxford University Press, 2005.

Kamachi, Noriko. "The Chinese in Meiji Japan: Their Interactions with the Japanese before the Sino-Japanese War. " In *The Chinese and the Japanese*, edited by Akira Iriye, pp. 58 -73. Princeton, NJ: Princeton University Press, 1980.

Karl, Rebecca. *Staging the World: Chinese Nationalism at the Turn of the Twentieth Century*. Durham, NC: Duke University Press, 2002.

Keene, Donald. "The Sino-Japanese War of 1894 -95 and Its Cultural Effects in Japan. " In *Tradition and Modernization in Japanese Culture*, edited by Donald H. Shively, pp. 121 -75. Princeton, NJ: Princeton University Press, 1971.

Kipling, Rudyard. "The Rhyme of the Three Sealers (1892) . " In *Kipling on Japan: Collected Writings*, edited by Hugh Cortazzi and George Webb, p. 258. London: Athlone, 1988.

Knight, John. "Rural Revitalization in Japan: Spirit of the Village and Taste of the Country. " *Asian Survey* 34, no. 7 (1994): 634 -46.

Komai, Hiroshi. *Foreign Migrants in Contemporary Japan*. Melbourne: Trans Pacific Press, 2001.

Kuhn, Philip A. *Chinese among Others: Emigration in Modern Times*. Lanham, MD: Rowman & Littlefield, 2008.

Kushner, Barak. "Imperial Cuisines in Taishō Foodways. " In *Japanese Foodways, Past, and Present*, edited by Eric C. Rath and Stephanie Assmann, pp. 145 -65. Champaign: University of Illinois Press, 2010.

——. *Slurp! A Social and Culinary History of Ramen—Japan's Favorite Noodle Soup*. Boston: Brill, 2012.

Kwong, Peter. *The New Chinatown*. New York: Hill & Wang, 1996.

Lai, Him Mark. "Teaching Chinese Americans to Be Chinese. " In *Chinese American Transnationalism: The Flow of People, Resources, and Ideas between China and America during the Exclusion Era*, edited by Sucheng Chan, pp. 194 -210. Philadelphia: Temple University Press, 2006.

Lavrov, George. *Yokohama Gaijin: Memoir of a Foreigner Born in Japan*. Bloomington, IN: AuthorHouse, 2011.

Lebra-Chapman, Joyce. *Ōkuma Shigenobu: Statesman of Meiji Japan*. Canberra: Australian National University Press, 1973.

Lee, Changsoo. "The Legal Status of Koreans in Japan." In *Koreans in Japan: Ethnic Con-flict and Accommodation*, edited by Changsoo Lee and George De Vos, pp. 133 -58. Berkeley: University of California Press, 1981.

——. "Organizational Division and Conflict: Ch'ongnyon and Mindan." In *Koreans in Japan: Ethnic Conflict and Accommodation*, edited by Changsoo Lee and George De Vos, pp. 110 - 30. Berkeley: University of California Press, 1981.

Lie, John. *Multiethnic Japan*. Cambridge, MA: Harvard University Press, 2001.

——. *Zainichi (Koreans in Japan): Diasporic Nationalism and Postcolonial Identity*. Berkeley: University of California Press, 2008.

Lin, Man-Houng. "Overseas Chinese Merchants and Multiple Nationality: A Means for Reducing Commercial Risk (1895 - 1935)." *Modern Asian Studies* 35, no. 4 (2001): 985 -1010.

Lincicome, Mark E. *Imperial Subjects as Global Citizens: Nationalism, Internationalism, and Education in Japan*. Lanham, MD: Lexington Books, 2009.

Liu, Wuji. *Su Man-shu*. New York: Twayne, 1972.

Liu-Farrer, Gracia. "Creating a Transnational Community: Chinese Newcomers in Japan." In *Japan's Minorities: The Illusion of Homogeneity*, 2nd ed., edited by Michael Weiner, pp. 116 -38. New York: Routledge, 2009.

Lu, Yan. *Re-understanding Japan: Chinese Perspectives*, 1895 - 1945. Honolulu: Association for Asian Studies and University of Hawai'i, 2004.

McKeown, Adam. *Chinese Migrant Networks and Cultural Change: Peru,*

Chicago, and Hawai'i, 1900 −1936. Chicago: University of Chicago Press, 2001.

──. "Conceptualizing Chinese Diasporas, 1842 to 1949." *Journal of Asian Studies* 58, no. 2 (May 1999): 303 −37.

Meyer, Karl E., and Shareen Blair Brysac. *Pax Ethnica: Where and How Diversity Succeeds*. New York: PublicAffairs, 2012.

Miyazaki, Tōten. *My Thirty-Three Years' Dream: The Autobiography of Miyazaki Tōten*. Translated by Etō Shinkichi and Marius B. Jansen. Princeton, NJ: Princeton University Press, 1982.

Morris-Suzuki, Tessa. *Re-inventing Japan: Time, Space, Nation*. Armonk, NY: M. E. Sharpe, 1998.

──. "'Welcome to Our Family.'" *Traces* 2 (2001): 197 −203.

Münz, Rainer, and Rainer Ohliger. "Diasporas and Ethnic Minorities in Twentieth-Century Europe: A Comparative Perspective." In *Diasporas and Ethnic Migrants: Germany, Israel and Russia in Comparative Perspective*, edited by Rainer Münz and Rainer Ohliger, pp. 3 −17. Portland, OR: Frank Cass, 2003.

Murphy-Shigematsu, Stephen. "Multiethnic Japan and the Monoethnic Myth." *Melus* 18, no. 4 (1993): 63 −80.

Najita, Tetsuo. "Inukai Tsuyoshi: Some Dilemmas in Party Development in Pre-World War II Japan." *American Historical Review* 74, no. 2 (1968): 492 −510.

Nee, Victor, and Brett de Bary Nee. *Longtime Californ': A Documentary Study of an American Chinatown*. Boston: Houghton Mifflin, 1974.

Ng, Wing Chung. *The Chinese in Vancouver, 1945 − 80: The Pursuit of Identity and Power*. Vancouver: University of British Columbia Press, 1999.

──. "Collective Ritual and the Resilience of Traditional Organizations: A Case Study of Vancouver since the Second World War." In *The Chinese Diaspora: Selected Essays*, edited by Ling-Chi Wang and Gungwu Wang, 1: 195 −227. Singapore: Times Academic Press, 1998.

Ngai, Mae. "Legacies of Exclusion: Illegal Chinese Immigration during the Cold War Years." *Journal of American Ethnic History* 18, no. 1 (Fall 1998): 3 -35.

Nish, Ian Hill. *Japanese Foreign Policy, 1869 – 1942: Kasumigaseki to Miyakezaka* (Foreign policies of the great powers). London: Routledge & K. Paul, 1977.

Oguma, Eiji. *A Genealogy of "Japanese" Self-Images.* Translated by David Askew. Melbourne: Trans Pacific Press, 2002.

Paine, S. C. M. *The Sino-Japanese War of 1894 – 1895: Perceptions, Power, and Primacy.* Cambridge: Cambridge University Press, 2003.

Pan, Lynn. *Sons of the Yellow Emperor: A History of the Chinese Diaspora.* New York: Kodansha International, 1994.

Poole, Otis Manchester. *The Death of Old Yokohama in the Great Japanese Earthquake of September 1, 1923.* London: Allen & Unwin, 1968.

Purcell, Victor. *Problems of Chinese Education.* London: Kegan Paul, Trench, Trübner, 1936.

Reaves, Joseph A. *Taking in a Game: A History of Baseball in Asia.* Lincoln: University of Nebraska Press, 2002.

Roden, Donald. "Baseball and the Quest for National Dignity in Meiji Japan." *American Historical Review* 85, no. 3 (June 1980): 511 -34.

Ryang, Sonia. *North Koreans in Japan: Language, Ideology, and Identity.* Boulder, CO: West-view Press, 1997.

——. "The Tongue That Divided Life and Death: The 1923 Tokyo Earthquake and the Massacre of Koreans." *Asia-Pacific Journal,* Sept. 3, 2007. Accessed May 21, 2013. http://japanfocus.org/ - Sonia - Ryang/2513.

——. "Visible and Vulnerable: The Predicament of Koreans in Japan." In *Diaspora Without Homeland: Being Korean in Japan,* edited by Sonia Ryang and John Lie, pp. 62 -80. Berkeley: University of California Press, 2009.

Safran, William. "Diasporas in Modern Societies: Myths of Homeland

and Return." *Diaspora* 5, no. 1 (1996): 83 -99.

Scott, James C. *Domination and the Arts of Resistance: Hidden Transcripts.* New Haven, CT: Yale University Press, 1990.

Seraphim, Franziska. *War Memory and Social Politics in Japan*, 1945 - 2005. Cambridge, MA: Harvard University Press, 2006.

Silverberg, Miriam. "The Modern Girl as Militant." In *Recreating Japanese Women*, 1600 -1945, edited by Gail Lee Bernstein, pp. 239 - 66. Berkeley: University of California Press, 1991.

Siu, Lok. *Memories of a Future Home: Diasporic Citizenship of Chinese in Panama.* Stanford, CA: Stanford University Press, 2005.

Sohoni, Deenesh. "Unsuitable Suitors: Anti-Miscegenation Laws, Naturalization Laws, and the Construction of Asian Identities." *Law and Society Review* 41, no. 3 (Sept. 2007): 587 -618.

Sollors, Werner. "Foreword: Theories of American Ethnicity." In *Theories of Ethnicity: A Classical Reader*, edited by Werner Sollors, pp. xxii - xxv. New York: New York University Press, 1996.

Spence, Jonathan D. *The Gate of Heavenly Peace: The Chinese and Their Revolution*, 1895 -1980. New York: Penguin Books, 1982.

Statistics Bureau. *Registered Aliens by Nationality and Status of Residence (Permanent Residents, Non-permanent Residents)* (1948 -2009). Tokyo: Ministry of Internal Affairs and Communications, 2009. Accessed Mar. 7, 2013. http://www.stat.go.jp/english/datachouki/02.htm.

Swislocki, Mark. *Culinary Nostalgia: Regional Food Culture and the Urban Experience in Shanghai.* Stanford, CA: Stanford University Press, 2009.

Tan, Chee Beng. "People of Chinese Descent: Language, Nationality and Identity." In *The Chinese Diaspora: Selected Essays*, edited by Ling-chi Wang and Gungwu Wang, pp. 337 -58. Singapore: Academic Press, 1998.

Tegtmeyer Pak, Katherine. "Cities and Local Citizenship in Japan:

Overcoming Nationality?" In *Local Citizenship in Recent Countries of Immigration*, edited by Takeyuki Tsuda. Lanham, MD: Lexington Books, 2006.

———. "Foreigners Are Local Citizens Too: Local Governments Respond to International Migration in Japan." In *Japan and Global Migration: Foreign Workers and the Advent of a Multicultural Society*, edited by Michael Douglass and Glenda S. Roberts, pp. 244 –74. New York: Routledge, 2000.

Tölölyan, Khachig. "The American Model of Diasporic Discourse." In *Diasporas and Ethnic Migrants: Germany, Israel and Russia in Comparative Perspective*, edited by Rainer Münz and Rainer Ohliger, pp. 56 –73. Portland, OR: Frank Cass, 2003.

———. "Rethinking Diaspora (s): Stateless Power in the Transnational Moment." *Diaspora* 5, no. 1 (1996): 3 –36.

Tsai, Chutung. "The Chinese Nationality Law, 1909." *American Journal of International Law* 4, no. 2 (1910): 404 –11.

Tsang, Chiu-sam. *Nationalism in School Education in China*. Hong Kong: Progressive Education, 1967.

Tsu, Timothy Y. "From Ethnic Ghetto to 'Gourmet Republic': The Changing Image of Kobe's Chinatown in Modern Japan." *Japanese Studies* 19, no. 1 (1999): 17 –32.

Tsuda, Takeyuki. "Localities and the Struggle for Immigrant Rights: The Significance of Local Citizenship in Recent Countries of Immigration." In *Local Citizenship in Recent Countries of Immigration: Japan in Comparative Perspective*, edited by Takeyuki Tsuda, pp. 3 –36. Lanham, MD: Lexington Books, 2006.

U. S. Bureau of Navigation. *U. S. Navy Ports of the World: Yokohama*. Washington, DC: Government Printing Office, 1920.

Vasishth, Andrea. "A Model Minority: The Chinese Community in Japan." In *Japan's Minorities: The Illusion of Homogeneity*, edited by Michael Weiner, pp. 108 –39. New York: Routledge, 1997.

Wan, Ming. *Sino-Japanese Relations: Interaction, Logic, and Transformation.* Stanford, CA: Stanford University Press, 2005.

Wang, Gungwu. *The Chinese Overseas: From Earth-bound China to the Quest for Autonomy.* Cambridge, MA: Harvard University Press, 2000.

——. "The Limits of Nanyang Chinese Nationalism: 1912 – 1937." In *Community and Nation: Essays on Southeast Asia and the Chinese,* edited by Wang Gungwu, pp. 142 – 58. Singapore: Heinemann, 1981.

——. "A Note on the Origins of Hua-Ch'iao." In *Community and Nation: Essays on Southeast Asia and the Chinese,* pp. 118 – 27. Singapore: Heinemann, 1981.

Weiner, Michael. "Editor's Introduction." In *Japan's Minorities: The Illusion of Homogeneity,* edited by Michael Weiner, 2nd ed., pp. xiv – xxi. New York: Routledge, 2009.

——. "Invention of Identity: Race and Nation in Pre-War Japan." In *The Construction of Racial Identities in China and Japan,* edited by Frank Dikötter, pp. 99 – 117. Honolulu: University of Hawai'i Press, 1997.

Whiting, Robert. *You Gotta Have Wa.* New York: Vintage, 1989.

Williams, Harold S. *Tales of the Foreign Settlements in Japan.* Tokyo: Charles E. Tuttle, 1958.

Yang Murray, Alice. *Historical Memories of Japanese American Internment and the Struggle for Redress.* Stanford, CA: Stanford University Press 2008.

Yoshino, Kosaku. "Rethinking Theories of Nationalism: Japan's Nationalism in a Marketplace Perspective." In *Consuming Ethnicity and Nationalism: Asian Experiences,* edited by Kosaku Yoshino, pp. 8 – 28. Honolulu: University of Hawai'i Press, 1999.

Zanasi, Margherita. "New Perspectives on Chinese Collaboration." *Asia Pacific Journal,* July 24, 2008. Accessed Apr. 29, 2013. http://japanfocus.org/-Margherita-Zanasi/2828.

Zarrow, Peter. "Introduction: Citizenship in China and the West." In

Imagining the People: Chinese Intellectuals and the Concept of Citizenship, 1890 – 1920, edited by Joshua A. Fogel and Peter G. Zarrow, pp. 3 – 38. Armonk, NY: M. E. Sharpe, 1997.

Zha, Daojiong. " Chinese Migrant Workers in Japan: Policies, Institutions and Civil Society. " In *Globalizing Chinese Migration: Trends in Europe and Asia*, edited by Pál Nyíri and Igor Savaliev, pp. 129 – 57. Burlington, VT: Ashgate, 2002.

索　引
（索引页码为本书页边码）

acculturation, 55, 86, 132n30, 140, 187, 200, 207
acha-san, 26, 37. See also Chinese in Japan: names and epithets for
Ah Shing, 47–48
ainoko. See mixed ethnicity individuals
Akahata (Red flag) newspaper, 167
aliases, Japanese (tsūmei), 213
Alien Registration Law, 161
Allied nationals, status of, 154, 161n11, 162–64, 175
Allied Occupation of Japan, 154, 162–68, 175, 178
Ang, Ien, 214–15
Anglican Church, 72
anti-Chinese: sentiment, 40–46, 75, 119; violence, 41–42, 107, 111–13, 115, 137, 147
antifingerprinting movement, 212–13
anti-Japanese: sentiment, 119, 129, 149; textbooks, 130–31
Ariga Nagao, 45
Army Ministry (Rikugunshō), 124, 148
Asanuma Inejirō (1898–1960), 168
Asia-Pacific War, 10–11, 146n86, 154, 160, 168n34, 208. See also Sino-Japanese War: Second
assimilation, 135n41, 136; resistance to, 17, 156, 161, 190, 210
Asukada Ichio, 185

baihua, 122
Balibar, Etienne, 87
banks, 176
Banri restaurant, 177n80
Bao Bogong, 16, 96, 99–100, 117, 221–22; postwar life, 163, 166, 175; wartime activities, 132, 138n56, 139, 144–45
Bao Kun, 109
Bao Mingchang, 109–10, 117
Bao Qikang, 145, 152, 154, 162
Bao Shengchang, 137
Bao Tang (1854–1905), 15–16, 50, 59, 66, 69, 96
barbers, 11–12, 30, 84, 119, 176–77
bars, 12, 39, 84, 157, 178
baseball, 30, 102; Chinese teams, 70, 88, 119n114; professional, 1, 120n120; tournaments, 103–5, 120–21. See also Chinese Athletic Club
Baystars, 1
Beijing Provisional Government, 125, 132–33
black markets, 140, 164, 177, 209
Blair Brysac, Shareen, 18–19
Blood Street, 30, 84, 109
Bluff, the, 4, 109, 148, 171
boycotts: against America goods, 79–80; against Chinese goods, 46; against Japanese goods, 80, 129–30
bricolage, 202, 211

Brook, Timothy, 127, 134
Burgess, Chris, 6, 57n3

Cantonese, 49, 61, 69, 77–78, 201; dialect, 10, 51, 93, 114, 117, 139, 188; as majority in Yokohama Chinatown, 10–11, 71, 107, 113, 132, 159; in Nagasaki, 27; occupations of, 30 cemetery. *See under* Yokohama Chinatown
chain migration, 10
chanchan bōzu, 41, 45, 112. *See also* Chinese in Japan: names and epithets for
Chan Is Missing, 186n118
Chao Zhengyu, 119
Chartered Bank, 109, 117
Chen Changhao, 148n92
Chen Dexin, 77
Chen Dongting (1895–1966), 142–47, 150–53, 163, 175
Chen Huicai, 145
Chen Shaobai (1869–1934), 59, 62, 67n37
Chen Yin'nong, 71
Chiang Kaishek (1887–1975), 115, 125, 149
China. *See* People's Republic of China; Republic of China
"China boom," 180–81
Chinatowns. *See individual Chinatowns by location*
Chinese army, 15–16, 139
Chinese Athletics Club (Zhonghua tiyu hui), 103, 107, 109, 117n107, 120
Chinese Chamber of Commerce, Yokohama (Hengbin huashang huiyisuo), 78–79, 142
Chinese food. *See* cuisine: Chinese
Chinese Guild, Yokohama (Zhonghua huiguan, Chūkakaikan), 34, 114n94; and Chinatown schools, 63, 66, 93; class composition of, 69; and the constitutional reformers, 79; during First Sino-Japanese War (1894–95), 47–49; postwar era, 162–63; during Second Sino-Japanese War (1937–45), 147–48; trustees of, 113, 116, 141–43, 145

Chinese in Australia, 38, 75
Chinese in Japan: Cold War partisanship, 165–69; demographics, 9–10, 106, 203; exchange students, 108, 137–38, 150, 203–4; forced laborers, 135–36, 161; names and epithets for, 37, 41, 45, 112; newcomers, 9–10, 213. *See also* "Shinajin"; Yokohama Chinese
Chinese in North America, 10, 13, 38, 40, 75, 78, 79n85, 145; Chinatowns, 90n1, 164, 174, 186n118, 189; and McCarthyism, 167
Chinese in Southeast Asia, 57–58, 128n12, 129–30, 135–36, 145, 191n135
Chinese-Japanese Comrades Association (*Chūnichi dōshikai*), 116
Chinese Mission (Zhonghua minguo zhu-Ri daibiao tuan), 154, 163, 166, 168–71, 184
Chinese New Year, 174, 186
Chinese Progressive Party (Zhonghua jinbu dang), 93
Chinese restaurants: Meiji era, 30, 51, 85, 86, 96; postwar, 1, 12, 119n113, 157, 160, 177–81, 195, 198; prewar, 97, 99–101; in wartime, 12, 140, 148. *See also* cuisine: Chinese
Chinese temples, 27. *See also* Guandi Temple
Chongryun, 190, 210
Christianity: Chinese Christians, 70–72, 95
Chūkagai, 1, 31n29, 179, 198. *See also* Yokohama Chinatown
Chūkagakkō nyūsu, 175
Chūkakaikan. *See* Chinese Guild
churches, 70–72
citizenship and nationality, 9, 16n34, 23, 34–36, 214–15, 219–20; British, 51; Chinese laws, 92, 117n108, 121, 167n30, 182; Japanese empire, 159, 161, 209; Japanese laws, 37n45, 92, 117n108, 160, 205. *See also* naturalization
Civil Paths to Peace: Report of the Commonwealth Commission on Respect and Understanding, 207

Clean Government Party (Kōmeitō), 218
Clifford, James, 17
clothing and dress: Chinese, 1, 95; Japanese, 52, 81, *82*, 189; Western, 64, 81, *83*, 95
Cold War, 164, 188, 190
collaboration[ism], 125-28, 134, 146-47, 149-51, 154-56; donations, 144; postwar prosecution of, 154, 162; propaganda, 135, 141, 144-45. *See also* puppet regimes
Commonwealth Secretariat, 207
Communist Party: Chinese (CCP), 165, 167-70, 172-75; Japanese (JCP), 167, 171, 218; Korean, 171
Communist Revolution, Chinese, 169
compradores, 29, 69n45, 109
concubinage, 39
Confucianism, 63-65, 71-72; and Chinese dynasties, 25; and pan-Asianism, 60, 67-69
constitutional reformers. *See* Kang Youwei; Liang Qichao
consular jurisdiction. *See* extraterritoriality
consulates. *See individual consulates by government*
cookbooks and recipes, 98-99, 159, 221-22
cooks, 11-12, 29, 69, 84, 97, 171, 176-77
cosmopolitanism, 4, 14, 94-95, 192, 201
Coxinga (Zheng Chenggong, 1624-62), 27, 52-53
crime, 204; gambling, 39-40, 47, 84, 146-47; opium smoking, 39-40, 47, 75
Crossley, Pamela Kyle, 57
cuisine, 14, 95-96, 159-60; Chinese, 85-86, 95-102, 177-78, 188-89, 213, 221-22; Korean, 210. *See also* ramen *and shūmai*
Cwiertka, Katarzyna J., 95-96

Daidō gakkō. *See* Datong xuexiao
Daitōashō. *See* Ministry of Greater East Asia
dare-to-die squad (*gansidui*), 56-57, 88
Datong shuju, 63

Datong xuexiao, 62-72, 79, 86, 88, 93; and baseball, 70, 88, 104; graduates, 142, 145; Japanese teachers at, 68; and Kantō earthquake, 109, 111; textbooks, 81-83
Democratic Party of Japan (DPJ), 218-19
denizenship, 217
deportation of Chinese, 47, 107, 131, 137, 147
Devereux, George, 17
dialects of Chinese. *See* Cantonese: dialect; Mandarin Chinese; Sanjiang Chinese: use of Ningbo dialect
diaspora, 6-8, 17-18, 56, 166, 187-88, 190, 210, 214. See also *huaqiao*
Duara, Prasenjit, 7-8, 58

edokko, 5
Egawa Taka, 170, 174, 201
Eiyō to ryōri, 99
Emmerson, Rupert, 16
Enemy, national: status of, 43, 146n86
English language, 33, 72, 84
Enpōrō (Yuanfanglou) restaurant, 86
espionage, 52-53, 132
Establishing the Nation Gymnastics (Kenkoku taisō), 145
ethnic boundary, 46
ethnicity, 35-36, 60-62, 87, 91n6, 160, 189, 202; ethnic nucleus, 55, 57, 87. *See also* nationalism: ethnic
ethnic-national optic, 24, 52, 54
exchange students. *See under* Chinese in Japan
extraterritoriality, 29, 39n52, 73, 84; for Japanese nationals, 50n94; for Qing subjects, 40n54, 42-43, 47-48; for Republic of China nationals, 154, 162

Federal Bureau of Investigation (FBI), 167
Federation of Huaqiao in Japan (Lüri huaqiao lianhehui), 133
Federation of Overseas Chinese Associations in Japan (Zhuri huaqiao lianhe hui), 116-17

索引 / 263

Feng Jingru (1844–1913), 51, 59, 61, 67n37, 69
Feng Liu, 27
Feng You, 148
Feng Zishan, 59, 61, 66
Feng Ziyou (1882–1958), 65, 71
fengshui, 32–33
fictional depictions of Chinatown, 13–15, 115
firebombing, 153–54
First Higher School, Tokyo (Ichikō), 71, 102
First World War (1914–18), 91, 106, 134n39
flags: five-color flag, 132; Cold War disputes, 173, 186
foodways. *See* cuisine
Foreigner Assets Acquisition Ordinance (Gaikokujin zaisan shutoku seirei), 175
foreigner's assemblies, 216
Foreign Settlement, Yokohama, 29, 73. *See also* Old Settlement
"fourth choice," 211–12, 215
Friendship Theater (*Washin gekijō*), 118
Fujian Chinese, 27, 76–77, 147, 205
Fujian Federation (Fujian lianhehui), 132
Fujin no tomo, 99
funerals, 188
Fureaikan. *See* Kawasaki Fureai Hall
futei Senjin (lawless Koreans), 111

Gaimushō. *See* Ministry of Foreign Affairs, Japan
gambling. *See under* crime
General Assembly of Huaqiao in Japan (Quanri huaqiao zonghui), 133–34, 144, 147–48
General Assembly of Yokohama Huaqiao Associations (Hengbin huaqiao tuanti zonghui), 115–17
Gill, Tom, 6
Glazer, Nathan, 36n38
globalization, 4–5, 202, 209, 214–16
Greater East Asia Co-Prosperity Sphere, 135–36
Guandi Festival, 174

Guandi Temple (Guandi miao), 34, 90, 163, 186
Guangxu Emperor (1871–1908), 59, 61, 62, 87n106, 90n2
Guangzhou. *See* Cantonese
guild halls (*huiguan*), 91. *See also* Chinese Guild
Guo Fang, 202
guomin, 61, 87. *See also* citizenship and nationality
Guomindang. *See* Nationalist Party, China
gyōza, 177n80

Haga Hideo, 142, *143*
Hakugatei (Boyating) restaurant, 86, 96, *100*, 178, 195, 198
hamakko, 5, 15, 19, 128, 195; *kissui no*, 144, 201. *See also* Yokohama-ite identity
Han Chinese, 8, 62
Hatoyama Yukio, 218–19
Hayashi Kensei, 186, 201
He Naojirō, 132
hegemony, 127–28
Heianrō (Ping'anlou) restaurant, 101
Heichinrō (Pingzhenlou) restaurant, 85n100, 100–101
Hengbin huaqiao xuexiao (Yokohama school for diasporic Chinese), 69–70, 93; and baseball, 103–4
Hengbin zhonghua gongli xuexiao/xiaoxue (Yokohama Chinese Public School), 114, 133, 139; textbooks, 130–31
hidden and public transcripts, 128, 147
High-speed economic growth, era of (*kōdo keizai seichōki*), 180–81
Hitachi employment discrimination case, 176, 190, 195, 212
Home Ministry (Naimushō), 42, 44, 74, 125, 127; and Chinese schools, 131–33; directive 42, 78; directive 605, 43; directive 728, 78; and *huaqiao* associations, 133
Home Nutrition Research Association (Katei shokuyō kenkyū kai), 99

homogeneity, ethnic, 2, 3n4, 6, 160, 193, 216–17
Hong Kong, 120
Huang Chengwu, 159
Huang Lixiang (1912–99), 70, 97, 148
Huang Wendang, 112
huaqiao, 7, 15, 68–69, 121–23, 162–68 passim, 207; and People's Republic of China, 166–67; and Second Sino-Japanese War, 127–30, 133–35, 143–44, 149–51. *See also* "new *huaqiao*"
Huaqiao Association for the Promotion of Democracy (Huaqiao minzhu cujinhui), 165
Huaqiao journal, 166
Huaqiao minbao (Huaqiao people's news), 165, 168
Huaqiao Youth Association, 173
huaren, 129
Huawen Daban meiri (Kabun Ōsaka mainichi), 135, 142
huiguan, 91
Hundred Days Reform, 59, 65n28
Hundred Year Anniversary of the Opening of the Port, 173
hybridity, 14–15, 52, 81, 84, 201, 210
hygiene and disease, 74–75, 85

Ichikō. *See* First Higher School, Tokyo
Identity: blurring of, 152; Chinese, 12, 25, 49, 54, 116, 174, 187; diasporic, 7, 17, 187–88, 210, 214; individual, 200; Japanese, 25, 54, 219–20; Korean Japanese, 211; national, 19, 49, 91, 154, 160, 202, 217; transnational, 202. *See also* minorities; Yokohama-ite identity
immigration: to Japan, 2, 5, 25–26, 203–6, 214–15, 219; restrictions, 78, 107, 114; to United States, 167. *See also* labor: migration
Immigration and Naturalization Service, 167
Imperial Rescript: No. 137 of 1894, 43–45, 49–50, 52; No. 352 of 1899, 78; on Education, 65
import-export. *See* merchants; trade

integration, 80, 140–41, 152; economic, 84–86, 186–87
intermarriage, 37–39, 80–81, 140–42, 188, 210; examples of, 16, 27, 52, 54, 110, 138, 144, 152–53, 199; *nankinmeka*, 38–39; in Southeast Asia, 130
internment of Japanese Americans, 135
interpreters, 15, 27, 139
Inukai Tsuyoshi (1855–1932), 60, 62, 66–68, 75, 77
Isezaki-chō, 86, 179
Ishihara Shintarō, 219–20
Ishikawa-chō, 185
Issuikai, 219
Itagaki Seishirō (1885–1948), 124

Japan-China Friendship Association (Nitchū yūkō kyōkai), 168, 173n57
Japan Communist Party (JCP), 167, 171, 218
Japanese army, 15–16, 98, 111, 125, 132, 135n43, 139–40
Japanese empire, 17n35, 67–68, 135, 160–61, 190, 205, 209
Japan Weekly Mail, 38, 45, 51, 53
Jiji shinpō, 74, 163
jinshu. *See* race
JOAK. *See* Tokyo Broadcasting Station
jūmin, 193, 208, 216
jus sanguinis, 9, 91–92, 117n108, 121, 160

Kagawa Shōzō and Kagawa Aya, 99n38
kajin, 129
kakushu gakkō, 199
kakyō. *See huaqiao*
Kakyō minpō (Huaqiao people's news), 165, 168
Kamachi, Noriko, 36
Kanagawa-ken shinbun, 147–48
Kanagawa Prefecture, 115, 139, 144, 198; baseball tournament, 103–4; courts, 183–84; financial support for Chinatown, 114n94, 185; foreigner's assembly, 216; governor of, 116, 172
Kang Youwei (1858–1927), 57–66 passim, 79, 87, 93, 114

Kanome Shōzō, 38–39, 90, 94, 115
Kantō earthquake, 97, 108–11, 113, 115–16
Kawakami Otojirō, 45–46
Kawasaki City, 216
Kawasaki Fureai Hall (Fureaikan), 211
Kawashima Misako, 46, 68
Kayama Kazan (Michinosuke), 95
Keene, Donald, 36
Kenkoku taisō, 145
Kikuchi Kazutaka, 127
Kim Tong-myung, 190
Kimura Mitsuhiro, 219
Kingsell & Co., 51, 59, 72
Kipling, Rudyard, 30n5
Kiyōken restaurant, 178
Kōain, 133, 148
Kobe, 111, 113, 140, 163, 177; Chinatown, 9, 186–87
kōbekko (child of Kobe), 201
kokumin, 160n7, 208. See also citizenship and nationality
Kokusai shinbun, 165
Kokusen'ya kassen, 27
Kōmeitō (Clean Government Party), 218
Kong Yunsheng, 113–14
Korea: under Japanese rule, 135, 142n72; Korean War, 166, 177
Koreans in Japan, 171, 176, 209–15, 217; and 1923 massacre, 111–13; and citizenship, 161, 189–91, 209; schools, 199; as *zainichi*, 161–62
"Korean wave," 213
Kōsei jidai, 146
Kotani Kyōsuke, 13
kyōdo, 189n128
Kyōdo Yokohama, 188
kyōryūchi. See Foreign Settlement

labor: competition, 107, 112; migration, 75, 77–78, 106–7, 204, 214–16
Lantern Festival (Yuanxiaojie), Nagasaki, 187
lawsuits, 47–48, 176, 183–84, 217
Lee Tzsu Maan, 200
Li Fuquan (1926–2009), 173–74

Li Hongzhang (1823–1901), 53, 90n2
Liang Fuchu (1891–1968), 103–5, 109, 113, 117, 120–22
Liang Qichao (1873–1929), 57–63 passim, 65, 81, 87; and petition movement, 76–78; and *Qingyi bao*, 61–62, 72–73, 76
Liang Youwen, 120–21
Liao Jinzhu, 110–11
Liberal Democratic Party (LDP), 218–19
Lie, John, 209, 213
Lin Huiru, 81–83
Lin Jinci, 151
Lin Tongchun, 147
Ling Yintang (b. 1925), 120, 131, 138–39
lion dance, 173
Liu-Farrer, Gracia, 205
local citizenship, 159, 190, 193, 208, 215–20
local culture, 86, 139, 192, 198
Local Government Act, 208
local histories, 188–89
localism, 118, 143–44, 152–53, 159–61, 170, 201, 206. See also Yokohama City: local pride; Yokohama-ite identity
local revitalization (*machi okoshi*), 192
local suffrage for foreigners (*gaikokujin chihō sanseiken*), 217–20
Lü Xingxiong, 174, 201
Luo An, 103
Lynn Minmay, 2–3n3

Mai Yinyu, 198
Maibara-chō, Shiga Prefecture, 218
Mainichi shinbun, 38, 42, 53–54, 178, 205
Manchukuo, 145
Manchurian Incident (1931–32), 118–20, 138
Mandarin dialect, 93–94, 117, 122, 141, 166, 188
Manshinrō (Wanxinlou) restaurant, 101
Marco Polo Bridge Incident, 125
Marseille, 18–19
massacre of Koreans and Chinese, 111–13
mass media in Japan: and Chinese cuisine, 178; and Chinese migration,

204; and Cold War, 170; and First
 Sino-Japanese War, 40, 46, 52; and
 Manchurian Incident, 118-19; and
 mixed residence debate, 74; and Second
 Sino-Japanese War, 126, 141-44
Matsumoto Manabu, 145
Matsumoto Otō, 135
May Fourth Movement, 106
McCarthy, Joseph, 167
McIvor, Nicholas M., 43, 47
McKeown, Adam, 18
meibutsu (local specialties), 34, 85, *100*
meisho (famous sites), 85
merchants: Chinese, 41, 46-47, 78-80, 164; Japanese, 46; Western, 43-44
Meyer, Karl E., 18-19
Miller, Robert, 39n52
Minato matsuri, 173
Minbao, 62n21
Mindan, 190, 210
Ministry of Education, Japan, 131
Ministry of Education, Culture, Sports, Science and Technology (MEXT), Japan, 199
Ministry of Education, Republic of China, 122, 166
Ministry of Foreign Affairs, Japan (Gaimushō), 42-43, 74, 76, 124, 127, 206n30; and Chinese schools, 131; Commerce Office (tsūshōkyoku), 129; Office of Cultural Affairs for China, 114; and petitions from *huaqiao*, 15; research on *huaqiao*, 130, 149
Ministry of Foreign Affairs, Republic of China (Waijiaobu), 182-83
Ministry of Greater East Asia (Daitōashō), 133n35, 135
minorities, 187, 189-90, 210
Mintōren, 190, 210
minzoku, 60, 160. *See also* ethnicity
minzu, 62, 87. *See also* ethnicity
missionaries, 72
mixed ethnicity individuals, 38, 53, 81, 117, 199
mixed residence in the interior (*naichi zakkyo*), 73-78, 80, 84-85, 92

Miyazaki Tōten (1871-1922), 60, 62, 67n37
Mizorogi Masu, 16, 51, 86
Mo Bangfu, 206
"modern girls," 94-95
monks, 27
monoethnic myth. *See* homogeneity, ethnic
Motomachi, 179, 181, 185
Motomachi-Chūkagai Station, 198
"movement to restore commercial rights," 46n82
multiculturalism, 200, 211
Mutual Aid Association of Chinese in Japan (Qiaori gongji hui), 107, 116

Nagasaki, 23, 26-28
Nagasaki Shinchi Chinatown, 9, 30n27, 187
Naimushō. *See* Home Ministry
Nakamura Toshiko, 98-99
Naka Ward, 9, 144n78, 159, 203
Nankinmachi (Kobe), 9, 186-87; Shopping Street Promotion Association (Kobe), 186
Nankinmachi (Yokohama), 31, 34, 180. *See also* Yokohama Chinatown
nankinmeka, 38-39
Nanpō kyōkai, 135
nation, 24-25, 56, 61, 154; as imagined community, 5, 8; as terminal community, 16-17, 58, 160, 207, 219
National Council for Combating Discrimination against Ethnic Peoples in Japan (Mintōren), 190, 210
nationalism, 8; Chinese, 58-59, 120-21, 126-28, 134; ethnic, 91-92, 124, 134n39, 145, 160, 210-12; national problematic, 13, 18; theories of national character (Nihonjinron), 160. *See also* identity: national
Nationalist Party, Chinese (Guomindang), 92-93, 113, 115-16; and boycotts, 129; in Cold War, 164-65, 171, 174; Japanese suppression of, 131-32, 137

nationality. *See* citizenship and nationality
nation building, 6–7, 35, 57–58, 67, 87–88, 207
nation-state, 28, 34–36, 61; Chinese, 62
native place: associations, 79n85, 91; sentiment, 6, 25, 49, 58, 170n44, 188
naturalization, 10, 92, 129–30, 141, 156, 167n30; among Koreans, 211–12; naturalized Japanese, 186, 192, 201, 206n30; after Sino-Japanese normalization, 181–83, 199, 205–6. *See also* citizenship and nationality
"new *huaqiao*" (*xin huaqiao*), 203–6
newspapers. *See individual publications by name*
New York Chinatown, 90n1, 189
Ng, Wing Chung, 174
Nihon gaikō kyōkai, 149
Nihonjinron, 160
Ningbo dialect. *See under* Sanjiang
Nippon, 53, 75
Nixon, Richard, 180
Nonami Mokichi (1888–1965), 178
normalization, Sino-Japanese, 163, 180–81
nutrition, 98–99

Office of Cultural Affairs for China (Taishi bunka jigyō jimukyoku), 114
Okamatsu Kazuo, 14–15
Ōkuma Shigenobu (1838–1922), 60–61, 66–68, 75, 77, 79n82; and Twenty-One Demands, 106
"old comers," 214
Old Settlement, Yokohama, *31*, *32*, 33, 51, 72
one China policy, 181–82
opening of Japan, 9, 30n27
opium. *See* crime
Opium War (1839–42), 28, 35n37
Overseas Chinese Affairs Committee (Qiaowu weiyuanhui), 121–22, 130, 154
Ozaki Kan'ichi, 97

Pak Song-sok (Arai Shōji), 176
Pak Yong Ho, 214
Pan, Lynn, 12
Pan Mingsheng, 200
pan-Asianism, 60, 62, 106, 134n39, 208; and the Datong xuexiao, 67–68; and mixed residence debate, 74–75, 77; and Second Sino-Japanese War, 124, 150, 153
"panda boom," 180–81
"paper sons," 167
passports, 163, 182
Pax Ethnica: Where and How Diversity Succeeds, 18–19
peddlers, 36, 106, 137
People's Republic of China (PRC), 164–69, 171–72, 182, 202; and emigration, 203
performing arts, 173–74
permanent residency, 159, 190, 205, 213n49, 217–19
petitions, 75–78, 169
pluralism, 155–56
police: Foreign Police (Gaiji keisatsu), 125, 127, 130–35, 137, 148; Kanagawa Prefecture, 40, 42, 81, 110n78, 132, 169–72; Special Higher Police (Tokkō keisatsu), 148–49; Tokyo Metropolitan, 52–53; Yokohama, 145–47, 185
Poole, Otis Manchester, 108–10
Port Festival (Minato matsuri), 173
Progressive Party, China (Zhonghua jinbu dang), 93
propaganda. *See under* collaboration[ism]
prostitution, 39, 84, 216n57
publishing by Chinese in Japan, 61–62, 72, 164–66, 168, 175
puppet regimes: Beijing Provisional Government, 125, 132–33; Reformed Government of the Republic of China, 125n6; Reorganized National Government of China, 125, 133, 148, 154

Qiaowu bu/weiyuanhui. *See* Overseas Chinese Affairs Committee
Qing consulate general, Yokohama, 34, 41–42, 47, 71

Qing dynasty (1644–1912), 56, 77, 87, 122n124
Qingyi bao, 61–62, 72
queue, 41n58, 52, 88

race, 60, 62, 75, 91n6, 160n7
radio, 144–45, 201
Rairaiken restaurant, 97
ramen, 84, 97, 178
rationing, 111, 139, 163
recipes. *See* cookbooks and recipes
reconciliation, national, 207–8
reconstruction. *See under* Yokohama City
Red Purge, 167
Reformed Government of the Republic of China, 125n6
Reorganized National Government of China, 125, 133, 148, 154
Republican Revolution, China, 56–57, 87–88
Republic of China (ROC): ambassador to Japan, 132–33; and Cold War, 164–69; establishment of, 88–89; investigation of murdered Chinese, 112, and Second Sino-Japanese War, 124–25
Republic of China consulate general, Yokohama, 109–10, 113–16, 120, 127, 142; opposition to Japan, 131–33, 136; postwar role, 169–72, 182
resistentialism, 127
Revive China Society (Xing zhong hui), 59, 71
revolution. *See* Communist Revolution, China; Republican Revolution, China; Second Revolution (1913)
Revolutionary Alliance (Tongmeng hui), 69, 93
Rikugunshō. *See* Army Ministry
Roden, Donald, 102–3

Safran, William, 7
Saitō Sakae, 13–14, 208
Sakamoto Seigō, 145–46
saloons. *See* bars
San Francisco Chinatown, 179n86, 186n118, 189

Sanjiang [provinces of Jiangsu, Jiangxi, and Zhejiang] Chinese, 27, 76, 106, 112–13; occupations, 30, 49n91, 106n61; schools, 71–72, 113–14; use of Ningbo dialect, 71; use of Shanghainese dialect, 114
School Education Law, 172
schools, American and European, 146n86, 148, 171
schools, Chinese in Japan: baseball, 70, 88, 103–4, 119n114; Japanese teachers at, 46, 68; postquake era, 109, 111, 114, 122; prequake era, 62–72, 79, 86, 88, 93–94, 113; postwar era, 166, 171, 174, 188, 198–200, 202; during Second Sino-Japanese War, 142, 143, 145; textbooks, 81–83, 122, 130–31, 166
schools, Japanese, 65, 71, 102, 147, 176n68
schools, Korean, 199
schools, Qing dynasty, 65–66
schools, Republic of China, 66n32
"school incident" (*gakkō jiken*), 169–71
Scott, James C., 128
Second Revolution (1913), 92–93
Seiji keizai shinbun, 165
seisen, 125. *See also* Asia-Pacific War; Sino-Japanese War: Second
Shandong Chinese, 106
Shanghainese. *See* Sanjiang Chinese
Shao Yulin, 131–32
shimin, 193, 216
Shimin to bunka, 159, 193
"Shinajin," 37, 42, 50, 52, 75–77, 87; during Second Sino-Japanese War, 119, 147. *See also* Chinese in Japan: names and epithets for
shinasoba. *See* ramen
shinmin, 160n7, 209
Shinsen shōjiroku, 26n9
Shinyō kumiai Yokohama kagin, 176
shippoku ryōri, 96
Shishi Bunroku (1893–1969), 178–80
shūmai, 51, 85–86, 95–100, 178
shūmai girls, 178
Sino-centric diplomacy, 28

索引 / 269

Sino-Japanese amity (*Nikka shinzen, Nisshi shinzen, Nitchū shinzen*), 116–17, 123, 200; wartime uses of, 133–35, 141–43, 146–52, 208
Sino-Japanese Communiqué of September 1972, 180
Sino-Japanese Comrades Association (Chūnichi dōshikai), 116
Sino-Japanese relations, 9–10, 19, 130, 207–8
Sino-Japanese Society (Chūnichi kyōkai), 116
Sino-Japanese War: First (1894–95), 23–24, 41–42, 49–50, 59, 73; Second (1937–45), 14, 16, 98, 116n104, 124–25, 131. *See also* Asia-Pacific War
Society for the Promotion of Diplomacy (Nihon gaikō kyōkai), 149
sojourning, 27, 138
Solt, George, 178
Southern Society (Nanpō kyōkai), 135
South Manchuria Railway, 129–30, 168n35
sports, 202. *See also* baseball
statelessness, 182
St. Joseph's Academy, 148
Su Manshu (1884–1918), 67, 81–83, 205
subethnic divisions, 58, 69, 72, 174–75
subway, 185, 198
suffrage, 217
Sun Shijie, 113
Sun Yatsen (1866–1924), 51, 58–62 passim, 66, 67n37, 87; and Second Revolution (1913), 92–93; supporters in Yokohama, 69, 71, 76
Super Dimension Fortress Macross, 3n3
Supreme Court, Japan, 217
Suzuki Tomizō, 185
Swislocki, Mark, 14

tabunka kyōsei, 211. *See also* multiculturalism
tailors, 11–12, 30, 47, 48, 97, 140, 176–77
Taiping Rebellion, 51
Taishan County, 10–11. *See also* Cantonese

Taiwan, 135, 202, 205
Taiwanese in Japan, 159, 161, 182, 204
Takahashi Teiyū, 184–85
Takahisa Hisanobu, 218
Takeuchi Yoshimi (1910–77), 168
Tales of the Foreign Settlements of Japan, 29
Tanaka Kakuei (1918–93), 180
Tanizaki Jun'ichirō (1886–1965), 30, 115n99
teachers. *See under* schools, Chinese in Japan
Tegtmeyer Pak, Katherine, 215
textbooks. *See* schools, Chinese in Japan: textbooks
theater: Japanese, 45–46; Chinese, 34, 118. *See also* performing arts
"third way" (*daisan no michi*), 190, 211
"three knives" (*san ba dao*), 11–12, 176–77. *See also* barbers; cooks; tailors
Tokyo, 4–5, 219
Tokyo Broadcasting Station, 144, 148
Tokyo Chinese Association (Tokyo kakyō sōkai), 168; pro-PRC, 169, 172
Tölölyan, Khachig, 18
tongxianghui. *See* native place: associations
Tonooka Sue, 39
tourism. *See under* Yokohama Chinatown
trade, 4, 29–30, 41, 77, 163–64, 206; restrictions, 136, 140, 146n86, 151, 175
trainee visas, 203, 215–16
train lines, 181n95, 198. *See also* subway
transnationalism, 202, 205
Treaties: Anglo-Japanese Treaty of Commerce and Navigation (1894), 73; San Francisco Peace Treaty (1952), 175; Sino-Japanese Amity Treaty (1871), 34–35, 42; Sino-Japanese Commercial Pact (1896), 50n94; Treaty of Nanjing (1842); Treaty of Shimonoseki (1895), 50n94; Treaty on Basic Relations between Japan and the Republic of Korea (1965), 214
treaty port system, 28–29, 73
treaty renegotiation, 50, 73
tsūmei. *See* aliases, Japanese
Twenty-One Demands, 61n15, 106, 131

Uchimura Kanzō (1861–1930), 71
Uchiyama Iwatarō, 172
Ueda Toshio, 39–40
Ugaki Kazushige (1868–1956), 124
Umeda Yoshinobu, 79n82
Umi no toride, 14–15
United States consulate general, 42–43
utopia, 15–16, 18, 63n24

Vancouver Chinatown, 174
Vasishth, Andrea, 204

Wang Fengzao (1851–1918), 42
Wang Gungwu, 7, 58, 58n6
Wang Jingwei (1883–1944), 125, 133, 148
Wang Jinzhou, 145, 148–49
Wang Qingren, 169, 183
Wang Xitian (1896–1923), 107, 112
war crimes: prosecution of, 154, 162
washoku. See cuisine: Japanese
Wen Bingchen, 16n33, 59, 66, 88, 150
Wen Delin, 110
Williams, Harold S., 29
women, Chinese, 8–9, 37; associations, 172; and education, 63, 66; "modern girls," 94–95
women, Japanese, 13, 53, 98, 99n38, 170, 178; married to Chinese men, 9, 16, 37–39, 51–52, 54, 81, 119–20; women's magazines, 99. *See also* intermarriage
working-class Chinese, 47, 75, 77, 111–12, 114; entry restrictions on, 78n79; support for Sun Yatsen, 66n33, 69–70, 93; wartime departure, 137–38
working-class Japanese, 84, 102
working-class Westerners, 84
World War I. *See* First World War
World War II. *See* Asia-Pacific War
Wu Bokang, 131–32, 145–46, 153–54, 166, 175
Wu Leji, 170–71
Wu Yusun, 178

Xiangshan County, 10–11. *See also* Cantonese
Xiaoxue xinduben, 81–83

Xinmin congbao, 62n21
Xu Qin (1873–1945), 63, 65–66, 114
Xu Shiying, 132–33

Yamada Masahei, 99–100
Yamashita-chō Association, 139, 153, 188n126
Yamashita-chō Self-Governance Federation (Yamashita-chō jichi rengōkai), 117–18
Yamashita Park, 179
Yanagita Kunio (1875–1961), 91
Yassa mossa, 178
Ye Xiaolin, 138, 148
Yellow Dragon baseball team, 88. *See also* baseball
YMCA, 103, 108. *See also* baseball
YMI (Yamashita Motomachi Ishikawa) Redevelopment Plan, 185
Yokohama and Tokyo General Goods' Guilds, 46
Yokohama Athletic Club, 102
Yokohama bōeki shinpō/shinbun, 75–76, 101, 104, 107, 141, 143–44
Yokohama Chamber of Commerce and Industry (Shōkō kaigisho), 47, 173, 179
Yokohama Chinatown: associations, 115–18; cemetery, 113, 148; commodification of, 1, 85, *158*, 184–86, 189, 202; destruction of, 108, 153, *158*, 194–95; dirty and dangerous image of, 84n92, 85, 90, 115, 179; fictional depictions of, 13–15, 115; gates of, 1, *2*, 179, 184; names for the district, 31–32, 34, 179; "school incident" (*gakkō jiken*), 169–71; tourism, 11–12, 34, 179–81
Yokohama Chinatown Development Association (Yokohama Chūkagai hattenkai), 1, 173, 179, 184–86
Yokohama Chinese: Cold War partisanship, 169–70, 172–75; comparison with *zainichi* Korean activism, 212–15; demographics, 9–11, 30, 37–38, 107, 138, 159; departures of, 43, 53, 120, 125, 136–39, 166, 175; occupations of, 11–12, 29–30, 176–79, 195, 198;

Yokohama Chinese (*continued*)
  pro-Japan sentiment among, 127;
  second generation, 117–18, 129n12,
  155, 206; wartime evacuation of, 153
Yokohama Chinese Association (Yokohama kakyō sōkai), 163, 175, 183–84, 188n126, 192, 201; elections, 172. *See also* Yokohama Huaqiao Federation
Yokohama Chūkagai satsujin jiken, 13–14
Yokohama chūkagakuin, 171, 174, 188
Yokohama City: firebombing of, 153, *158*; local pride, 100–101, 104; mayor of, 79n82, 116, 168n35, 179n86, 185, 218; reconstruction, 114n94, 116, 118; tourism promotion, 1, 4, 160, 179–80, 185, 198
Yokohama Free Huaqiao Women's Association (Yokohama jiyū kakyō fujo kyōkai), 172
Yokohama Hometown History Foundation (Yokohama furusato rekishi zaidan), 201
Yokohama Huaqiao Federation (Hengbin huaqiao lianyihui), 172, 183
Yokohama Huaqiao Women's Association (Yokohama kakyō fujokai), 172
Yokohama-ite identity, 5, 15, 19, 118, 128, 207, 215; in wartime, 143–44, 153, 155–56, 159; in postwar era, 174, 189, 195, 200
Yokohama kakyō sōkai. *See* Yokohama Chinese Association

Yokohama no aji, 159–60
Yokohama Union Church, 70–71
Yokohama Yamate chūkagakkō, 171, 174, 199–200, 202
Yomiuri shinbun, 99, 165n25, 179, 180n90
Yuan Shikai (1859–1916), 92–94, 106n59

zainichi Koreans. *See under* Koreans in Japan
Zhang Chaoxiu, 150–51
Zhang Jilai, 152, 212
Zhang Zesheng, 151
Zhao Mingle, 59, 71, 76
Zhao Zibin, 71
Zhejiang Chinese. *See* Sanjiang Chinese
Zheng Chenggong. *See* Coxinga
Zheng Huagui, 149
Zhicheng xuexiao (Will and way school), 72
Zhonghua huiguan. *See* Chinese Guild
Zhonghua tiyu hui. *See* Chinese Athletics Club
Zhonghua xuetang (Chinese academy), 71
Zhonghua xuexiao (Chinese school), 72, 109
Zhonghuajie, 1, 31n29, 179. *See also* Yokohama Chinatown
Zhongxi xuexiao (School of Chinese and Western learning), 63
Zhou Rangjie, 149, 153

图书在版编目(CIP)数据

横滨中华街：1894-1972：一个华人社区的兴起／（美）韩清安（Eric C. Han）著；尹敏志译. --北京：社会科学文献出版社，2021.9

书名原文：Rise of a Japanese Chinatown: Yokohama, 1894-1972

ISBN 978-7-5201-8056-6

Ⅰ.①横⋯ Ⅱ.①韩⋯ ②尹⋯ Ⅲ.①华人-移民-研究-日本-1894-1972 Ⅳ.①D634.3

中国版本图书馆CIP数据核字（2021）第083784号

横滨中华街（1894~1972）：一个华人社区的兴起

著　者／〔美〕韩清安（Eric C. Han）
译　者／尹敏志

出 版 人／王利民
责任编辑／沈　艺
责任印制／王京美

出　　版／社会科学文献出版社·甲骨文工作室（分社）（010）59366527
　　　　　地址：北京市北三环中路甲29号院华龙大厦　邮编：100029
　　　　　网址：www.ssap.com.cn
发　　行／市场营销中心（010）59367081　59367083
印　　装／三河市东方印刷有限公司

规　　格／开本：889mm×1194mm　1/32
　　　　　印张：9.375　插页：0.5　字数：210千字
版　　次／2021年9月第1版　2021年9月第1次印刷
书　　号／ISBN 978-7-5201-8056-6
著作权合同
登 记 号／图字01-2021-2832号
定　　价／59.00元

本书如有印装质量问题，请与读者服务中心（010-59367028）联系

▲ 版权所有 翻印必究